古代歷史文化 研究輯刊

六 編

王明蓀 主編

第 5 冊

北魏與劉宋戰略關係研究
——從國家戰略觀點的解析（上）

蔡金仁 著

國家圖書館出版品預行編目資料

北魏與劉宋戰略關係研究——從國家戰略觀點的解析（上）／
蔡金仁 著—初版—新北市：花木蘭文化出版社，2011〔民
100〕
目 8+170 面：19×26 公分
（古代歷史文化研究輯刊 六編：第 5 冊）
ISBN：978-986-254-599-7（精裝）
1. 國家戰略 2. 魏晉南北朝史
618   100015455

ISBN-978-986-254-599-7

9 789862 545997

古代歷史文化研究輯刊
六 編 第 五 冊   ISBN：978-986-254-599-7

北魏與劉宋戰略關係研究——從國家戰略觀點的解析（上）

作　　者　蔡金仁
主　　編　王明蓀
總 編 輯　杜潔祥
出　　版　花木蘭文化出版社
發 行 所　花木蘭文化出版社
發 行 人　高小娟
聯絡地址　新北市永和區中正路五九五號七樓
　　　　　電話：02-2923-1455／傳真：02-2923-1452
網　　址　http://www.huamulan.tw 信箱 sut81518@gmail.com
印　　刷　普羅文化出版廣告事業
初　　版　2011 年 9 月
定　　價　六編 25 冊（精裝）新台幣 40,000 元　　　版權所有・請勿翻印

北魏與劉宋戰略關係研究
——從國家戰略觀點的解析（上）

蔡金仁　著

作者簡介

蔡金仁，臺灣省苗栗縣人，祖籍河南省上蔡縣，1970 年生於臺灣省嘉義縣。1982 年畢業於臺中市光復國小；1985 年畢業於臺中市光明國中；1988 年畢業於臺中縣立人高中；1992 年畢業於淡江大學中國文學系，旋即考取預官 42 期並入伍服役，1994 年自金門退伍。1997 年獲淡江大學國際事務與戰略研究所碩士；2005 年獲中國文化大學史學研究所博士。研究領域為魏晉南北朝史，著有《北宋與遼、西夏戰略關係研究——從權力平衡觀點的解析》、《北魏皇位繼承不穩定性之研究》。2004 年起任教於樹人醫護管理專科學校通識教育中心，教授歷史、地理、歷史與文化等課程，並兼任行政職務，2004～2006 任教務處出版組長；2006～2009 任學務處學務長等職。

提　要

　　北魏與劉宋長達六十年的對立中，彼此長期的軍事戰爭與疆域爭奪，成為南北朝歷史研究的焦點，歷來研究二國的衝突，大多以歷史的角度集中在和戰關係的探討。本書以科際整合方式，結合「歷史研究」與「戰略研究」，深入考察北魏與劉宋的戰略關係，而戰略關係的表現主要在戰爭行為上，因此本書之研究，首先將北魏與劉宋重要戰役及衝突詳細論述並予以評析，並以此為基礎探討雙方的戰略關係。之後運用國家戰略之觀點與觀念，剖析北魏國家戰略的設計與運籌，瞭解北魏國家戰略在與劉宋對峙過程中之演變，深入考察北魏面對劉宋不同階段的國家戰略作為，並檢討其運籌及得失。

　　封建王朝以君王為中心，因此君王成為主導國家戰略的核心，而北魏歷代君王對劉宋的戰略思維與戰略態度均不同，所以形成的國家戰略也不同。為解析北魏歷代君王對劉宋的國家戰略，本書透過北魏與劉宋衝突的歷史演變軌跡，瞭解北魏國家戰略的轉變過程，勾勒出北魏對劉宋國家戰略之全貌。

　　本書除緒論、結論外，內文共分六章。第一章為概念架構的界定與說明，論述戰略、國家戰略的涵義，並闡述「戰略研究」的學術價值。第二章至第六章則是將北魏每位君王和劉宋的戰略關係，分章論述，研究該君王對劉宋的國家戰略及具體作為。而戰略關係的表現主要在戰爭行為上，因此每章的內容，皆先敘及該君王任內和劉宋的戰爭與衝突，將其過程作完整敘述，每場戰爭或衝突均分成戰略環境、戰略規畫與作戰經過、戰爭檢討三個部分。詳細論述完所有戰爭與衝突後，即進入該君王對劉宋國家戰略的討論。探討國家戰略時則分成國家利益、國家目標、國家政策三個部分，詳細解析三個部分的內容與意義，是如何構成該朝的國家戰略，將該北魏君王對劉宋的國家戰略描繪出清楚的輪廓。

　　本書研究之主題為歷史與戰略，以歷史敘述為經、戰略分析為緯，從北魏對劉宋戰略關係出發，運用國家戰略做為概念架構，解析北魏與劉宋的戰略關係，並從歷史中得到驗證。易言之，本書即是從歷史研究、戰略研究、現代國家戰略觀念等三個面向，運用科際整合方式，對北魏、劉宋相互對峙時之關係與衝突進行深入的探討。相信藉由筆者這樣的嘗試，不僅有利於「戰略研究」與「歷史研究」的結合，更為歷史研究提供新的取向——戰略研究取向。

目 次

圖表目錄

緒　論

一、本書寫作宗旨

　　南北朝對立乃中國中古史中之重要議題，南朝包含宋、齊、梁、陳四個朝代，其中劉宋為南朝國力最強朝代，北魏和劉宋的對峙，影響其後的南齊、南梁和北魏的戰略關係，甚至影響陳朝和東魏北齊、西魏北周以及楊隋等北方政權的和戰問題，故對北魏與劉宋的戰略關係，實宜作深入且廣泛之研究。本書撰作之旨，除了從北魏國家戰略觀點，對北魏與劉宋戰略關係作一整體研究外，亦對雙方重要戰役及戰略作一評析，並期盼對「歷史研究」與「戰略研究」的科際整合有所裨益。

二、研究動機與研究目的

　　前秦苻堅統一華北，結束自西晉末以來五胡紛擾的局面，志得意滿之際決定發動統一戰爭，383 年（前秦建元十九年、晉太元八年）傾全國之師南討東晉，不料淝水一戰反為東晉所敗，苻堅從此一蹶不振。前秦崩解後，北方各少數民族紛紛復國、建國，其中最值得注意的是鮮卑拓跋氏於 386 年（魏登國元年、晉太元十一年）復興代國肇建的北魏政權，經魏道武帝、魏明元帝、魏太武帝三代的苦心經營，終於統一北方與南朝漢人政權對峙。而東晉權臣劉裕，420 年（魏泰常五年、宋永初元年）篡東晉建劉宋政權，南北二大政權遂從此陷入長期對峙局勢，二國長期的軍事戰爭與疆域的爭奪，成為南北朝歷史研究的焦點。

　　北魏與劉宋的對峙是頗值得關注的課題，事實上北魏不僅與劉宋對峙，更與其後的南齊、南梁等漢人政權持續對峙，在這些漢人政權中，選定劉宋為研究主體，首先是其國祚長達六十年最久，終劉宋之世全在與北魏對峙；其次是衝突最激烈、戰爭規模最大，尤其是魏太武帝與宋文帝的南北大戰，堪稱南北朝時期最慘烈的戰爭之一。而現今探討北魏與劉宋南北衝突的研究不少，但尚未發現以國家戰略角度切入，有鑑於此，遂引起筆者研究動機，欲運用西方國家戰略之觀點與觀念，以北魏對劉宋的戰略關係為考察主體，剖析北魏國家戰略的設計與運籌，瞭解北魏國家戰略在與劉宋對峙過程中之演變，深入考察北魏面對劉宋不同階段的國家戰略作為，並檢討其運籌及得失。

　　北魏在逐步發展過程中，先後擊潰後燕，消滅大夏、北燕、北涼等割據政權統一北方。南方雖一直是漢人政權，卻也發生朝代更迭，由東晉而至劉宋，南北局勢從各政權分立一變為北魏與劉宋一對一的對抗。劉宋歷代君王對北魏的戰略態度皆不同，北魏如何因應不同的形勢，調整國家戰略以確保國家發展？而北魏歷代君王，從魏道武帝至魏獻文帝，對劉宋的戰略態度也不一樣，積極進取者有之，乘隙尋釁者有之，當然亦有保守穩重者，在不同的戰略態度下，北魏諸帝如何進行對劉宋的軍事以及外交？北魏諸帝戰略態度的不同，是否會影響國家戰略的變動與調整？本研究之目的，即試圖透過北魏與劉宋衝突的歷史演變軌跡，解析北魏諸帝對劉宋的國家戰略，瞭解北魏國家戰略的轉變過程，勾勒出北魏對劉宋國家戰略之全貌。

三、研究方法

　　本研究就內容與性質而言，蓋包括二大部分，一是對北魏與劉宋衝突、戰爭有關的歷史背景及其過程之整理與描述，為基本史料蒐集、考證與運用問題，是整個研究之依據與基礎。另一是北魏歷代君王對劉宋國家戰略之析論與探討，乃本研究之核心。至於本研究之研究方法，茲分四項分述之。

　　第一為史料之蒐集、考證。史料之蒐集，以原始（直接）史料為主。與北魏、劉宋相關之史料，均以使用當代正史與文獻內容為原則，如《魏書》、《宋書》等，若原始（直接）史料不存在，或其對某一事件之記述過於簡略時，始採《資治通鑑》等轉手史料，或引用專家學者研究所見。

　　同一事件在不同史料中會有相異之記載，故在研究過程中，需不斷對同

源與異源史料進行比較分析，還原歷史眞相。若發現各項史料所載差異甚大，需先詳細論證以確定事實，再分析解釋其記載差異之因，如此才能求其眞。此外，在同一史料中，常見對某事之記載，紀傳相異，史官雖諱之於本紀，卻散見於相關人物列傳，故須對有關紀傳詳細比較分析，釐清事實。《資治通鑑》爲極有價值的轉手史料，司馬光考證詳細，編年敘事完整，與正史對照，能收參較異同，互相徵驗之效。由於北魏與劉宋的對峙，雙方各爲本身立場所限，《魏書》、《宋書》等史書均極盡貶抑對方之能事，故北魏與劉宋的衝突和戰爭，常見雙方正史記載出入極大，大抵皆誇勝諱敗，而《資治通鑑》立場嚴謹客觀，此時就是相當重要的參考資料。

「鮮卑石室」的發現也爲北魏的研究帶來許多新史料，〔註1〕此即所謂「地下史料」，和史書所代表的「紙上史料」相比，乃爲異源史料。紙上、地下史料相參證，可印證亦可否定「紙上史料」。此外，漢魏墓誌碑銘之出土與整理，提供本研究參考依據相當高之史料。趙萬里《漢魏南北朝墓誌集釋》、趙超《漢魏南北朝墓誌彙編》等，這一系列相當重要之墓誌銘文彙整理與撰編，對於研究北魏人物生平、言行、及其政治作爲，乃是不可或缺之參考史料。另外，諸多考古遺址、地下陵墓的發掘，其史料呈現意義之分析與整理，也是本研究值得參考的重要史料，這些文獻，大都集中於《考古》與《文物》等期刊。

第二爲比較法與歸納法之運用。比較法使用於不同時期對相同類型事物的對照研究，本研究之運用，即是將北魏不同君王與劉宋戰略關係作一比較，瞭解其歷史現象與意義，並分析、探討不同君王的國家戰略，得出其差異性。歸納法則是運用於北魏不同君王對劉宋戰略關係之同質性和特殊性歸納上。如魏太武帝、魏文成帝二朝對劉宋之國家戰略，一爲積極擴張、一爲保守穩健，遂分別歸納出二朝國家戰略之特質與形式，得出相同與相異之處。

第三爲綜合法之運用。綜合方法之積極意義，在於由博覽而通觀，亦即將北魏與劉宋戰略關係之史料、事理，分別比較、歸納，藉綜合而發揮之，以達創造新見之目的，本研究即是透過此一過程之分析、比較、歸納，並運用國家戰略觀點，希冀綜合得出北魏與劉宋戰略關係之全貌。

〔註1〕　關於鮮卑石室的發現與研究，可參見米文平〈鮮卑石室的發現與初步研究〉，《文物》，1981年第2期，1981年2月；〈鮮卑石室所關諸地理問題〉，《民族研究》，1982年第4期，1982年7月；《鮮卑石室尋訪記》（濟南：山東書報出版社，1997年12月）。

　　第四爲科技整合。科際整合研究的方式有相當多種，從狹義的定義上，科際整合研究是學科間的合作與互動，不同學科的研究人員依據本身學科的專業知識，從各種角度與各個層次對某一特定問題進行深入的探討；從哲學的理念上，科際整合研究的最高境界則包含了學科間的整合性與統一性的觀念，以尋找學科間的「基礎經驗」作爲整合的起點，使不同的知識體系藉由一貫的邏輯推論和不同層面的關連，形成一個統一性的知識體系。〔註 2〕

　　北魏與劉宋的關係，包含政治、軍事、外交、經濟等，屬於歷史研究範疇，而研究北魏與劉宋的戰略關係，則是綜合歷史研究與戰略研究，已屬跨越學科間的學術研究，再運用現代西方傳進之「國家戰略」觀念，解析北魏與劉宋的戰略關係，等於爲其注入新的學術風貌。本研究即是從歷史研究、戰略研究、現代國家戰略觀念等三個面向，運用科際整合方式，對北魏、劉宋相互對峙時之關係與衝突進行深入的探討。

四、研究基本架構

　　欲探究北魏與劉宋的戰略關係殊非易事，蓋因其所牽涉之層面甚廣，諸如政治、軍事、經濟、外交、社會及南北君王的戰略思維等層面，各層面間又相互影響，關係頗爲複雜，故欲作完整之研究，需從宏觀著眼更要兼顧細節。再者，研究戰略關係，必須瞭解戰爭起因、經過及其影響，本書研究架構即是在上述意旨下，妥愼編排章節內容。本書除緒論、結論外，內文共分六章，各章之下再分節，緒論與結論則不分節。

　　「緒論」是整個研究考察討論之開始。以「寫作宗旨」闡明研究旨趣；「研究動機與研究目的」揭示研究之緣由與目的；「研究方法」闡述本研究進行研究之方法；「研究基本架構」說明本研究章節之安排；「研究資料與研究成果回顧」則將以往學者專家相關之研究成果，做一整理與說明；「研究範圍與研究限制」乃將本研究之範圍做一限定，並將本研究進行中遇到之困難與限制做一解釋；爲使寫作格式、註解、稱謂統一，避免出現前後不一情形，最後於「本書體例及其他」中特予說明，期使寫作更臻完美。

　　第一章爲概念架構的界定與說明，內容共分三大部分。首先是「戰略的涵義」，研究戰略者，對「戰略」此一名詞的由來及意義須有明確認識，且「國

〔註 2〕　林正弘，〈科際整合的一個面向——各學科間方法的互相借用〉，《科學月刊》，22 卷 9 期，1991 年 9 月，頁 702～706。

家戰略」一詞乃源自「戰略」一詞，為瞭解「國家戰略」概念，更須對其源頭之「戰略」有清晰完整之概念。其次是「國家戰略概念」，由於本研究以國家戰略概念架構為分析模型，從國家戰略觀點與概念論析北魏與劉宋之戰略關係，並檢視對以後歷史發展的影響，故須對國家戰略的涵義加以說明。最後則是「戰略研究」的說明，因本研究結合「歷史研究」與「戰略研究」，「歷史研究」乃一傳統學門，其學術意義與價值不需贅述，但新興學門「戰略研究」則需明確說明。綜合上述，本書第一章開宗明義探討戰略、國家戰略的涵義，並闡述「戰略研究」的學術價值。

　　北魏與劉宋南北對立，歷經魏明元帝、魏太武帝、魏文成帝、魏獻文帝、魏孝文帝五位北魏君王，故將每位君王與劉宋的戰略關係，從第二章至第六章分章論述，研究其國家戰略思維及具體作為。第二章先論魏明元帝；第三、四章次論魏太武帝，由於魏太武帝在位時，劉宋王朝正逢締造「元嘉之治」且具恢復北方河山壯志的宋文帝在位，故魏宋大戰頻繁、邊界糾紛不斷，乃北魏與劉宋衝突最激烈時期，遂分兩章論述之；第五章續論魏文成帝；第六章末論魏獻文帝。至於魏孝文帝並未獨立成章，而是併入魏獻文帝該章，因魏獻文帝雖禪位魏孝文帝，然魏孝文帝不過五歲孩童，並無治國能力，且魏獻文帝仍以太上皇帝隱居幕後掌控政權，北魏國家戰略實際的操控者仍是魏獻文帝。此外，476 年（魏延興六年、宋元徽四年）魏獻文帝崩後，不過三年時間劉宋亦亡，魏孝文帝代表的北魏和劉宋對峙僅短短三年，故魏孝文帝實無獨立成章必要。

　　戰略關係的表現主要在戰爭行為上，因此第二章至第六章的內容，皆先敘及該北魏君王任內和劉宋所有的戰爭，將戰爭過程作完整敘述，每場戰爭均分成戰略環境、戰略規畫與作戰經過、戰爭檢討三個部分。首先是戰略環境的分析與敘述，戰略環境乃戰爭的背景因素，對戰爭之爆發有直接、間接的關係，分析衝突或戰爭爆發前北魏、劉宋所處之戰略環境，才能明瞭戰爭之起因及雙方對戰爭之企圖，是否欲透過戰爭達成何種目的。其次是解析雙方的戰略規畫，如此方能洞悉北魏、劉宋二國朝廷的運籌帷幄及二位君王的戰爭目的，接著將二軍作戰經過與短兵相接情形作一完整描述，俾能徹底瞭解戰爭過程。最後則是戰爭檢討，不論是勝者、敗者都要作戰爭檢討，勝者探討其勝利原因為何？敗者討論其失敗因素何在？藉由戰爭檢討才能得出雙方在這場戰爭的得失及戰後之局勢。

　　唯有完整認識北魏君王對劉宋每場戰爭過程，才能成為探討這位北魏君

王對劉宋國家戰略的基礎，因此二至六章在詳細論述完所有戰爭後，緊接著進入該君王對劉宋國家戰略的討論。探討國家戰略時則分成國家利益、國家目標、國家政策三個部分，一一解析三個部分的內容與意義，是如何構成該朝的國家戰略，將北魏這位君王對劉宋的國家戰略描繪出清楚的輪廓。綜上所述，本書二至六章的架構皆是如此，分別論述魏明元帝、魏太武帝、魏文成帝、魏獻文帝四位君王對劉宋全部戰爭，並以此為基礎解析其國家戰略。

「結論」則是綜合上述各章節之分析、歸納，從歷史的考察研究中，以國家戰略的觀點，解析北魏與劉宋的戰略關係，並從歷史中得到驗證，呈現歷史研究與戰略研究結合的新風貌，希冀對日後研究少數民族政權與漢族政權南北衝突的部分能有所貢獻。

本研究的主題為歷史與戰略，以歷史敘述為經、戰略分析為緯，從北魏對劉宋戰略關係出發，運用國家戰略做為概念架構，全文以敘述、解釋、綜合以及推斷依次進行。本研究透過上述一系列章節安排，對北魏與劉宋的戰略關係作全面性考察，隨著時空環境的差異以及北魏君王的戰略思維，北魏各時期的國家戰略必然會不同，與劉宋的戰略關係也呈現不同的風貌，尤其是君王的個人意志，幾乎主導整體國家戰略，加上北魏內部環境因素也會影響對劉宋之戰略關係，如政治環境、地方亂事等，前者如政變或皇位繼承之際發生的動亂；後者則多為不同種族間的動亂或統治者與被統治者的衝突，此即所謂內政影響外交，國內政治行為影響對外關係，而這些都是考察北魏君王之國家戰略不可忽略的因素。

雖然探討北魏與劉宋戰略關係之主題牽涉範圍甚廣，同時，北魏君王的人為因素也相當複雜，不過，經由上述的研究架構、章節安排與研究方法之運用，必能對北魏與劉宋戰略關係的形成與發展，有一全盤、詳盡的瞭解與掌握，而這般北魏國家戰略的具體呈現，證明現代國家戰略概念架構運用於歷史研究方面確實可行，相信藉由筆者這樣的嘗試，不僅有利於戰略研究與歷史研究的結合，更為歷史研究提供新的取向——戰略研究取向。

五、研究資料與研究成果回顧

本研究融合歷史研究與戰略研究二大領域，因此不論是歷史或戰略部分，相關的資料及前人研究成果眾多，無法一一列述，今取其與本研究至為相關者，共計六個部分，茲分述如下。

（一）國家戰略部分

　　本研究以國家戰略爲分析主軸，與國家戰略涵義及其應用相關的研究，多見於戰略專門研究中，以獨立篇章出現，不過亦有以專書形式研究國家戰略者。附於戰略專著者，有中華戰略學會主編之《認識戰略——戰略講座彙編》，〔註3〕全書共分十講，從古今中外正與反諸理論中，輔以實例，闡釋戰略涵義與運用。其中第二講「歷代戰略發展及其涵義」，將戰略中外概念與涵義，從古至今詳述。第三講「現代戰略體系及其內涵」，則對國家戰略由來及其涵義有詳盡論述，由於世界各國均基於國情需要建立國家戰略體系，然而國情的不同，各國對國家戰略的定義和內容也不盡相同，該講作者岳天逐列舉美國、日本、中共及我國的國家戰略體系，分別比較分析並予以評論。

　　李大倫的《廣義戰略論》，〔註4〕除了與一般研究戰略問題書籍相同之處，將戰略的歷史演進、戰略的運用、戰略的體系結構詳加說明外，有二點特別與眾不同，首先是從英國、美國、日本、前蘇聯等國觀點切入，詳加分析各國對戰略概念的不同看法。其次是專章論述國家戰略問題，並以歷史爲例剖析當時的國家戰略，作者舉出文景之治及唐太宗、唐玄宗、明成祖、清康熙、清光緒（慈禧太后）等君王，詳細分析上述君王的國家戰略，論證正確的國家戰略引領國家向上，促成太平盛世，反之則帶領國家走向衰亡，作者以現代國家戰略探討古代歷史的寫作方式，正與筆者本書研究架構相同。

　　專論國家戰略者，有李樹正的《國家戰略研究集》，〔註5〕論述現代國家安全及國家戰略間之關係，並進一步論析國家戰略對國家安全之影響。鈕先鍾的《國家戰略論叢》〔註6〕乃一論文集，共收入作者二十八篇論文，內容都是與國家戰略的研究有關，有些以理論分析爲目的，有些則是從戰略的觀點來檢討實際問題，尤其是以歷史爲研究對象。楊毅主編的《國家安全戰略理論》，〔註7〕實際上是中共國防大學戰略研究所主導的研究計畫，其主軸在建構國家安全理論框架，書中首先將安全戰略在國家戰略總框架的位置做出界定，提出國家安全戰略與國家發展戰略共同組成國家戰略，是一個國家最高

〔註3〕　中華戰略學會編，《認識戰略——戰略講座彙編》（臺北：中華戰略學會，1997年元月）。

〔註4〕　李大倫，《廣義戰略論》（北京：軍事科學出版社，2008年11月）。

〔註5〕　李樹正，《國家戰略研究集》（臺北：新文化彩色印刷社，1989年10月）。

〔註6〕　鈕先鍾，《國家戰略論叢》（臺北：幼獅文化事業公司，1984年4月）。

〔註7〕　楊毅主編，《國家安全戰略理論》（北京：時事出版社，2008年9月）。

層級的主導戰略，接著將國家安全戰略的制約因素、構成要素、戰略模式、戰略決策、戰略實施、戰略調整等方面分章論述，論述過程並闡述國家戰略中的重要理論。至於孔令晟的《大戰略通論》，〔註8〕以古今中外戰爭爲背景評論戰爭得失，並對戰爭中的戰略理論加以解析。

（二）戰略史、戰略思想部分

歷來探討北魏與劉宋南北衝突與戰爭之研究，多屬歷史學門，相關戰略研究論述甚少，一般只在專論中國戰略發展的著作中出現，這方面的研究成果有鈕先鍾的《中國戰略思想史》〔註9〕與《中國戰略思想新論》，〔註10〕兩書內容略同，主要都是論述中國戰略思想的演進，並評析歷代兵法家、兵書。何世同的《中國戰略史》，〔註11〕將中國分成先秦、秦漢、魏晉南北朝、隋唐、五代與兩宋、元明清等六個部分，依序敘述戰略之歷史發展。魏汝霖、劉仲平的《中國軍事思想史》，〔註12〕既名爲思想史，故主要在論述中國從先秦至現代的戰略思想演進過程，不同時代的兵家思想與兵書特色，都有詳細說明。上述四書在魏晉南北朝篇章中，皆以不等篇幅論及北魏與劉宋的戰略關係，由於主旨皆在論述中國戰略之整體發展，對北魏、劉宋部分不可能太深入，有所侷限乃勢所必然。另外，中國軍事史編寫組的《中國軍事史》，〔註13〕分兵略、兵法、兵壘三大部分，論述先秦至清末的軍事制度與實務，對瞭解南北朝時期各南北政權的軍事制度與實務頗有助益，當然包括北魏與劉宋。趙國華的《中國兵學史》，〔註14〕整理上古時期至清末的兵學思想與著作，但是在南北朝部分內容較少，不過仍然可作爲認識中國戰略思想演進脈絡的補充。

（三）戰爭史與兵制部分

在戰爭史部分，中國歷代戰爭史編纂委員會的《中國歷代戰爭史》十八

〔註8〕 孔令晟，《大戰略通論》（臺北：好聯出版社，1995年10月）。
〔註9〕 鈕先鍾，《中國戰略思想史》（臺北：黎明文化事業股份有限公司，1992年10月）。
〔註10〕 鈕先鍾，《中國戰略思想新論》（臺北：麥田出版有限公司，2003年11月）。
〔註11〕 何世同，《中國戰略史》（臺北：黎明文化事業股份有限公司，2005年5月）。
〔註12〕 魏汝霖、劉仲平，《中國軍事思想史》（臺北：黎明文化事業股份有限公司，1985年3月）。
〔註13〕 中國軍事史編寫組，《中國軍事史》（北京：解放軍出版社），本書分《兵略》1988年3月、《兵法》1988年6月、《兵壘》1991年6月三次出版。
〔註14〕 趙國華，《中國兵學史》（福建：福建人民出版社，2004年11月）。

冊，〔註 15〕由三軍大學策畫主導，爲國內目前對歷代戰爭蒐羅最爲完備的著
作之一，將中國歷代戰爭按時間先後依序敘述，並對戰爭過程及其結果提出
評論，其中第六冊第十卷內容爲南北朝時期之戰爭。而大陸方面亦有相同類
型著作，依出版先後，首先是武國卿的《中國戰爭史》，〔註 16〕鉅細靡遺收錄
上古至民國初年戰爭，共分十九個時期分卷敘述，歷時二十五年完成，足見
作者用力之深。其次是人民解放軍廣州軍區的《中國古代戰爭史》，〔註 17〕亦
是將戰爭依時間排列，不過戰爭敘述稍嫌簡略，寫作方式屬概述性質。最後
是袁偉主編的《中國戰典》，〔註 18〕此乃軍事博物館編寫的軍事辭書，廣蒐中
國歷代戰爭並予以評論。至於其他戰爭史的著作，尚有李則芬的《中外戰爭
全史》〔註 19〕、李震的《歷史戰爭論》〔註 20〕、何敏求的《中國歷代戰爭史
簡編》〔註 21〕、中國歷代戰爭簡史編寫組的《中國歷代戰爭簡史》〔註 22〕等，
內容大同小異，皆是先將戰爭經過詳細敘述，之後提出評論。上述中國戰史
的相關著作，雖然對南北朝戰爭，尤其是衝突最激烈的北魏與劉宋論述完整，
評論亦尚稱中肯，但是因爲這些著作屬通史性質，魏宋戰爭僅是南北朝戰爭
一環，因此沒有做深入探索，但對瞭解北魏與劉宋戰爭仍大有助益。

　　通史性質的戰史範圍廣大，若將範圍縮小至魏晉南北朝時期，就能對此
時期各政權間的戰爭有清楚認識，同時也對北魏與劉宋戰爭衝突的背景、原
因及其影響，能有清晰的脈絡，並具備大格局的眼光。專論魏晉南北朝戰爭
者，有張文強的《中國魏晉南北朝軍事史》〔註 23〕及朱大渭、張文強合著的
《兩晉南北朝軍事史》，〔註 24〕這二本有關魏晉南北朝的戰爭史，對此時期的

〔註 15〕 中國歷代戰爭史編纂委員會，《中國歷代戰爭史》（臺北：黎明文化事業股份
　　　　 有限公司，1980 年 4 月）。
〔註 16〕 武國卿，《中國戰爭史》（北京：京城出版社，1992 年 8 月）。
〔註 17〕 人民解放軍廣州軍區，《中國古代戰爭史》，收入《中國軍事百科全書》（北京：
　　　　 軍事科學出版社，1992 年 10 月）。
〔註 18〕 袁偉主編，《中國戰典》（北京：解放軍出版社，1994 年 12 月）。
〔註 19〕 李則芬，《中外戰爭全史》（臺北：黎明文化事業股份有限公司，1985 年 11 月）。
〔註 20〕 李震，《歷史戰爭論》（臺北：戰爭叢刊社，1953 年 6 月）。
〔註 21〕 何敏求，《中國歷代戰爭史簡編》（臺北：黎明文化事業股份有限公司，1993
　　　　 年 3 月）
〔註 22〕 中國歷代戰爭簡史編寫組，《中國歷代戰爭簡史》（北京：解放軍出版社，2006
　　　　 年 1 月）。
〔註 23〕 張文強，《中國魏晉南北朝軍事史》（北京：人民出版社，1994 年 4 月）。
〔註 24〕 朱大渭、張文強，《兩晉南北朝軍事史》（北京：軍事科學出版社，1998 年 10

戰爭有深刻且詳盡之描述，張文強雖同時爲二書作者，但寫作主軸仍有些許不同，《兩晉南北朝軍事史》乃軍事科學出版社出版，故以軍事層面爲主，著重戰略、戰術評述，而《中國魏晉南北朝軍事史》則偏重於歷史層面，探討戰爭對魏晉南北朝歷史發展之影響。另外，張曉生、劉文彥的《中國古代戰爭通覽（二）》，〔註25〕則是論述晉代至隋代之間的戰爭，其實就是魏晉南北朝，與張文強、朱大渭等人的時代斷限相同，不過，此書戰爭選錄不若《中國魏晉南北朝軍事史》、《兩晉南北朝軍事史》豐富，主要以大型戰爭爲主，一般中小型戰爭或區域性衝突並未全部選錄。

戰爭的主體在軍隊，攸關軍隊組成的兵制，何茲全的〈魏晉南北朝的兵制〉〔註26〕與高敏的《魏晉南北朝兵制研究》〔註27〕均對北魏與劉宋兵制的由來與演變，敘述詳盡且完整。統領軍隊之武官，尤其中央禁衛武官特別重要，不僅職司皇城守衛，更在前方戰事吃緊之際，常被君王授命率精銳禁軍赴援，故瞭解北魏、劉宋禁衛武官的制度，對研究二國之戰爭頗有助益，這方面研究首推張金龍《魏晉南北朝禁衛武官制度研究》上下二冊，〔註28〕將魏晉南北朝時期各政權的禁衛武官制度，做了非常充分的研究，第十二章內容是劉宋禁衛武官制度，十六、十七、十八三章則是北魏禁衛武官制度，皆是與本書研究主題相關者。

（四）魏晉南北朝歷史部分

北魏、劉宋處南北朝時期，欲研究北魏與劉宋之戰略關係，需瞭解二者身處之大環境，陳寅恪、唐長孺、周一良等人對魏晉南北朝均有深入之研究與豐富之著作，〔註29〕藉由他們的論著，能對魏晉南北朝的南北形勢有基本認識。另外，呂思勉的《兩晉南北朝史》〔註30〕、韓國磐的《魏晉南北朝史綱》〔註31〕

月）。

〔註25〕張曉生、劉文彥，《中國古代戰爭通覽（二）》（臺北：雲龍出版社，1995年8月）。

〔註26〕何茲全，〈魏晉南北朝的兵制〉，收入氏著《讀史集》（上海：上海人民出版社，1982年4月）。

〔註27〕高敏，《魏晉南北朝兵制研究》（鄭州：大象出版社，2000年3月）。

〔註28〕張金龍，《魏晉南北朝禁衛武官制度研究》（北京：中華書局，2004年11月）。

〔註29〕如陳寅恪著、萬繩楠整理，《陳寅恪魏晉南北朝史講演錄》（臺北：雲龍出版社，2002年3月）。唐長孺，《魏晉南北朝史論叢》（石家莊：河北教育出版社，2002年1月）。唐長孺，《魏晉南北朝隋唐史三論》（武昌：武漢大學出版社，1992年12月）。周一良，《魏晉南北朝史論集》（北京：北京大學出版社，2000年10月）。

〔註30〕呂思勉，《兩晉南北朝史》（上海：上海古籍出版社，2009年6月）。

及王仲犖的《魏晉南北朝史》〔註32〕皆有助於瞭解此時代之背景。而張儐生的《魏晉南北朝政治史》〔註33〕與何德章的《中國魏晉南北朝政治史》〔註34〕雖著眼於政治問題之論述，但戰爭本身即是政治問題一環，二書對北魏與劉宋的衝突亦有詳細之記載。至於北魏歷史的專門論著，有杜士鐸的《北魏史》〔註35〕詳細記述北魏歷史全貌。特別值得一提的是張金龍的《北魏政治史》〔註36〕十冊鉅著，鉅細靡遺詳述北魏政治發展，內容不僅有國內政治部分，更包括對外關係中與柔然、南朝之衝突與戰爭，其中與本書研究相關者乃一至五冊，第五冊的敘述斷限至魏獻文帝止。

（五）北魏、劉宋之軍事和戰爭部分

　　研究北魏與劉宋相關之軍事和戰爭的論述甚多，茲分北魏、劉宋及魏宋衝突三方面說明。首先是專論北魏部分，眾所周知，北魏武力勝過劉宋，日人西野正彬的〈北魏的軍制和南邊〉〔註37〕、窪添慶文的〈北魏的地方軍——專論州軍〉〔註38〕、越智重明的〈北魏的丁兵制〉〔註39〕等文，深入研究北魏軍隊的組成、徵調等，對瞭解北魏軍隊有相當裨益。夏毅成的〈北魏的南進政策與國勢的消長〉〔註40〕與黎虎的〈崔浩軍事思想述論〉〔註41〕則觸及國家戰略思維，積極的南進政策是北魏國家戰略核心，而北魏國勢消長，與向南拓展疆土順利與否及是否過份對劉宋用兵引起內耗，有直接、間接之關係。至於崔浩乃北魏首席漢臣，黎虎將其軍事思想分戰爭觀、戰略思想、戰術思想三部分詳細闡述。崔浩歷魏道武帝、魏明元帝、魏太武帝，尤其魏太武帝一朝最受重用，其軍事思想影響國家戰略走向，他對劉宋的軍事態度，

〔註31〕韓國磐，《魏晉南北朝史綱》（北京：人民出版社，1983 年 4 月）。

〔註32〕王仲犖，《魏晉南北朝史》（臺北：漢京文化事業有限公司，1992 年 9 月）。

〔註33〕張儐生，《魏晉南北朝政治史》（臺北：中國文化大學出版部，1983 年 2 月）。

〔註34〕何德章，《中國魏晉南北朝政治史》（北京：人民出版社，1994 年 4 月）。

〔註35〕杜士鐸，《北魏史》（太原：山西高校聯合出版社，1992 年 8 月）。

〔註36〕張金龍，《北魏政治史》（蘭州：甘肅教育出版社，2008 年 9 月）。

〔註37〕西野正彬，〈北魏的軍制和南邊〉，《北陸史學》，第 25 期，1976 年 11 月。

〔註38〕窪添慶文，〈北魏的地方軍——專論州軍〉，《亞洲各民族的社會和文化》，1984 年 8 月。

〔註39〕越智重明，〈北魏的丁兵制〉，《東方學》，第 32 期，1966 年 6 月。

〔註40〕夏毅成，〈北魏的南進政策與國勢的消長〉，收入張國剛主編，《中國中古史論集》（天津：天津古籍出版社，2003 年）。

〔註41〕黎虎，〈崔浩軍事思想述論〉，收入氏著《魏晉南北朝史論》（北京：學苑出版社，1999 年 7 月）。原載於《北朝研究》，1990 年第 3 期。

影響魏太武帝對劉宋的征討行爲。唐長孺的〈北魏的青齊土民〉〔註42〕則是考察青齊地區豪強，北魏和劉宋都倚仗當地豪強爭奪青齊之地，青齊地區於東晉末劉裕滅南燕後屬南方政權，直至魏獻文帝時慕容白曜攻佔青齊地區始爲北魏領土，唐長孺詳細考察該地區豪強面對南北二大政權爭奪時之角色，忠實呈現北魏、劉宋在此地征戰之面貌。

其次是專論劉宋部分。汪奎的〈劉宋元嘉時期的中外軍體制〉〔註43〕探索宋武帝建立的中外軍體制崩潰後，宋文帝如何採取多項措施重建新的中外軍體制，並將其推至極盛，劉宋國力遂在此一時期達到顛峰，累積與北魏對抗能量，但由於對北魏戰爭接連挫敗，加上宋文帝皇權本身隱含的各種矛盾無法克服，此一體制很快產生裂痕，連帶影響劉宋軍隊體制的穩定。透過對劉宋中外軍體制的深入研究，有助於更全面、深刻地理解宋文帝時期的政治與軍事。吳慧蓮在《東晉劉宋時期之北府》〔註44〕一書中曾討論北魏與劉宋之間的戰爭與北府區域形勢之變化，對雙方戰爭描述頗爲翔實，但是也僅止於戰爭事實的描述，對戰爭的原因和戰後北魏、劉宋局勢的影響缺乏深入的討論。

探討劉宋國防與水上防務體系者有何榮昌的〈略論六朝的江防〉，〔註45〕有系統介紹六朝南方漢人政權的攻防思想與措施，其中在北魏與劉宋部分，由於南方江流湖泊遍佈，水軍一直是宋人優勢軍種，尤其更有長江天塹的阻隔，不僅使不諳水戰的魏軍在江河作戰居於劣勢，也凸顯劉宋江防的嚴密，即便與劉宋作戰迭獲勝仗的魏太武帝亦無法跨越長江。郭啓瑞的博士論文《東晉南朝國防結構的演變——以北境州鎮爲主》，〔註46〕旨在探討東晉南朝的國防重心——淮河、漢水地區國防結構的演變過程，以明南方興衰的關鍵。他從北境國防形勢、北境州鎮的創建及其指揮體系、北境戰略的執行等面向，以守勢與攻勢原則說明南方戰略路線由保守到進取到失衡的演變過程，提出

〔註42〕唐長孺，〈北魏的青齊土民〉，收入氏著《魏晉南北朝史論拾遺》（北京：中華書局，1983年5月）。

〔註43〕汪奎，〈劉宋元嘉時期的中外軍體制〉，《浙江師範大學學報（社會科學版）》，32卷2期，2007年4月。

〔註44〕吳慧蓮，《東晉劉宋時期之北府》（臺北：臺灣大學文學院文史叢刊，1985年6月）。

〔註45〕何榮昌，〈略論六朝的江防〉，收入江蘇省六朝史研究會編，《六朝史論集》（合肥：黃山書社，1993年9月）。

〔註46〕郭啓瑞，《東晉南朝國防結構的演變——以北境州鎮爲主》（臺北：中國文化大學史學研究所博士論文，1993年6月）。

北境之失主要在於戰略失衡的結論，該文對劉宋北方領域之失評論中肯。

劉宋的北伐政策與備邊政策直接影響與北魏的戰略關係，北魏會視劉宋北伐與備邊政策調整軍事部署，一旦劉宋採取積極北伐作爲，勢必引起戰爭及雙方戰略關係緊繃。陳金鳳的〈元嘉北伐新論〉〔註47〕和陳恬儀的〈「勸伐河北書」的相關問題——論謝靈運之北伐主張與晉、宋之南北情勢〉〔註48〕都是探討劉宋積極北伐的態度，〈元嘉北伐新論〉透視宋文帝收復北方河山的心態，連帶影響其北伐作爲。〈勸伐河北書〉則是謝靈運於宋文帝賜假東歸之際，上書勸伐河北，《宋書》將全文錄於〈謝靈運傳〉中，其重要性自不待言，但陳恬儀認爲此文向來未經研究者重視，故詳細剖析〈勸伐河北書〉藉以瞭解謝靈運之志向與軍事見解，及其對宋文帝北伐政策的影響程度。

陳金鳳的〈何承天軍事思想論析——以安邊論爲中心〉〔註49〕則是探討消極的備邊政策，作者論述劉宋御史中丞何承天著眼於魏強宋弱的軍事現實，汲取前代及當代與北方軍事鬥爭的經驗教訓，提出〈安邊論〉並闡述「安邊制敵」的戰略思想，與北伐主張相較，此一略顯消極的戰略思想，對劉宋的國防政策亦產生一定程度的影響。

最後是魏宋衝突部分，以此爲研究主題作專門研究者爲蔡美康的《宋魏和戰考（西元420～479）》〔註50〕與吳慧蓮的〈魏宋之間的和戰關係〉，〔註51〕前者爲專書、後者爲論文，發表時間相差近十年。蔡美康以北魏與劉宋的和戰關係爲主軸，和的部分探討雙方使節交聘；戰的部分則將魏宋戰爭分前後二期，敘述每場戰役的起因、經過及戰後檢討。此書雖以專書型態出現，但內容過於單薄，全書一二七頁，正文部分僅九十二頁，其中交聘內容佔三分之一，戰爭部分只有五十二頁篇幅，且未全部敘述，部分中小型區域衝突並未列入，故未能完整呈現北魏與劉宋的衝突面貌。至於吳慧蓮的〈魏宋之間的和戰關係〉一文，論證嚴謹詳細，該文將魏宋的和戰關係分成六個時期，逐一分析導致每個階段和平或戰爭的原因，並深入探討魏宋間的國防、外交

〔註47〕陳金鳳，〈元嘉北伐新論〉，《華中理工大學學報》，2000 年第 4 期。
〔註48〕陳恬儀，〈「勸伐河北書」的相關問題——論謝靈運之北伐主張與晉、宋之南北情勢〉，《東華人文學報》，第 11 期，2007 年 7 月。
〔註49〕陳金鳳，〈何承天軍事思想論析——以安邊論爲中心〉，《南都學壇》，29 卷 3期，2009 年 5 月。
〔註50〕蔡美康，《宋魏和戰考（西元420～479）》（臺南：文山書局，1990 年 8 月）。
〔註51〕吳慧蓮，〈魏宋之間的和戰關係〉，收入《鄭欽仁教授榮退紀念論文集》（臺北：稻鄉出版社，1999 年 12 月）。

關係，提出北魏和劉宋各自的國防戰略，這已觸及戰略研究範疇，可惜該文僅是論文並非專書，能考察的範圍有限，許多魏宋之間的衝突和對抗無法做深入研究。

陳羨的《悠悠南北朝——宋齊北魏的紛爭史》〔註52〕雖將北魏與劉宋、南齊的衝突做非常詳盡敘述，尤其戰爭過程描寫詳細，並將三朝的內部問題一併論述，包括將領叛變、民亂及皇位繼承引發的動亂等，顯現作者已注意到內政與對外關係環環相扣，但是全書史料、資料來源並未註出處，學術嚴謹度不足。

楊恩玉的〈略論五世紀中葉宋魏大戰〉〔註53〕全面考察發生於五世紀中葉的宋魏大戰，歸納出三個突出特點：雙方力量懸殊、騎兵對步兵、一敗一傷。作者結論認為戰爭的影響表現在劉宋六州殘破、公私凋敝，國力由盛而衰；北魏國力則日益增強，南北對峙格局進一步穩固，北強南弱態勢相對凸顯。

北魏與劉宋的戰爭中，部分城戍忽而宋有、忽而魏佔，建立在地理形勢基礎上的城戍是南北攻防中的焦點，有部份研究者關注這些城戍與軍事重鎮，如張南的〈戰爭衝突中的江北城市〉〔註54〕、郭黎安的〈六朝建都與軍事重鎮的分布〉〔註55〕、朱大渭的〈魏晉南北朝時期的套城〉，〔註56〕將這些城戍的重要性及其戰略地位，以及對雙方國防的影響作深入研究。胡阿祥的《六朝疆域與政區研究》，〔註57〕考察南方從三國至南朝時的疆域變遷，並蒐集史料呈現六朝政區建置經過，對魏宋戰爭中劉宋之失土與北魏之拓地，其間政區的興廢有充分之描述。

（六）北魏、劉宋南北形勢與關係部分

南北朝時期南北政權眾多，單獨研究北魏、劉宋對峙問題的產量遠不如以整個南北朝為研究對象者，而北魏與劉宋屬於整個南北對立的一部份，研究者必然將其納入整體南北研究的一環。在這些研究當中，首推陳寅恪的〈南北對

〔註52〕陳羨，《悠悠南北朝——宋齊北魏的紛爭史》（重慶：重慶出版社，2007年7月）。
〔註53〕楊恩玉，〈略論五世紀中葉宋魏大戰〉，《東岳論叢》，2005年第5期。
〔註54〕張南，〈戰爭衝突中的江北城市〉，《安徽史學》，1991年第2期。
〔註55〕郭黎安，〈六朝建都與軍事重鎮的分布〉，《中國史研究》，1999年第4期。
〔註56〕朱大渭，〈魏晉南北朝時期的套城〉，《齊魯學刊》，1987年第4期。
〔註57〕胡阿祥，《六朝疆域與政區研究》（北京：學苑出版社，2005年12月）。

立形勢分析〉一文，收入萬繩楠整理的《陳寅恪魏晉南北朝史講演錄》，〔註58〕該文先分析北強南弱之形勢，人口、經濟、武備，北方勝於南方，接著探討南北對峙下，北朝無法過早統一南北和南朝北伐不能成功的原因，其結論為北朝內部民族問題未解決時，南北分；一旦解決，則南北合。至於南朝北伐未能成功，陳寅恪歸納為物力南不及北；武力南不及北；運輸困難；南人不熱心北伐、北人也不熱心南人的恢復等四項因素。

逯耀東〈北魏與南朝對峙期間的外交關係〉，〔註59〕對北魏、劉宋的外交關係和使者往來進行廣泛研究，使吾人對北魏與劉宋的外交關係有詳細認識。該文雖以北魏與南朝為題，但實際上包含了東魏，南朝則止於南梁。作者於文中首先略述南北和戰過程，接著探討南北使節往來，但是並未論及何種因素促使南北通使維持和平關係，何種因素會導致兵戎相見。以南北使節為基礎深入探討者，有蔡宗憲的博士論文《南北朝交聘與中古南北互動（三六九～五八九）》，〔註60〕他以交聘角度切入，探討南北朝二百年左右的對峙關係中，雙方對外交涉的態度，以及折衝應對的手法。交聘雖非南北互動的唯一途徑，卻是最重要的官方交流管道。傅啓學編著的《中國古代外交史料彙編》，〔註61〕收錄中國古代外交史料豐富，對瞭解北魏與劉宋的外交關係頗有助益。

陳金鳳的《魏晉南北朝中間地帶研究》〔註62〕少見地以中間地帶為研究主題。所謂中間地帶，乃各政權間相互對峙與爭奪的區域，是軍事鬥爭下的產物。陳金鳳將三國鼎立及南北朝時期的南北對立，以歷史地理角度切入，將各政權對峙形勢及爭奪中間地帶的衝突，做了非常詳盡的研究。其中北魏與劉宋的中間地帶爭奪，作者鎖定在淮北之爭，並以劉宋將領薛安都投歸北魏為中心，將劉宋失淮北的經過充分敘述，並進一步分析北魏佔有淮北後，對南北政治、軍事形勢的影響。

〔註58〕陳寅恪著、萬繩楠整理，《陳寅恪魏晉南北朝史講演錄》（臺北：雲龍出版社，2002 年 3 月）。

〔註59〕逯耀東，〈北魏與南朝對峙期間的外交關係〉，收入氏著《從平城到洛陽——拓跋魏文化轉變的歷程》（臺北：聯經出版事業有限公司，1979 年 3 月）。該文原載於《新亞書院學術年刊》，第 8 期，1966 年 9 月。

〔註60〕蔡宗憲，《南北朝交聘與中古南北互動（三六九——五八九）》（臺北：國立臺灣大學歷史研究所博士論文，2006 年 1 月）。

〔註61〕傅啓學編著，《中國古代外交史料彙編》（臺北：國立編譯館，1980 年 9 月）。

〔註62〕陳金鳳，《魏晉南北朝中間地帶研究》（天津：天津古籍出版社，2005 年 5 月）。

　　李靖莉的〈南北朝國策比較〉〔註63〕與〈南北朝北強南弱局面的成因〉，〔註64〕二文研究理絡有前後連續關係，可謂姐妹作。前文以南北政權基本上是沿著北朝日漸強盛而南朝步向衰敗的趨向發展，考察北強南弱局面的出現，分析後起的鮮卑政權如何戰勝文明悠久的漢人政權。作者認為關鍵在於統治者的國策，她先分析南朝和北朝的治國之術，之後歸納二者的差異處：南朝固步自封、北朝厲行改革；南朝皇權衰弱、北朝皇權強大；南朝不抑兼併、北朝歷行均田；南朝皇家內亂迭起、北朝宮室相對安定，結論則是由於治國之術不同，導致了北強南弱的局面。後文則延續前文基礎繼續發揮，首先先確立北強南弱局面的產生，關鍵在於君王治國之術的差異，接著舉出實證或數據說明雙方治國之術的差異情形。如前文歸納出的論點之一：南朝皇家內亂迭起、北朝宮室相對安定，作者即詳加說明南朝前後一百七十年，共歷經四朝二十四帝，其中在位不足七年者十九人，不足三年者十四人，皇位頻繁更迭，緣於皇室內部的自相殘殺，不僅削弱統治集團勢力，導致政局不穩，更使國家衰落影響與北朝的對抗。

　　許輝的〈南北朝戰爭特點探析〉〔註65〕將南北朝上百次的戰爭歸納為四個特點：1、南北戰爭總的趨勢是北強南弱。2、南北戰爭基本上是邊境上的掠地之戰，因雙方均未具備攻滅對方條件。3、雙方均利用對方投降的宗室和將領，聯絡少數民族，遠交與國，造成對方政局不穩和腹背受敵的局面。4、南北朝雖頻繁發生戰爭，但雙方聘使不斷，邊境貿易照常舉行。許輝就此四點分別加以析論，而北魏和劉宋戰爭自然包括在內。楊天亮的〈論南北朝時期南北雙方的主要戰爭及其影響〉，〔註66〕統計南方宋、齊、梁、陳四朝政權與北方政權共爆發一三八次戰爭，其中宋魏三十三次（不包括431年〔魏神麚四年、宋元嘉八年〕檀道濟攻魏的三十三戰）；齊魏三十三次；梁與北朝五十四次（不包括陳慶之送元顥北歸的四十七戰及候景之亂）；陳與北朝十八次。文中將一三八次南北戰爭分為四個階段：第一階段420年（魏泰常五年、宋永初元年）至451年（魏正平元年、宋元嘉二十八年）；第二階段451年至499年（魏太和二十三年、齊永元元年）；第三階段499年至

〔註63〕李靖莉，〈南北朝國策比較〉，《濱州教育學院學報》，1995年創刊號。
〔註64〕李靖莉，〈南北朝北強南弱局面的成因〉，《濱州師專學報》，12卷3期，1996年3月。
〔註65〕許輝，〈南北朝戰爭特點探析〉，《江海學刊》，1991年3月。
〔註66〕楊天亮，〈論南北朝時期南北雙方的主要戰爭及其影響〉，《史林》，1998年4月。

577 年（周建德六年、陳太建九年）；第四階段 577 年至 589 年（隋開皇九年、陳禎明三年）。楊天亮除充分敘述四階段的主要戰爭外，更析論戰爭帶給南北雙方的影響，並提出自己的觀點分別評價這些戰爭

　　李瓊英的〈論劉宋時期的南北關係〉〔註67〕專論劉宋一朝與北魏之關係，將從劉宋時期開始與北魏形成的南北關係作一探討。其他討論南北朝時期南北關係的著作甚多，在此不一一評述，列舉如下：古霽光〈三國鼎峙與南北朝分立〉〔註68〕、薩孟武〈晉隋之間的南北形勢〉〔註69〕、史念海〈論我國歷史上東西對立的局面和南北對立的局面〉〔註70〕、王明蓀〈中國分裂經驗之歷史研究——中古時期〉〔註71〕、胡阿祥〈東晉南朝的守國形勢——兼論歷史上的南北對立〉〔註72〕、肖黎〈北魏孝文帝時期之南北關係〉〔註73〕、劉精誠〈魏孝文帝時期的南北關係〉〔註74〕、許輝〈南北朝關係述論〉〔註75〕等。

六、研究範圍與研究限制

　　本研究之範圍，在時間上包含劉宋全朝，從 420 年（魏泰常五年、宋永初元年）至 479 年（魏太和三年、宋昇明三年）的六十年，這段期間北魏君王依次是魏明元帝、魏太武帝、魏文成帝、魏獻文帝、魏孝文帝，雖劉宋政權在魏明元帝時成立，北魏與劉宋開始正面接觸，但一國之戰略觀念並非猝然成形，當代君王的國家戰略思維多少受前任君王影響，為瞭解北魏國家戰略的前後脈絡，故將研究範圍往上延伸至魏明元帝的前任君王，亦即北魏開國太祖魏道武帝。魏道武帝時之北魏處於北方四戰之地，割據政權林立，魏道武帝正為北魏爭生存而奮鬥，與南方東晉並無多少接觸，但是他乃北魏開

〔註67〕 李瓊英，〈論劉宋時期的南北關係〉，《西南師範大學學報》，1996 年 2 月。
〔註68〕 古霽光，〈三國鼎峙與南北朝分立〉，《禹貢半月刊》，5 卷 2 期，1936 年 3 月。
〔註69〕 薩孟武，〈晉隋之間的南北形勢〉，國立臺灣大學《社會科學論叢》，第 3 期，1953 年。
〔註70〕 史念海，〈論我國歷史上東西對立的局面和南北對立的局面〉，《中國歷史地理論叢》，1992 年第 1 期。
〔註71〕 王明蓀，〈中國分裂經驗之歷史研究——中古時期〉，國科會 83 年度研究報告，1994 年。
〔註72〕 胡阿祥，〈東晉南朝的守國形勢——兼論歷史上的南北對立〉，《江海學刊》，1998 年第 2 期。
〔註73〕 肖黎，〈北魏孝文帝時期之南北關係〉，《北方論叢》，1986 年 5 月。
〔註74〕 劉精誠，〈魏孝文帝時期的南北關係〉，《北朝研究》，1993 年 3 月。
〔註75〕 許輝，〈南北朝關係述論〉，《蘇州社會科學》，2002 年 3 月。

創者，其戰略思想對繼任者會有一定程度的啓發，尤其他對東晉友好的態度，多少影響魏明元帝初期對劉宋之戰略關係，故欲考察北魏對劉宋的戰略關係，須將魏道武帝一併納入以臻周延。

至於空間上則不僅以北魏、劉宋的疆域爲限，也包括柔然所在的北亞，柔然雄踞北魏之北，一直爲北魏心腹大患。北魏與劉宋的戰略關係，柔然具有關鍵性影響，因北魏不可能同時對柔然、劉宋作戰，柔然之興衰實深刻影響北魏歷代君王國家戰略的制訂，故研究北魏與劉宋的衝突對峙問題，須將眼光放大，將整個東亞地域都納入研究範圍。

北魏與劉宋戰略關係經緯萬端，最重要因素乃君王主觀意志。封建社會「朕即天下」，君王一人即代表國家，所有官僚系統、全國人民均爲其服務，若君王欲對鄰國發動戰爭，國家機器便開始啓動，動員軍隊與物資，二國戰略關係遂形成緊張對峙狀態；相反地，如君王偃武息兵與鄰國和平相處，戰略關係即相形單純，可見君王戰略思維實影響國家戰略，加上封建王朝君王即是國家，故國家戰略體現的就是君王的戰略思維與戰略觀。本研究之主題爲北魏與劉宋之戰略關係，研究主體應爲北魏、劉宋二國，不過，筆者僅擇定北魏爲研究主體，以國家戰略概念考察其與劉宋之戰略關係，何也？南北朝時南北對立，北強南弱態勢甚爲明顯，雙方戰爭結果，南方多嘗敗績，疆土不斷縮小，雖有恢復北方河山之志，但國力太過懸殊，收復舊山河至南朝末期甚至僅成爲口號，淪爲空談。而北魏是少數民族所建，國勢不斷上升，統一北方後，北伐柔然、南討劉宋，屢屢獲勝，勝利者之國家戰略可討論空間較大，故選定北魏爲研究主體，分析其國家戰略，此其一也。若同時探討北魏、劉宋的國家戰略，會使焦點模糊，不知以何者爲主，且用同樣的戰略觀點考察北魏、劉宋的國家戰略，容易導致內容混淆，爲使研究主題單純並凸顯北魏強國地位，遂鎖定北魏爲研究主體，考察其國家戰略，此其二也。

然而，以現代戰略觀點和現代理論研究歷史畢竟是新的嘗試，歷來循此途徑者不多，筆者曾以《北宋與遼、西夏戰略關係研究——從權力平衡觀點的解析》〔註76〕爲碩士論文作初步嘗試，運用權力平衡理論分析北宋、遼、西夏三國之戰略關係，之後繼續從事同類型研究，如〈拓跋珪創建北魏政治

〔註76〕 蔡金仁，《北魏與遼、西夏戰略關係研究——從權力平衡觀點的解析》（臺北：淡江大學國際事務與戰略研究所碩士論文，1997 年 6 月）。

戰略論析〉〔註77〕、〈論苻堅的大戰略與前秦興亡之關係〉〔註78〕、〈論北魏
孝文帝遷都的心理戰略〉等。〔註79〕而國內亦有其他人從事這方面研究，如
丘立崗的《論秦的統一戰略：一個結構化分析的個案研究》，〔註80〕他先建構
一項環境分析的架構，再對秦始皇的統一戰略逐步分析；陳建青的《康熙政
治戰略之研究》，〔註81〕以政治戰略概念架構爲分析模型，分析康熙皇帝對於
建構漢民族與少數民族政治向心力的政治戰略作爲，上述二人均以現代戰略
觀點研究歷史。盧星廷的《政經改革與國力增長關係之研究——以秦商鞅變
法爲例》，〔註82〕以國家權力理論將商鞅變法的過程與結果，及其所代表的改
革與國力增長的意義，作逐項的分析探究；李文欽的《文化力對晚清政治變
革之影響——政治系統理論之觀點》，〔註83〕他先通過政治系統理論將文化力
視爲政治參與的一種，接著探討文化力在晚清的政治變革中發揮的作用，此
二人則是用現代理論研究歷史。雖然用現代戰略觀點或理論研究古代歷史不
乏其人，但與純粹歷史研究或戰略研究相較仍屬少數，以致沒有太多的學術
成果可資參考，所以要以北魏的國家戰略解析其對劉宋的戰略關係並不容
易，此爲本研究之一大挑戰。

　　研究北魏與劉宋歷史，勢必引用二朝正史《魏書》、《宋書》，《魏書》一
一四卷乃北齊魏收所撰，魏收品德微有瑕疵，《魏書》中隱諱之處頗多，且部
分記載稀疏闕漏，後人雖以《北史》等其他史書補上，卻無法還原《魏書》
全貌。至於《宋書》一百卷乃南梁沈約所撰，雖收錄當時許多人的奏議、書

〔註77〕〈拓跋珪創建北魏政治戰略論析〉，刊於大葉大學《通識教育學報》第 2 期（彰
　　　　化：大葉大學通識教育中心，2008 年 11 月），頁 37～62。
〔註78〕〈論苻堅的大戰略與前秦興亡之關係〉刊於國立屏東科技大學《人文社會科
　　　　學研究》第 2 卷第 2 期（屏東：國立屏東科技大學人文暨社會科學學院，2008
　　　　年 12 月），頁 30～53。
〔註79〕〈論北魏孝文帝遷都的心理戰略〉刊於《國立虎尾科技大學學報》第 28 卷第
　　　　1 期（虎尾：國立虎尾科技大學，2009 年 3 月），頁 77～98。
〔註80〕丘立崗，《論秦的統一戰略：一個結構化分析的個案研究》（臺北：淡江大學
　　　　國際事務與戰略研究所碩士論文，1986 年 6 月）。
〔註81〕陳建青，《康熙政治戰略之研究》（臺北：淡江大學國際事務與戰略研究所碩
　　　　士論文，2002 年 6 月）。
〔註82〕盧星廷，《政經改革與國力增長關係之研究——以秦商鞅變法爲例》（臺北：
　　　　淡江大學國際事務與戰略研究所碩士論文，2004 年 6 月）。
〔註83〕李文欽，《文化力對晚清政治變革之影響——政治系統理論之觀點》（臺北：
　　　　淡江大學國際事務與戰略研究所碩士論文，2002 年 1 月）。

札、文章，但「成書草率，敘事又多忌諱。」〔註84〕流傳過程中有不少散失，以致到北宋時竟有脫漏數頁或全卷情事發生，後人遂以《南史》補上。《北史》與《南史》俱爲唐代李延壽作品，雖頗爲簡潔，無《魏書》、《宋書》之龐雜，但二史有相當大部分與《魏書》、《宋書》重疊雷同。另外，相關北魏史料文獻，歷來即頗爲欠缺，可供參酌之地下史料如鮮卑石室等太少，相關人物之墓誌銘資料更是嚴重不足，這些就構成了研究北魏問題的一大障礙。

　　北魏與劉宋的戰略關係研究，就前述「研究成果回顧」內容觀之，儘管有許多專家學者相關的成果可資利用與吸收，但從國家戰略觀點切入，畢竟是一個新的研究面向，涉及跨學域的科際整合，除必須具備歷史學、戰略學方面的知識，尙須有歷史地理學、地緣政治等方面的知識，而人並非全能，筆者目前的學力無法充分具備上述知識，尤其是歷史地理學和地緣政治方面，這就爲本書的寫作帶來不少困難和壓力。儘管有上述挑戰與困難，本研究還是會在上述研究動機與研究目的之下，竭盡所能克服困難，按照既定章節的安排，逐一進行北魏與劉宋戰略關係的研究，將北魏歷代君王的國家戰略進行全盤考察，並企盼順利達成預期之研究目標，能有一番學術成果貢獻於社會。

七、本書體例及其他

（一）本書所引廿五史諸書，均指大陸中華書局點校本，若引用其他版本，將另予註明。

（二）《資治通鑑》書中出處註某卷、某紀，且註明某年某月，頁若干。

（三）凡所徵引之論著，〈　〉表示論文，《　》則指專書與期刊。

（四）皇帝名號統一以諡號稱記，而引文中出現之皇帝廟號，皆附註記之以諡號。

（五）本研究涉及北魏、劉宋二國，若用任一國之紀年恐有偏頗且易混淆，故以西元紀年爲主，並附記北魏、劉宋君王年號，使三者並列一目瞭然。

（六）本書採隨頁註，以每章爲一單元。引文亦以每章爲單元，首次出現則註出版地、出版社及出版年份。

〔註84〕潘德深，《中國史學史》（臺北：五南圖書出版有限公司，1994 年 5 月），頁141。

（七）中古時期地名後之（　　）內，註記今名。地名今釋概以參考譚其驤《中國歷史地圖集》爲主、《中國歷史地名大辭典》爲輔，除特殊、少見地名外，一般性地名不再註其出處。對尙須考證之中古時期地名，則參考《水經注》、《讀史方輿紀要》、《唐代交通圖考》等歷史地理資料及考古史料爲主。

（八）書末所附「參考文獻」，除本研究曾引用者外，其他史料或論著，部分雖未於本書中引用，但或藉與其他資料對照參考，或擷取其觀念看法，亦收錄於參考文獻之中。

第一章　概念架構的界定與說明

　　第二次世界大戰後，戰爭型態發生劇烈改變，世人對戰略觀念也開始轉變，原先僅運用於軍事作戰戰爭指導的「戰略」一詞，擴展為廣泛運用的術語。戰爭指導也提升為國家戰略階層，而國家戰略的體系結構，亦擴展為政治、經濟、軍事、心理的多元與總體統合，因此對「戰略」一詞的涵義、性質與範圍，實有重新界定之需要。另外，「國家戰略」一詞源自美國，為二次大戰後新出之名詞，其與「大戰略」涵義有相同性亦有差異性，本研究以此觀點解析北魏與劉宋之戰略關係，故須對「國家戰略」涵義有清楚之認識。

第一節　戰略的涵義

　　「戰略」一詞在中國起源甚早，但是早期的戰略二字，並非全然具有現代戰略二字之涵義，因此對戰略二字的起源及其演變，何時開始漸具現代戰略意義的戰略思想，實有徹底瞭解必要。另外，古時中西交通不易，學術交流困難，中西戰略觀念與思想幾乎各自發展，時至近世中西交通大開後始有交流機會，是故戰略研究者須對中西「戰略」一詞之來源及其意義，做通盤瞭解，始能對中西戰略之涵義融會貫通。現代戰爭、武器日新月異，戰略觀念與意義也不斷發展與突破，現代戰略意義賦予戰略涵義新的詮釋，因此對現代戰略意義自然須加以認識。

一、中國戰略名詞之來源及其意義

　　「戰略」此一名詞由來相當早，中西皆然。在中國，將「戰」和「略」二字構成「戰略」一詞，最早出現於晉武帝泰始年間（270 前後），秘書丞司

馬彪著有一本以《戰略》為名的書，對漢末三國時期的主要戰爭提出分析和檢討，此書早已亡佚，裴松之注《三國志》曾引用該書內容，[註1]另外有少數內容被收入《太平御覽》及清代黃奭所編的《漢學堂叢書》。據《戰略》殘存內容觀之，此書無法稱為真正以戰略為主題的著作，但可確定的是，我國在西晉時期已有以「戰略」為名之著作。[註2]之後南北朝時期趙㬎亦曾以戰略為書名，撰寫《戰略》二十六卷，可惜命運如同司馬彪的《戰略》一樣，全告亡佚。唯一以戰略為名完整流傳下來者，僅明人茅元儀所撰之《廿一史戰略考》。

至於「戰略」一詞作為概念使用，在史籍中並不常見，廿五史中不過出現八次，《宋書》一次、《宋史》一次、《明史》一次、《清史稿》五次，分列如下。

《宋書・周朗傳》：[註3]

> 男子十三至十七，皆令學經：十八至二十，盡使修武。訓以書記圖律，忠孝仁義之禮，廉讓勤恭之則：授以兵經戰略，軍部舟騎之容，挽強擊刺之法。官長皆月至學所，以課其能。

《宋史・郭諮傳》：[註4]

> 康定西征，諮上戰略，獻拒馬槍陣法。

《明史・范廣傳》：[註5]

> 孫鏜、范廣善戰略相等。

《清史稿・僧格林沁傳》：[註6]

> 僧格林沁忠勇樸誠，……剿捻凡五年，掃穴擒渠，餘孽遂為流寇，困獸之鬥，勢更棘焉。繼事者變通戰略，以持重蕆功，則僧格林沁所未暇計及者也。

同書〈胡林翼傳〉：[註7]

[註1] 參見許保林，《中國兵書通覽》（北京：解放軍出版社，2002年1月），頁216～219。

[註2] 參見鈕先鍾，《中國戰略思想史》（臺北：黎明文化事業股份有限公司，1992年10月），頁8。

[註3] 〔梁〕沈約，《宋書》（中華書局點校本）卷82〈周朗傳〉，頁2093。

[註4] 〔元〕脫脫等撰，《宋史》（中華書局點校本）卷326〈郭諮傳〉，頁10530。

[註5] 〔清〕張廷玉等撰，《明史》（中華書局點校本）卷173〈范廣傳〉，頁4630。

[註6] 趙爾巽等撰，《清史稿》（中華書局點校本）卷404〈僧格林沁傳〉，頁11904～11905。

[註7] 《清史稿》卷406〈胡林翼傳〉，頁11933。

林翼集諸軍精銳全力備戰，欲一鼓殲之。與曾國藩部署諸將，指揮
戰略。

同書〈多隆阿傳〉：〔註8〕

多隆阿已授福州副都統，戰略威望最著。

同書〈赫德傳〉：〔註9〕

華爾、戈登先後領常勝軍，立功江、浙，世稱「洋將」，時傳其戰略。

同書〈洪秀全傳〉：〔註10〕

（陳）玉成兇狠亞楊秀清，而戰略尤過之，軍中號「四眼狗」。自玉
成伏誅，楚、皖稍得息肩，而金陵勢益孤矣。

「戰略」一詞就其字面意思，可解釋為「作戰的謀略」或「戰爭的策略」，
上述史籍中出現的「戰略」語句，已含有這些意思。《宋書》是廿五史第一
次出現「戰略」語句，其作者沈約（441～513）晚於司馬彪（？～306）百
餘年；注《三國志》時曾引用司馬彪《戰略》內容的裴松之（372～451），
則晚於司馬彪不到百年，可見《戰略》一書在南北朝時頗為流行，沈約、裴
松之可能看過此書，才會以其觀念並書「戰略」一詞於史籍中。然而《宋書》
之後的廿五史僅《宋史》、《明史》各出現一次，足證「戰略」一詞未被史學
家廣泛運用。直至二十世紀初（1914～1927）編修的《清史稿》始有較多之
使用，共計出現五次。換言之，清朝閉關自守政策被西方列強打破後，受到
西方思想與軍事之影響，「戰略」一詞進入二十世紀始在中國成為普遍之用
語。

中國戰略思想起源甚早，自古即有與戰略意義相近之名詞出現，如韜略、
廟算、方略等語，以下分述之。

「韜略」一詞源自古兵書《六韜》、《三略》而來，《六韜》、《三略》舊題為
姜尚、黃石公所撰，然二書真實作者已不可考。〔註11〕在姜尚《六韜》中有韜
略之說，姜尚又稱呂尚、姜太公，乃中國上古時期一位著名戰略家，佐周文王、

〔註8〕　《清史稿》卷 409〈多隆阿傳〉，頁 11977。

〔註9〕　《清史稿》卷 435〈赫德傳〉，頁 12364。

〔註10〕　《清史稿》卷 475〈洪秀全傳〉，頁 12936。

〔註11〕　《六韜》又稱《太公六韜》、《太公兵法》，是一部集先秦軍事思想大成之著作，
舊題西周姜尚著，史家普遍認為是後人依托，作者已不可考，一般認為此書
成於戰國時代。《三略》舊題黃石公撰，黃石公即是授張良之兵書老人，但據
考證，《三略》應是漢末作品，與張良時代不符。參見許保林，《中國兵書通
覽》，頁 125～127。

周武王滅商興周，「周西伯昌之脫羑里歸，與呂尚陰謀修德以傾商政，其事多兵權與奇計，故後世之言兵及周之陰權皆宗太公為本謀。」〔註12〕周朝對商朝作戰過程中，司馬遷予以姜尚高度評價，「天下三分，其二歸周者，太公之謀計居多。」〔註13〕周朝原本是商朝西方諸侯，實力不如商朝，竟然能匯集反商力量逐漸壯大，終能改朝換代建立周朝政權，其間姜太公各種戰略的運用與戰略思想的發揮，起了相當重要的作用。姜尚所言六韜，乃文韜、武韜、龍韜、虎韜、豹韜、犬韜，如以現代戰略觀點來看，韜即戰略之意，文韜、武韜在講政治戰略；龍韜屬軍事戰略；虎韜、豹韜、犬韜則為軍事戰術，可見《六韜》涵蓋的戰略思想相當完整。〔註14〕《三略》指的是用兵的謀略，即兵法戰術，傳說張良賴黃石公授予此書，佐劉邦成大漢霸業。「韜略」一詞在廿五史中共出現二十八次，〔註15〕雖較「戰略」八次多出二十次，但仍然偏少，足證「韜略」在古代雖有戰略含義，但並非普遍之用詞。

　　享有兵聖美譽的孫武，在其《孫子兵法》一書中有「廟算」〔註16〕一語，以現代戰略觀念而言，孫武所謂廟算，即是戰略之意。孫武是中國第一位提出戰略理論，建構完整戰略體系的偉大戰略家，《孫子兵法》開宗明義指出戰爭對國家重要性，「兵者，國之大事。死生之地，存亡之道，不可不察也。」〔註17〕指導戰爭遂行的戰略，成為戰爭成敗、國家興亡之關鍵，孫武於書中一再強調戰略的重要性，使他和其著作被公認為中國古代最偉大的戰略家和影響深遠的戰略著作。同時此書也獲得古今中外戰略學者肯定，翻譯成多國文字傳世。孫武所謂的「廟算」，指的是戰前的運籌謀畫，廟是指廟堂、朝堂，乃朝廷代稱。古代命將出征時，皆會在在廟堂裡舉行儀式，謀畫大計，亦即戰略決策，故「廟算」一語以今日戰略觀念觀之，即是君王和領兵將帥，在朝廷上進行戰略規畫，制訂此次出兵之戰略。廿五史中，「廟算」共出現六十

〔註12〕〔西漢〕司馬遷，《史記》（中華書局點校本）卷32〈齊太公世家二〉，頁1478
　　　　～1479。

〔註13〕《史記》卷32〈齊太公世家二〉，頁1479。

〔註14〕參見姜尚著、徐培根註，《太公六韜》（臺北：臺灣商務印書館，1984年10
　　　　月），頁2～5。

〔註15〕《宋史》十一次、《清史稿》六次、《明史》四次、《舊唐書》二次、《宋書》
　　　　一次、《北齊書》一次、《周書》一次、《舊五代史》一次、《北史》一次。

〔註16〕孫武著、吳仁傑注譯，《孫子讀本》（臺北：三民書局，2008年1月）〈計篇〉，
　　　　頁8。

〔註17〕孫武著、吳仁傑注譯，《孫子讀本》〈計篇〉，頁3。

七次，〔註18〕可見「廟算」較「韜略」一詞在中國古代更爲一般普遍接受的觀念。

「方略」應是古代中國運用最爲廣泛的戰略概念用語，而且包含軍事與非軍事上的使用，如「戰鬪方略」〔註19〕、「用兵方略」〔註20〕、「防邊方略」〔註21〕等軍事意義，非軍事範疇如「治河方略」〔註22〕等。「方略」一詞較「韜略」、「廟算」更接近今日的「戰略」，從其在史書上被普遍運用即可得知。統計廿五史中「方略」一詞共出現六五五次，〔註23〕且其含義已屬國家的最高戰略，亦即今日的國家戰略，《舊唐書》有言：「夫權謀方略，兵家之大經，邦國繫之以存亡，政令因之而強弱。」〔註24〕足證「方略」一詞在古代雖無今日的戰略戰術之分，但實際上已隱然有此二種含義。「戰鬪方略」、「用兵方略」趨近於戰術含義，「防邊方略」、「治河方略」則已是國家戰略層級，國家戰略包含政治戰略、經濟戰略、軍事戰略、心理戰略等範疇，「防邊戰略」關係整個國家的邊防安全，尤其在面對北方少數民族強烈威脅的朝代；至於「治河方略」的涉及層面更廣，如治理黃河，已非單純的經濟範疇，而是包括政治、經濟、軍事、心理等各個層面，故上述所言「防邊方略」、「治河方略」均必須以國家宏觀的角度視之，配合國家利益、國家目標制訂。

綜上所述，「戰略」一詞西晉時雖已在中國出現，但初始並非具有今日之戰略含義，隨著時代演進及西方思潮影響，漸漸賦予「戰略」該詞所謂的戰略含義。而古代中國戰略思想發軔甚早，亦有「韜略」、「廟算」、「方略」等符合現代戰略意義之名詞出現，其中「方略」在廿五史之記載共有六五五次，

〔註18〕 《宋史》十次、《宋書》九次、《魏書》八次、《晉書》八次、《清史稿》七次、《舊唐書》五次、《明史》四次、《梁書》四次、《北史》四次、《南史》二次、《隋書》二次、《金史》二次、《三國志》一次、《北齊書》一次。

〔註19〕 〔東漢〕班固，《漢書》（中華書局點校本）卷59〈張湯傳〉，頁2657。

〔註20〕 〔後晉〕劉昫撰，《舊唐書》（中華書局點校本）卷15〈憲宗紀〉，頁456。

〔註21〕 《宋史》卷42〈理宗紀〉，頁812。

〔註22〕 《明史》卷83〈河渠志〉，頁2036。

〔註23〕 《清史稿》一五一次、《宋史》一二九次、《明史》九十五次、《後漢書》三十二次、《舊唐書》二十九次、《新唐書》二十七次、《漢書》二十五次、《元史》二十五次、《舊五代史》二十一次、《金史》二十次、《北史》十七次、《魏書》十四次、《三國志》十三次、《晉書》十次、《南史》十次、《史記》九次、《梁書》七次、《周書》六次、《隋書》五次、《北齊書》三次、《新五代史》三次、《宋書》二次、《南齊書》一次、《陳書》一次。

〔註24〕 《舊唐書》卷84〈裴行儉傳〉，頁2808。

遠勝「廟算」六十七次、「韜略」二十八次、「戰略」八次。〔註 25〕李少軍先生認爲,「當我們研究中國戰略概念的歷史時,完全不必拘泥於『戰略』一詞的使用,而應該注意更完整地體現戰略思想的概念。」〔註 26〕就歷史發展而言,「方略」之內涵,應是最接近現代「戰略」之概念。

二、西方戰略名詞之來源及其意義

在西方,「戰略」(strategy)一詞導源於希臘文「strategos」,原意是「將軍」(general),希臘人將之解釋爲「統帥必備的一種綜合智識和藝術」,即是「爲將之道」。〔註 27〕西元前 508 年,希臘執政官克里斯提尼(Cleisthenes)將全國劃分成十個區域,每個區域設置一位「將軍」組成「十將軍委員會」輪流統率軍隊,一開始職權限定在領兵作戰的軍事範圍,其後權勢逐漸膨脹,成爲擁有廣泛職能的政府高官。雖然「將軍」一詞並未具有「戰略」之含義,但其產生源頭畢竟與軍事有關,「將軍」統領軍隊,勢必會進入戰爭活動中,而不論對手爲何,勝利必然是唯一目標,於是在戰爭過程中,必須運用各種謀略求勝,戰略觀念遂因此而產生。

至於將「將軍」一詞賦予「戰略」含義者,則是東羅馬帝國皇帝摩萊斯(Maurice),他尙未加冕爲皇帝前,曾擔任「將軍」一職,負責東羅馬帝國東方防務。他爲了訓練將領和軍隊,遂編寫《strategicon》(或 strategikon)一書,譯爲英文即是「strategy」,意爲將軍之學,此即爲英文戰略一詞之由來。〔註 28〕摩萊斯於該書中詳細敘述帝國軍隊的武器裝備、行軍作戰等與軍隊密切相關之內容,同時也對傷患的醫療、軍職的設置提出探討,這本著作成爲他麾下將領必讀經典。由於摩萊斯在東方與波斯作戰屢獲勝仗,戰功彪炳,被當時皇帝提比利二世(Tiberius II)欽定爲皇位繼承人。582 年 8 月,摩萊斯繼位爲東羅馬帝國皇帝,此書遂得以普及軍中,成爲各級將領必讀的戰爭科學著作。

〔註 25〕「戰略」、「韜略」、「廟算」、「方略」等詞語在廿五史中出現的次數,乃利用中央研究院歷史語言研究所之「漢籍電子文獻瀚典全文檢索系統」檢索所得,http://hanji.sinica.edu.tw/。

〔註 26〕李少軍主編,《國際戰略報告:理論體系、現實挑戰與中國的選擇》(北京:中國社會科學出版社,2005 年 1 月),頁 10。

〔註 27〕徐培根,《國家戰略概論》(台北:國防研究院,1959 年 5 月),頁 1。

〔註 28〕參見鈕先鍾,《論戰略研究》(臺北:黎明文化事業股份有限公司,1982 年 7 月),頁 1。

　　將西方的「strategy」翻譯成「戰略」二字的應是日本人，因為近代西方軍事思想有很大一部份都是由日本傳到中國，所以採日人之譯法尚稱合理。中國最早採用此譯法是在清末，確切日期已不可考。許保林認為，由最早從翻譯而來的「戰略學」一詞於 1908 年出現，據此推估，「戰略」該名詞依西方定義之意義使用已過百年。〔註29〕

　　西方戰略觀念與思想最早起源於環地中海地區的古希臘時代，亞里斯多德（Aristotle）、希羅多德（Herodotus）、柏拉圖（Plato）等思想家，曾就當代波斯戰爭及亞歷山大大帝（Alexander）的戰爭史實而論國政及其影響，堪稱西方戰略思想的發軔期。再者，該地區政治、經濟、文化較為發達，同時城邦、人口眾多，不可避免邦與邦之間會發生衝突，戰爭因而產生，如希波戰爭（前 500至前 449 年）、伯羅奔尼撒戰爭（前 431 至前 404 年）、兩次布匿克戰爭（前 264至前 241 年、前 218 至前 202 年）等，許多戰略觀念在各國將領們率軍對戰中出現，但不同於中國的是，西方早期並未出現專門的軍事著作，對戰略觀念的記述和探討，多反應在史學著作中，特別是戰史，如修昔提底斯（Thucydides）的《伯羅奔尼撒戰爭史》（History of the Peloponnesian War）；色諾芬（Xenophon）的《長征記》（Anabasis）；凱撒（Gaius jullius Caesar）的《高盧戰記》（De Bello Gallico）和《內戰記》（De Bello Civilli）。凱撒的《高盧戰記》和《內戰記》，主要在記述其領軍作戰經過；色諾芬的《長征記》，著重在當時軍隊的裝備、訓練和編制，藉由上述三本著作，雖可窺見凱撒、色諾芬二人的戰略觀念，但並不多。對戰略觀念闡述較多者，乃修昔提底斯的《伯羅奔尼撒戰爭史》，該書雖然未能如《孫子兵法》成為戰略學巨著，但是書中的戰略觀念與戰略思想，可與同時期中國記述戰略觀念的史書相媲美，成為西方探討戰略觀念的先驅。

　　修昔提底斯在西元前 424 年出任將軍一職，由於他親身經歷以雅典為首的「提洛聯盟」與以斯巴達為首的「伯羅奔尼撒聯盟」二大聯盟之戰爭，以實際之經歷，在書中描述雅典和斯巴達的國家戰略及其對外戰略，特別是二國以取得國際強權為目標的國際戰略，他同時也對二大聯盟內其他國家的結盟戰略，作了清楚的分析與描述。在二大聯盟爭戰過程中，除了陸戰之外尚有海戰，希臘位處巴爾幹半島，東臨愛琴海、西濱地中海，由於地理環境因素，雅典與斯巴達的軍事武力皆有海軍，故修昔提底斯對雙方陸軍和海軍的爭戰，分從陸戰戰略、海戰戰略的戰略觀點加以分析，使《伯羅奔尼撒戰爭史》揭櫫的戰略觀

〔註29〕許保林，《中國兵書通覽》，頁 61。

念,從最高層級的國家戰略至軍隊作戰的野戰戰略均包含在內,使該書成為古代西方論述戰略觀念的代表作。

西元四世紀,西方出現第一部軍事學專門著作,乃羅馬軍事家維格第烏斯(Vegetius)撰寫之《羅馬的軍事制度》(Rei militars instituta),他主張進行戰爭時,領軍之主帥需掌握一切情報,充分瞭解敵我情況,制訂正確的作戰方針,並在我方最佳之戰略時機發動攻擊,如此方能克敵致勝。同時,他也對情報之重要性、軍隊之訓練、士氣與紀律之維持、戰鬥部隊與預備部隊之協同、地形地物之利用等各項作戰因素做詳細論述,使該書成為西方中世紀的軍事經典。前文已述,西元六世紀東羅馬帝國皇帝摩萊斯將「將軍」一詞賦予戰略含義,同時將其所著《戰略》一書推廣於軍中,可見四世紀至六世紀,西方戰略觀念不斷延伸、發展,似乎可預見日後戰略學說將蓬勃發展,其實不然,在往後的一千年中,西方進入戰略思想的黑暗期,值得名留青史的戰略家和戰略著作不多,原有之戰略觀念與戰略思想,也正一點一滴的消逝。

隨著文藝復興(Renaissance)的浪潮,西方文明、文化、藝術在中世紀晚期得到復興且更進一步發揚,而戰略思想在這股浪潮席捲下亦得到復興,同時在新時代活潑多元文化的刺激下,新的戰略觀念與戰略思想於焉產生。義大利軍事家馬基維里(Niccolo Machiavelli)成為此時期的代表人物,他於1521 年出版的《戰爭藝術》(Arte della guerra 或 The Art of War)是第一部近代軍事著作,該書用對話方式,以共和時代的羅馬為範例,有系統地詳述西方古代戰略觀念、軍事組織、戰爭作為。馬基維里的戰略思想不僅表現在《戰爭藝術》之類的軍事著作,政治性論著《君王論》(The Prince),亦可見其戰略思想的闡揚。他在書中論述君王的治國戰略,同時強調軍事對國事的重要,君王治理國家的第一要務乃是軍事,其云:「所有一切國家,無論新舊,其主要的基礎都是良好的法律和良好的軍備,若無良好軍備則不可能有良好法律。」〔註30〕封建制度以君王為中心,君王即代表國家,故馬基維里闡述君王的治國方針,如何處理對外關係,以及君王和人民之間的關係等,顯見這已是國家戰略層次。由此可見馬基維里已涉及各個層次的戰略領域,其戰略觀念與戰略思想藉由著作廣布西方世界,鈕先鍾稱他為近代歐洲的第一位戰

〔註30〕 Niccolo Machiavelli, "The Prince"(New American Library,1980)p.72.中文翻譯引自鈕先鍾,《西方戰略思想史》(臺北:麥田出版有限公司,1995 年 7 月),頁 123~124。

略思想家，對其評價甚高：〔註31〕

> 馬基維里把他本人的主觀經驗轉變成為客觀分析，深入探索政治權
> 力與軍事權力之間的互賴關係，並企圖發現普遍原則以來解釋個別
> 現象。簡言之，他是西方最早把戰爭與和平的問題當作學術來研究
> 的人。雖然他並未使用「戰略」這個名詞，但他的著作可以算是現
> 代戰略思想的起點。

馬基維里是西方戰略思想發展承上啟下的關鍵人物，他將文藝復興前逐漸被
淡忘的戰略觀念與戰略思想，在十六世紀復興並注入生氣，促成十七至十八
世紀的戰略思潮，推動現代戰略觀念的出現，馬基維里可謂現代戰略思想之
前驅。

三、現代戰略之意義

　　世界上有人的存在，就有人際關係的存在，而這種人際關係可概括地分
為兩大類：一種是合作，一種是衝突。人類是政治動物，多數人在一起生活，
自然會逐漸形成政治組織，而最基本和最主要的形式就是國家，在這種演進
過程中，個人的衝突逐漸變成集體的鬥爭，其最後的形式就是戰爭。最初的
戰爭只是鬥力，但是不用多久，除了鬥力之外，又會加上鬥智，等到雙方都
開始知道鬥智時，最原始的戰略觀念已然產生。〔註32〕因此，原始的戰略觀
念即是雙方在互相鬥爭下如何鬥智的過程。

　　戰略最原始的解釋就是將道，亦即「為將之道」，以現代術語而言，其範圍
僅限於軍事戰略，一直到十九世紀，幾乎所有研究戰略的人都離不開軍事範圍。
如橫跨十八、十九世紀的法國拿破崙（Bonaparte Napoleon）曾言：「戰略為戰爭
之藝術，在於攻守之決勝點比敵優勢。」〔註33〕另一位同樣歷經十八、十九世
紀的德國克勞塞維茲（Carl von Clausewitz），其定義戰略為「使用會戰來作為達
到戰爭目地的手段，……戰略形成戰爭的計畫，……對於個別戰役制定計畫並
節制在每一個戰役中的戰鬥。」〔註34〕十九世紀德國戰略家毛奇（von Moltke）

〔註31〕 鈕先鍾，《西方戰略思想史》，頁119。
〔註32〕 參見鈕先鍾，《現代戰略思潮》（臺北：黎明文化事業股份有限公司，1989年9
　　　　月），頁5。
〔註33〕 轉引自蔣緯國，《國家戰略概說》（臺北：三軍大學戰爭學院，1979年9月），
　　　　頁13。
〔註34〕 克勞塞維茲（Carl von Clausewitz）著、艾沙里尼歐（Roger Ashley Leonard）

爲克勞塞維茲的思想信徒，他定義「戰略就是當一位將軍想達到預定目的時，對於他所可能使用的工具如何實際運用的方法。」〔註35〕上述三位對戰略之定義都不出軍事範疇，這與他們生存的時代有關。當時正是歐洲逐步形成民族國家時期，國與國之間衝突日甚，加上爭奪殖民地引發的衝突，使當時西方成爲戰爭頻繁的動亂年代，在此特殊歷史背景下，現代戰略思想受到普遍關注，現代戰略觀念的使用也愈來愈多。英國於 1802 年出版的《新擴展的軍事辭典》（A New and Enlarged Military Dictionary）首次收入「戰略」一詞，足證「戰略」一詞在十八、十九世紀已流行於西方。

就傳統意義而言，戰略僅是一種與高級軍官有關的學問，侷限於將領研習之軍事學門，即所謂將道，而且戰略只和戰爭發生關係，需有戰爭的發生始有戰略之運用，戰略之範圍遂僅限於軍事層面，此種戰略觀念成爲當時戰略思想主流。然這般的戰略觀念，至第一次世界大戰時發生改變，由於參戰國家眾多，在西方軍事史上誠屬空前，協約國、同盟國二大聯盟求取戰爭勝利的困難度增高，故主要參戰國都以全國總動員型態投入戰爭，改變以往純軍事作戰的舊觀念，樹立動員全國人民進行總體戰爭的概念。此外，除軍事行動外，各參戰國也紛紛採用政治、經濟、心理等非軍事行動打擊對方，如政治外交的合縱連橫；經濟上的物資封鎖；心理上的宣傳攻勢等，上述行爲皆由國家或最高指揮官統籌運用，輔助軍事行動進行，藉以獲取最後勝利。由此可知，第一次世界大戰改變以往戰爭型態與範圍，從單純的軍事戰爭擴大成政治、經濟、軍事、心理各層面綜合運用之戰爭。二十世紀戰爭型態的改變，對十九世紀以來不斷發展的戰略思想有決定性影響，及至第二次世界大戰，參戰國家、戰場、規模及時間遠遠超過第一次世界大戰，更加反映了這種傾向，戰爭不再是純粹武力進攻，而是國家各個層面力量之發揮。因此，經過兩次世界大戰後，戰略的思想和觀念有了突破性的發展，戰略研究者對戰略的看法更高、層次更廣。

二次大戰後，英國李德哈特（B.H. Liddell-Hart）對戰略下的定義爲：「戰略是分配和運用軍事工具，藉以達到政策目的之藝術。」〔註36〕由「政策」一語觀之，顯然李德哈特已跳脫戰略爲軍事戰略範疇的戰略思維，他另外提出新的

編、鈕先鍾譯，《戰爭論》（臺北：麥田出版有限公司，1996 年 8 月），頁 125。

〔註35〕 李德哈特（B. H. Liddell-Hart）著、鈕先鍾譯，《戰略論》（臺北：麥田出版有限公司，1996 年 6 月），頁 402。

〔註36〕 李德哈特（B. H. Liddell-Hart）著、鈕先鍾譯，《戰略論》，頁 404。

戰略觀念：「大戰略」（grand strategy）或稱「高級戰略」（higher strategy），他認為：「所謂大戰略——高級戰略的任務，就是協調和指導一個國家（或一群國家）的一切力量，使其達到戰爭的政治目的，而這個目的則由基本政策來加以決定。」〔註37〕同時期的法國戰略家薄富爾（Andre Beaufre）則定義戰略為：「一種運用力量的藝術，以使力量對於政策的達成可以做最有效的貢獻。」〔註38〕薄富爾對戰略的解釋，著重在強調戰略是一種力量的運用，以及如何有效運用達到目標，而此力量究竟為何？分析薄富爾之後提出新的戰略觀念——「總體戰略」，總體戰略為高層次的目標，需動員政治、經濟、外交、軍事等各方面力量，互相配合協調以達到總體戰略之目標，〔註39〕顯然薄富爾所謂之「力量」不僅為軍事力量，尚包括政治、外交、經濟等其他層面之力量。李德哈特和薄富爾為傳統戰略觀念注入新的思想，不在侷限於軍事層面，並分別提出大戰略、總體戰略之最高戰略層次概念，傳統軍事作戰只是大戰略、總體戰略中一環，其他還有政治、經濟、心理、外交等政策或力量之運作與施為，二人新的戰略觀為戰略思想帶來革命性的進展。

　　美國 1950 年代出版的 JCS 辭典，提出「國家戰略」一詞，並分別對戰略、國家戰略予以定義，戰略之定義為：「在平時和戰時，為了對政策提供所需要的最大支援，以求增加勝利機率和有效後果並減低失敗機會而發展和使用必要的政治、經濟、心理、軍事力量的藝術和科學。」〔註40〕國家戰略則是：「在平時和戰時，為了達到國家目標而發展和使用國家的政治、經濟、心理權力連同武裝部隊的藝術和科學。」〔註41〕1973 年美國柯林斯（John M.Collins）則對國家戰略予以簡單清楚之定義：「在一切環境下使用國家權力以達到國家目標的藝術和科學。」〔註42〕1995 年美國國防部軍語詞典對戰略之定義如下：「視所需而於平時及戰時發展及運用政治、經濟、心理及軍事力量的一種策略及科技，俾對政策提供最大支援以增加勝利公算，造成有利之結果，並減低失敗機會。」國

〔註37〕李德哈特（B. H. Liddell-Hart）著、鈕先鍾譯，《戰略論》，頁 405。

〔註38〕薄富爾（Andre Beaufre）著、鈕先鍾譯，《戰略緒論》（臺北：麥田出版有限公司，1996 年 9 月），頁 25。

〔註39〕薄富爾（Andre Beaufre）著、鈕先鍾譯，《戰略緒論》，頁 38。

〔註40〕陳文尚、雷家驥編，《戰略理論研究》（臺北：聯鳴文化有限公司，1981 年 1月），頁 1。

〔註41〕陳文尚、雷家驥編，《戰略理論研究》，頁 2。

〔註42〕柯林斯（John M. Collins）著、鈕先鍾譯，《大戰略》（臺北：黎明文化事業股份有限公司，1982 年 1 月），頁 455。

家戰略則是：「平時或戰時，發展運用國家之政治、經濟及心理力量，配合其武裝部隊，以鞏固國家目標之藝術與科學」。〔註43〕美國的「國家戰略」概念，和李德哈特的「大戰略」、薄富爾的「總體戰略」一樣，都將戰略涵義提升並擴大，且有層次上的區別，國家戰略、大戰略、總體戰略都屬高層次的戰略，戰略不再是軍事力量的展現，而是各種力量綜合之運用。

　　國內戰略研究者對戰略、國家戰略的定義，分以蔣緯國、鈕先鍾為代表，蔣緯國之戰略定義：「戰略為建立力量，藉以創造與使用有利狀況之藝術，俾在爭取同盟目標、國家目標、戰役目標或從事決戰時，能獲得最大的成功公算與有利之效果。」〔註44〕鈕先鍾的國家戰略定義：「在平時和戰時，發展和國家資源（包括政治、經濟、心理、軍事四種權力）以求確實達到國家目標的藝術和科學」。〔註45〕

　　綜上所述，戰略之定義與範疇隨著時代的發展不斷擴大，從早期純粹的軍事範圍一直發展到現代的政治、經濟、軍事、心理等各層面無所不包，因此，對戰略的涵義可得出三點結論，首先：戰略是一種運用、分配和發展力量的藝術，使力量對於政策目標的達成作最有效的貢獻，其本質乃從二個（或以上）對立意志間產生而出的一種抽象性的相互作用，雙方都企圖用一系列的行動克制對方，以實現我方的政策目標或目的。其次：戰略在長久的發展及各種戰略觀念與思想的激盪下，早已跳脫單純的軍事領域，綜合了政治、經濟、心理、外交、社會等各個領域，因此，戰略的定義不再是單純的軍事意義，已經包含有國家戰略或稱之為大戰略、總體戰略之涵義。最後：戰略是一種行動，存在於對立之意志的相互衝突裡，其主旨為研究合理及有效的行動，在連續相互衝突的過程中，思考各種行動與力量，並將之整理按優先順序加以排列，然後選擇最有效的行動路線，創造並運用所有的力量投入於行動中，俾便達成設定之目標或目的，此誠為戰略之基本涵義。

第二節　國家戰略概念

　　李德哈特的「大戰略」概念，對世界各國戰略思想產生深遠影響，美國

〔註43〕參見美國國防部（Department of Defence U.S.A）編、國防部史政編譯局譯，《美國國防部軍語詞典》（臺北：國防部史政編譯局，1995年6月），頁625。
〔註44〕蔣緯國，《國家戰略概說》（臺北：三軍大學戰爭學院，1979年9月），頁2。
〔註45〕鈕先鍾，《大戰略漫談》（臺北：華欣文化事業公司，1977年5月），頁3～4。

在第二次世界大戰後，首先將「大戰略」一詞以「國家戰略」代之，原著重武力作戰的「戰略」一詞，則以「軍事戰略」與「野戰戰略」名之，國家戰略的體系與範圍就此確定。本研究係以國家戰略剖析北魏與劉宋的戰略關係，故須對國家戰略的定義有清楚之認識，對體系內各項影響國家戰略遂行之因素亦須徹底瞭解。

一、國家戰略的定義

戰略最初之發軔與戰爭有關，因戰爭需有準備與指導，而戰爭因指導階層不同，故戰略有不同之類別，根據何世同的分析，戰略有「垂直」體系分類；而在同一戰略階層中，又因指導對象性質之異，復有「平行」體系分類。以「垂直」分類而言，戰略由上而下可分為四個階層：（一）爭取同（聯）盟目標的「大戰略」。（二）爭取國家目標的「國家戰略」。（三）爭取政治、經濟、軍事、心理目標的政治、經濟、軍事、心理戰略。（四）爭取決（會）戰目標的「野戰（作戰）戰略」。〔註46〕每一個戰略階層，都包含不同領域事務，故需有「平行」分類，使其在共同上層戰略指導下，能相互支援、協調與溝通，俾產生相乘效果的統合力量。以國家戰略而言，其下就有平行的政治、軍事、經濟、心理等戰略。〔註47〕

「國家戰略」（National Strategy）此一專有名詞的出現，據鈕先鍾研究，其歷史並不長，二次大戰後才由美國人公開使用，至今不過六十餘年。美國魏德邁將軍（General Wedemeyer）為 1940 年代傑出之戰略家，然而在其回憶錄《魏德邁報告》（Wedemeyer Reports）中仍使用大戰略一詞而非國家戰略。〔註48〕國家戰略為一個國家最高層次之戰略，與大戰略異名同義，都屬一獨立國家最高的戰略指導，但另有一說認為國家戰略之上應為大戰略，所謂大戰略乃超越國家之上，建立在兩個或兩個以上國家共同事務或利害基礎上的戰略，易言之，各國會根據本身國家利益、國家安全等因素考量，與他國尋求共同目標進而形成大戰略體系，故大戰略的產生一般皆在數個國家組成的聯盟或同盟之內。而在此聯盟內，有一超強國家存在，如現今「北大

〔註46〕關於戰略的垂直分類，參見何世同，《中國戰略史》（臺北：黎明文化事業股份有限公司，2005 年 5 月），頁 13。
〔註47〕關於戰略的平行分類，參見何世同，《中國戰略史》，頁 14。
〔註48〕參見鈕先鍾，《戰略研究與軍事思想》（臺北：黎明文化事業股份有限公司，1982 年 7 月），頁 62。

西洋公約組織」（NATO）中的美國；漢代西域諸國中的漢朝；唐代天可汗體系中的唐朝；清代朝鮮、越南中的清朝，上述西域諸國、天可汗體系各國、朝鮮、越南等非超強國家，各自有其國家戰略，但是因有漢朝、唐朝、清朝等超強勢力存在，這些國家的國家戰略，就必須服膺大戰略的指導，據此可知，大戰略產生的源頭，就是國家戰略，但是除非聯盟內有一超強國家，否則大戰略不一定能指導國家戰略，而國家戰略也未必要支持大戰略。

綜合上述，雖然對大戰略之涵義有相異二說，一為國家戰略與大戰略異名同義，皆為一國之最高戰略指導；另一為大戰略乃國家與國家聯盟之戰略指導，基於各國國家戰略而形成，但是這二說皆對國家戰略為一國的最高戰略持相同之看法。我國則是趨近於後者，國防部「國軍軍語辭典」云國家戰略：〔註49〕

> 為建立國力，藉以創造與運用有利狀況之藝術；俾在爭取國家目標時，能獲得最大之成功公算與有利之效果。

至於大戰略則是：〔註50〕

> 為建立同盟力量，藉以創造與運用有利狀況之藝術；俾得在爭取同盟目標時，能獲得最大之成功公算與有利之效果。

我國將大戰略與國家戰略區分為二個層次，明確劃分不同的運作範疇和階層的關係，國家戰略在於建立與運策國力，以達成國家之目標；大戰略則是和他國或二個以上國家同盟，建立與運策同盟力量，以達成同盟之目標，這是基於二次大戰和美國等其他國家同盟作戰的實際經驗。

二、國家戰略的界定

一個國家在制定其國家戰略時，皆以自己國家能獲得最大的利益為主，國家戰略最終的目的就是維護國家利益，而如何從國家利益出發建構國家戰略，在現代戰略研究的理論領域中，通常有一種程序性的假定，亦即政府在制定國家戰略時有一定程序，思考過程有一定步驟，簡而言之，此程序首先假定有一根本之國家利益存在，根據國家利益決定國家目標，再根據國家目標決定國家政策，最後再依據國家政策決定國家戰略。〔註51〕這套基本架構及程序，雖有不同解釋，但皆大同小異，並無矛盾之處，茲先列舉我國國家

〔註49〕 國防部編著，《國軍軍語辭典》（臺北：國防部，1973 年 9 月），頁 4。

〔註50〕 國防部編著，《國軍軍語辭典》，頁 4。

〔註51〕 參見鈕先鍾，《大戰略漫談》，頁 45～46。

戰略體系說明，如下圖所示：

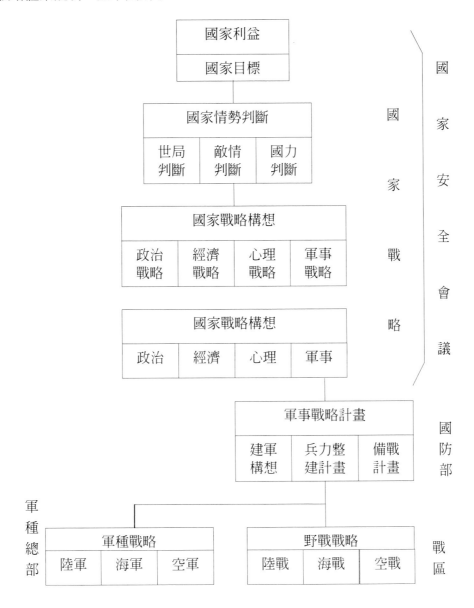

圖一：我國國家戰略體系與作業程序〔註52〕

〔註52〕　見國防部頒《國軍計畫預算制度——軍事戰略計畫作為手冊》，轉引自中華戰略學會編，《認識戰略——戰略講座彙編》（臺北：中華戰略學會，1997年元月），頁47。

據上圖可知，我國國家戰略體系分為三個層次，國家戰略無疑是最高層，其下依次是軍事戰略、野戰戰略，而國家戰略由國家安全會議運策，軍事戰略和野戰戰略分由國防部（含軍種總部）及各戰區負責運策。國家安全會議無疑是國家戰略指導者與決策者，其角色等於古代君王，今天是民主時代，總統不可能有封建君王如此大權力，單憑君王一人即可決定國家戰略方向，故需有一定員額之幕僚及運作機制，運策國家戰略，我國如此，美國亦復如此，總統有國務卿、外交部長等官員提供建議，以及參謀首長聯席會議之機制，協助美國總統擬定、執行國家戰略。

我國國家戰略體系之建構，乃基於國家利益確定國家目標，國家目標則從維護國家利益出發，經國家情勢判斷，主要對世局、敵情、國力等做綜合研判，進而產生國家戰略構想及政治、經濟、心理、軍事等戰略構想，接著制定政治、經濟、心理、軍事等各項國家政策，以為策定國家戰略諸項計畫之依據。

依據上述析論，不少研究者就學術研究實際應用著眼，提出不同的國家戰略體系，茲以蔣緯國、孫紹蔚、鈕先鍾之國家戰略體系說明。首先是蔣緯國的國家戰略體系：

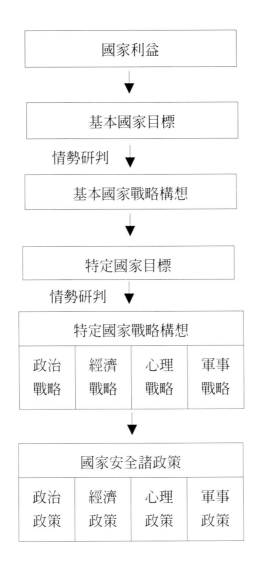

圖二：蔣緯國的國家戰略體系 〔註 53〕

據上圖可知，蔣緯國先以國家利益出發，依據基本國家目標做情勢研判，從而訂定基本國家戰略構想，之後再依據特定國家目標做情勢研判，制定特定國家戰略構想，最後再由此戰略構想制訂國家政策。在蔣緯國國家戰略體系中，他使用「戰略構想」一詞，而非使用「戰略」，表明特別強調思想或政治在整個體系內的指導作用，且戰略構想位階在政策之上，其目的在求國家政策的統一性與協調性，也顯現出國家政策的制定，乃為配合國家戰略之需求。

〔註 53〕蔣緯國，《國略與大略》（臺北：作者自印本，1984 年），頁 5。

其次是孫紹蔚的國家戰略體系：

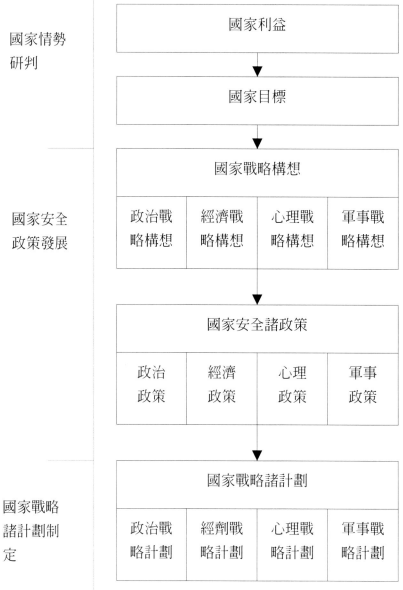

圖三：孫紹蔚的國家戰略體系〔註54〕

〔註54〕孫紹蔚，《從戰略理念論國家戰略》（臺北：三軍大學，1977 年 5 月），頁 128。

孫紹蔚對其國家戰略體系有相當清楚說明：〔註55〕

> 由此體系觀之，吾人可以體認，所謂國家戰略。乃國家最高決策階層，為達成國家目標，維護國家利益，綜合運用政治、經濟、心理與軍事等四項國力要素，所制定的國家戰略構想；以及在此構想的指導下，所產生的國家安全諸政策；進而制定國家戰略諸般計劃，以期付諸實施。其著眼在綜合運用國力，發揮統合力量，用以指導國家整體性之活動，此全部內涵之綜合，即為國家戰略。而其範圍係由國家利益而起，至國家戰略諸計劃止，共有五大項。此為國家戰略之思維理則，亦為制定之發展程序與科學步驟。明乎此，則知國家戰略之全貌矣。

由此可知孫紹蔚的國家戰略的內涵，也明瞭其思考程序為「國家利益」——「國家目標」——「國家戰略構想」——「國家安全諸政策」——「國家戰略諸計劃」。蔣緯國和孫紹蔚的國家戰略體系，雖有部分涵義不同，但影響戰略決定的因素，至少包含國家利益、國家目標、國家政策等三個主要部分，其差別僅在於名詞上之差異，且二人國家戰略制定程序，皆依國家利益、國家目標、國家政策之先後順序，可見二人之國家戰略體系，本質相同，均以維護國家利益、達成國家目標出發，目的皆是保障國家安全，差異之處僅在過程當中，蔣緯國特別重視思想或政治的指導部分，孫紹蔚則是重視各項戰略計畫之實施。

蔣緯國、孫紹蔚的國家戰略制定程序，基本上是一種假想，其目地是為了解釋上便利，實際上情形則更複雜，並非字面上看來那樣簡單。鈕先鍾的國家戰略體系，則跳脫蔣、孫二人直線式固定程序，一變為循環不已的動態結構，雖同樣以國家利益、國家目標、國家政策構成國家戰略體系，卻無上下間的層次之別，而是在整個程序中存在著交互影響作用，且包括所謂「反饋」（Feedback）作用在內，當在後一階段做了某種決定或改變時，其結果會使前一階段的決定受到影響，所以鈕先鍾的國家戰略乃一動態體系，在整個過程是一種循環不已和互相交流的情況，〔註56〕如下圖所示：

〔註55〕孫紹蔚，《從戰略理念論國家戰略》，頁75～76。

〔註56〕參見鈕先鍾，《大戰略漫談》，頁91～93。

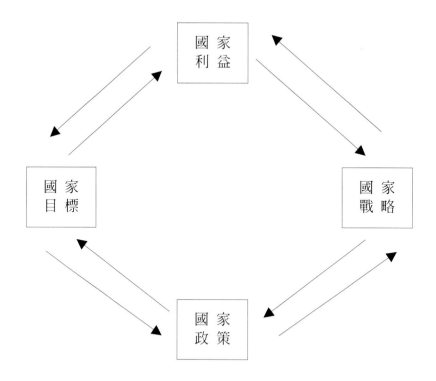

圖四：鈕先鍾的國家戰略體系〔註57〕

鈕先鍾的國家戰略體系有三大特色，其一：清楚表示國家利益、國家目標、國家政策、國家戰略四者間之互動關係，屬彼此平行連動而非上下、主從之關係。其二：發揮「反饋」之特色，使四者彼此發生互動作用時，每個部分的產出，能夠根據其他部分的反饋，適應新的變化做出修正。其三：建立戰略與利害直接相互影響之關係，更能描述、說明動態的真實情境。

綜合上述，在蔣緯國、孫紹蔚、鈕先鍾等三人的國家戰略體系中，影響國家戰略的決定因素，至少包括了國家利益、國家目標與國家政策，任何國家戰略的思考均不能脫離這些因素的影響，故本研究之國家戰略，以國家利益、國家目標、國家政策為分析結構，亦即從國家利益、國家目標、國家政策三個面向探討北魏對劉宋的國家戰略。另外，蔣緯國、孫紹蔚的國家戰略體系，從國家利益出發，確立國家目標，形成國家政策，建構成一完整國家戰略之過程，的確能詳細闡述國家戰略概念，但有上下層次之別，恐無法完全反映國家戰略複雜的全貌，故以鈕先鍾之動態循環、能發揮反饋作用的國

〔註57〕鈕先鍾，《大戰略漫談》，頁 91～92。

家戰略體系，作爲研究北魏形成對劉宋國家戰略的分析模式。

三、國家戰略影響因素的分析

在國家戰略的要素中，國家利益乃第一要素，決定國家的基本需求和具體的國家目標，並且進一步決定國家居支配地位的國家政策取向，由於國家利益如此重要，故須對國家利益有一清楚之瞭解。每個國家都有其國家利益，一般而言，任何國家都有自保、安全、福利三種共同的國家利益，但這只是每個國家生存最基本的國家利益，若任何國家的國家利益都是如此，探討國家利益就沒有意義。事實上，每個國家因本質和所處環境不同，所追求和重視的國家利益自然不同，全世界幾乎沒有二個完全相同的國家利益，每個國家的國家利益皆是獨一無二。至於國家利益的內涵和定義，則有數種不同看法。美國莫根索（Hans Morgenghau）認爲國家利益有主要利益、次要利益、永久利益、暫時利益、一般利益、特殊利益等可以互相組合的觀念。〔註58〕柯林斯（John M. Collins）在其所著《大戰略》（Grand Strategy: Principles and Practices）一書中定義國家利益爲「對構成國家迫切需要的各種因素的一種高度概括性觀念，包括獨立、國家完整、軍事安全及經濟福利等。」〔註59〕國內學者孔令晟則將國家利益分爲基本利益與特定利益，基本利益爲主權獨立、領土完整、傳統的生活方式、基本制度與價值觀；特定利益則是不同國家因不同的歷史文化、地理環境、思想制度和價值觀、現實國際環境和威脅，針對國家生存發展的基本要求而產生一系列特定的國家安全利益。〔註60〕上述對國家利益的定義雖不同，但只是對國家利益涵蓋範圍的認識有程度上的差異而已，對於國家利益的本質，並非有不同認定。一言以蔽之，只要有國家的存在，即會產生國家利益。

至於國家利益的決定與產生問題，鈕先鍾認爲國家利益並非天生，乃時代與環境的產品，他認爲國家利益的產生與決定：〔註61〕

第一是所謂「民族使命」（National Mission）的觀念，那也就是說每個國家的人民對於其國家在世界上地位有一套相當完整的想像，這

〔註58〕鈕先鍾，《大戰略漫談》，頁47～49。
〔註59〕柯林斯（John M. Collins）著、鈕先鍾譯，《大戰略》，頁454。
〔註60〕孔令晟，《大戰略通論》（臺北：好聯出版社，1995年10月），頁141～142。
〔註61〕鈕先鍾，《大戰略漫談》，頁53。

也就決定了其國家利益；第二是所謂「決定作為」（Decision Making）的觀念，那也就是說每個國家都有某些個人或機構，負責根據客觀環境來決定其國家利益。前者是比較主觀和無意，而後者則比較客觀和故意。

事實上國家利益並非現代觀念，在中國古代早已有此種觀念存在。自有人類的存在，即會產生食衣住行等生活需求，利益問題遂從中發生，有了利益問題，利益觀念也逐漸產生。這些利益在不同階層有不同需求，一般平民百姓關注的可能僅為上述基本生活的利益，但最高統治者所關注的利益，即為國家利益，試以孟子與梁惠王之例言之：〔註62〕

> 孟子見梁惠王。王曰：「叟不遠千里而來，亦將有以利吾國乎？」孟子對曰：「王何必曰利？亦有仁義而已矣。王曰何以利吾國？大夫曰何以利吾家？士庶人曰何以利吾身？上下交征利而國危矣。萬乘之國弒其君者，必千乘之家；千乘之國弒其君者，必百乘之家。萬取千焉，千取百焉，不為不多矣。苟為後義而先利，不奪不饜。未有仁而遺其親者也，未有義而後其君者也。王亦曰仁義而已矣，何必曰利？」

從二人的對話可看出，從販夫走卒至士大夫再至君王，當時社會各階層已有利益觀念，而在封建君王專制的體制下，一國之君即代表國家，君王的利益便成為國家利益，故梁惠王所言之利益遂成為其國家利益，這在中國歷代「朕即天下」的君王家天下思想體制裡皆是如此。

至於所謂國家目標則是對國家利益的進一步澄清和確定，每個國家欲實現其國家利益，即須根據自己需求訂定具體的行動計畫，這樣的行動計畫實際上就是國家戰略，在這個行動計畫中，國家目標居於國家利益、國家戰略承上啓下之關鍵地位，國家目標上承國家利益，以國家利益為出發點；下接國家戰略，國家目標就是國家戰略所要達到之目的。這些目的包括國家已擁有而須加以保衛之利益與價值，也包括目前未擁有而須積極爭取之利益與價值。

國家利益通常是一種比較不變的因素，國家目標則應隨著環境而改變，必須隨時準備加以適當的調整。〔註63〕在實際的情況中，國家利益和國家目

〔註62〕〔東周〕孟子著、〔東漢〕趙岐注、〔北宋〕孫奭疏，《孟子注疏》上冊（臺北：臺灣古籍出版有限公司，2001年11月），卷1上〈梁惠王章句上〉，頁2～4。
〔註63〕參見蔣緯國，《國家戰略概說》，頁31～38。

標有時很難劃分清楚，常易混淆，如維護國家生存，乃最基本的國家利益，同時也是明確的國家目標，特別是受到外來攻擊或威脅時，雖然如此，但在建構國家戰略體系時，對國家利益與國家目標仍須進行區分賦予清晰概念。首先：國家利益是宏觀性的指導原則，屬於概括性質，通常不屬操作層面。其次：國家目標則有宏觀、亦有微觀，指導性與操作性兼具，更有具體實施的步驟與指標。據上可知，國家利益多少是一種比較概況和抽象的觀念，必須有國家目標對其含意和內容作肯定明確的說明，甚至採逐條列舉的方式，國家戰略之作爲才能有所依據，不致發生誤解。可見在國家戰略體系中，國家利益與國家目標二者相輔相成缺一不可，需先確立國家利益後，才能擬定國家目標，一旦國家利益有變，國家目標亦需隨之調整。

「政策」一詞一般界定爲政府或團體，爲達到某種目的所採取的行動方針與綱領，〔註64〕就政府層面而言，國家政策就是政府的行動路線，所謂路線，可解釋爲航向之意，船隻在航行中需保持正確方向，國家亦然，國家如同一艘船，亦需有正確的國家政策引領。至於爲何要採取這種行動路線，其目的乃爲達成國家目標，換言之，國家政策即爲政府用來達成國家目標的手段，國家目標是國家政策所追求的目標，國家政策也就是達到國家目標的工具。〔註65〕

柯林斯（John M. Collins）定義國家政策：「國家政策爲政府在追求國家目標時，所採取的廣泛行動路線及指導原則的陳述。」〔註66〕鈕先鍾據此加以引伸，他認爲「指導原則的陳述」是隨著「廣泛行動路線」而來，「廣泛行動路線」是對於國家行動方面的概括構想，但是僅有一種概括的構想還不夠，必須使其有較明確肯定的陳述，此即「指導原則的陳述」，政府需對其行動路線作成指導綱領，使國家有所遵循，〔註67〕不致因行動路線無所依循，造成過與不及，失當的結果將危害到國家生存。而國家政策是總體性的概念，這種觀念對內、對外皆可適用，雖然一般探討國家政策時總是以對外爲主，但實際上國內事務與國際事務密不可分，區分內政、外交、經濟、軍事等的作法顯得過於狹隘。舉例言之，北韓發展核武的國家政策，實屬國內範圍之行

〔註64〕吳傳國，〈戰略與政策〉，收入《中華戰略學刊》，1997 年春季刊，1997 年 3 月，頁 124。

〔註65〕參見鈕先鍾，《國家戰略概論》（臺北：正中書局，1975 年 1 月），頁 44〜45。

〔註66〕柯林斯（John M. Collins）著、鈕先鍾譯，《大戰略》，頁 17〜24。

〔註67〕鈕先鍾，《大戰略漫談》，頁 71。

動，但其目的乃爲提高國際政治地位，並和南韓保持軍事上的均勢，而發展核武需龐大經費，必然影響經濟政策，可見國家政策不分對內、對外，最值得重視的還是總體性的觀念。

綜合上述，吾人可以對國家戰略的思考過程獲得明確的認定，亦即探討國家戰略的作爲程序，都是以一連串的順序爲其分析依據，這套順序首先應確定國家利益，接著根據國家利益決定國家目標，之後再依據國家目標決定國家政策，最後根據國家政策制定國家戰略。在中國四至六世紀的北魏，自然無現代戰略概念所謂之國家戰略存在，不過對於和劉宋之衝突與戰略關係，顯然可以由國家利益、國家目標、國家政策等面向分別考察，探究出符合現代國家戰略作爲之基本原則處。

第三節　戰略研究

「戰略」此一名詞，不僅是一個古老的名詞，更是一種古老的觀念，而觀念的存在，甚至可說是遠在此名詞受到廣泛使用和獲得明確界定之前。戰略觀念的發展乃一長期的過程，時至今日，不僅戰略觀念有了新的定義和解釋，且「戰略研究」（Strategic studies）也已發展成新的學術領域。「戰略研究」源自於「戰略」，是一個遠較「戰略」晚出的名詞，其在戰略既有的基礎上不斷發展，乃戰略學術不斷累積的結果，沛然蔚爲新的學術領域，雖然「戰略研究」與「戰略」間具密切之關係，卻不可混爲一談，二者意義與內容存在著相當差異。

一、戰略研究的出現

「戰略研究」此一名詞出現於 1958 年，首次使用者爲英國國際戰略研究所的第一任所長布強（Alastair Buchan），他對「戰略研究」的解釋爲：「對於在衝突情況中如何使用武力的分析。」〔註 68〕顯而易見，布強僅將「戰略研究」限定在軍事戰略的範疇。之後隨著「戰略研究」面貌的豐富與多樣化，範圍逐漸擴大，不再限於戰爭和武力，更將所有與國際事務相關的各方事務皆包含在內，如是之故，若現在要定義「戰略研究」，可云：「戰略研究是對

〔註68〕 鈕先鍾，《國家戰略論叢》（臺北：黎明文化事業股份有限公司，1984 年 4 月），
頁 35。

於在國際事務中如何使用權力的分析。」〔註69〕

二、戰略研究的學術研究趨勢

「戰略研究」的學術研究趨勢乃以二次大戰為分界，在此之前，幾乎所有的戰略研究者皆出自軍中，都是具實戰經驗的戰場名將，他們獲得戰略研究者的稱呼或戰略家的尊稱，並非對於戰略研究有卓越的學術貢獻，亦非有優秀的戰略學術著作流傳後世，而是因為他們的戰功彪炳以及對國家的貢獻，這些名將均不以知識份子自居，皆注重在戰爭行為中贏取勝利，都把自己視為戰爭勝利的實踐者，他們重視的是如何建立偉大的戰功藉以獲取世人甚至後世的景仰，而非將戰略研究學術化，甚至著書流傳後世，因此對於用兵制勝之道甚少作深入的探討，以致二次大戰前的戰爭研究侷限在軍事領域與戰爭範疇，故研究戰略者多以將領為主，〔註70〕缺乏其他外在因素的刺激，以致學術開拓性不足，且這些戰略研究者多半獨來獨往自視甚高，治學方式以個人為中心，將成一家之言視為自身的最高成就，甚少和其他戰略研究者學術交流，凡此種種，限制了戰略研究的發展，直到二次大戰的爆發始發生轉變。

第二次世界大戰把「戰略研究」推入新的境界，首先：戰略研究者走出軍方的象牙塔，雖然軍人或具軍方背景仍佔多數，但一般大學及學術機構的文人研究者，也開始投入戰略研究這塊學術界的處女地，使戰略研究者的背景更多元，而文人研究者所受學術訓練與軍人不同，具有更寬廣研究角度與態度，不再純粹限定在軍事領域，能從政治、外交、經濟、心理、社會等各層面研究戰略，這就是所謂的總體戰略、國家戰略、大戰略，不僅豐富了戰略研究的範圍與內容，也加深其廣度與深度。其次：治學方法亦有長足進步，傳統戰略研究者慣用「歷史路線」，因就思想與傳統而言，戰略與歷史幾不可分，所有的傳統戰略研究者都是歷史學家。除歷史路線仍被保留外，由於文人研究者的加入，他們的學術背景來自政治、經濟、社會等各個不同領域，於是新的研究方法被引入，使戰略研究橫跨不同的學域，「科際整合路線」（interdisciplinary approach）成為研究趨勢。〔註71〕最後：由於不同領域的學

〔註69〕鈕先鍾，《國家戰略論叢》，頁35。
〔註70〕參見鈕先鍾，《現代戰略思潮》，頁241。
〔註71〕參見鈕先鍾，《戰略研究與戰略思想》（臺北：軍事譯粹社，1988年10月），

門不斷加入，戰略研究從一家之言走向集體化研究趨勢，戰略研究機構紛紛設立，不再是二次大戰前一人即可獨自研究情形。此外，這些大學及民間新成立的戰略研究機構，與原有的軍方戰略研究機構不同，軍方有其任務，著重在培養人才、戰史整理、戰略計畫研究等，而大學及民間的戰略研究機構，乃純粹的學術理論研究。

　　綜上所述，從傳統的戰略演變到現代的戰略研究，這在戰略思想演進上屬於大躍進的過程，由以往戰略研究者幾乎都是軍人背景出身，思考範圍狹窄，僅從軍事角度出發且只思考純軍事問題，至今日文人研究者的加入始擴大研究範圍，戰略研究遂成為科際整合學科，其他不同學科紛紛輸入，如政治學、歷史學、地理學、社會學、經濟學、心理學等，因此，「戰略研究」成為一門科際整合的高級學域實無庸置疑。〔註72〕

　　鈕先鍾曾將戰略研究分為四種境界：歷史境界、科學境界、藝術境界、哲學境界，〔註73〕由於筆者才疏學淺，欲達到以上標準而能力有所不逮，僅希望藉由歷史領域之中的窮究，如能淺薄地一窺戰略學域的堂奧則不免萬幸。此外，筆者也希望，藉由本書的研究，解析北魏與劉宋的戰略關係，以新的面向分析北魏國家戰略的制定、執行，並加以檢討，為歷史研究提供新的研究取向。

　　　　頁2。《國家戰略論叢》，頁38～39。
〔註72〕參見鈕先鍾，《現代戰略思潮》，頁248～249。
〔註73〕鈕先鍾，《戰略研究與戰略思想》，頁2。

第二章　和平與衝突──魏明元帝與劉宋之戰略關係

　　劉裕於 420 年（魏泰常五年、宋永初元年）「夏六月丁卯，設壇於南郊，即皇帝位。」〔註1〕是爲宋武帝，立國一百零四年的東晉及一百五十六年的司馬氏政權正式走入歷史。隨著南方漢人政權的興亡，北魏在南方的交手對象也由東晉轉爲劉宋。事實上，北魏對晉朝外交政策，從西晉至東晉，始終維持良好關係，且持續至劉宋初年宋武帝在位時。北魏與劉宋友好關係破裂始於宋武帝崩逝後，雙方和平關係一變爲緊張的戰略關係，北魏從建立以來與南朝政權的和平指導方針亦自此結束，此後進入南北對峙時期，雙方衝突戰爭不斷。

第一節　魏道武帝與東晉之戰略關係

　　魏道武帝在位時，劉宋尚未建立，按理而言，北魏與劉宋之戰略關係似乎不用討論到魏道武帝，其實不然，國家戰略有其延續性與影響性，前任君王的國家戰略對繼位者會有一定程度影響，尤其國家戰略並非短時間可以形成，繼任君王在初期未形成自己的國家戰略體系時，常會延續前任君王的國家戰略。魏道武帝和其繼任者魏明元帝爲父子關係，409 年（魏天賜六年、晉義熙五年）魏道武帝崩逝時，魏明元帝已是十八歲之青少年，並非懵懂無知的兒童，對魏道武帝如何推動國政外交必有相當之認識，故在政治運作上多少受其父之影響。爲了完整探討北魏與劉宋的戰略關係，需對魏道武帝對東

〔註1〕　〔梁〕沈約，《宋書》（中華書局點校本）卷3〈武帝紀下〉，頁51。

晉的戰略關係有完整之認識，故將魏明元帝與劉宋的戰略關係，上溯至魏道武帝與東晉的戰略關係，以明北魏初期對南方政權戰略關係的延續與演變。再者，劉裕從東晉末即掌握朝政大權，當時對外戰爭和國際外交均由劉裕主導，晉安帝、晉恭帝不過任其擺佈。而東晉滅亡乃由於劉裕篡位，並非經過戰爭而取得天下，所以南方政權移轉順利，未經革命或政治動盪，因此對北魏而言，南方戰略環境未出現太大變化。從東晉王朝到劉宋政權，實際掌權者都是劉裕，亦即北魏面對南方漢人政權的執政者其實並未改變，只不過國號變了。既然魏明元帝和魏道武帝面對的戰略目標都是劉裕，就更須剖析魏道武帝對東晉的戰略關係，才能瞭解北魏面對東晉與劉宋的國家戰略脈絡。

一、魏道武帝對東晉之友好態度

魏道武帝拓跋珪於 386 年（魏登國元年、晉太元十一年）創建北魏，當時中國北方乃分裂局面，西燕、後燕、後秦、後涼等政權割據一方，北魏實力並非特別突出，重要性不如後燕、後秦，後秦因佔有關中，國域約在今河南、陝西一帶，姚興繼位後勵精圖治，國勢漸強，對東晉威脅最大。

395 年（魏登國十年、晉太元二十年）北魏於參和陂（今內蒙涼城縣西北 25 公里石匣子溝）一役大敗後燕，[註2] 後燕從此勢衰，北魏一躍成為北方首強。東晉見北方戰略環境發生驟變，有鑑於拓跋氏與司馬氏政權自西晉起即維持良好關係，如北魏尚在部落聯盟時期，曾受西晉封賜，拓跋猗盧受封為代公、代王，[註3] 故東晉遣使北魏，「乞師請討姚興。」[註4] 希望達成軍事同盟，對後秦南北夾擊。然北魏方面卻無任何回應，東晉朝廷仍不放棄，續於 397 年（魏皇始二年、晉隆安元年）、403 年（魏天興六年、晉元興二年）遣使北魏，北魏依然無回應。就北魏而言，其戰略目標為後燕而非後秦，魏道武帝的戰略構想是，後燕雖勢衰但並未滅亡，北魏若此時與後秦為敵，不

〔註2〕 關於參和陂之役，參見〔北齊〕魏收，《魏書》（中華書局點校本）卷 2〈太祖紀〉，頁 26；〔宋〕司馬光，《資治通鑑》（臺北：西南書局，1982 年 9 月）卷 108〈晉紀三十〉，孝武帝太元二十年，頁 3424。另何世同先生對參和陂一役魏勝燕敗有詳盡分析，參見氏著，《中國中古時期之陰山戰爭及其對北邊戰略環境變動與歷史發展影響研究》（嘉義：國立中正大學歷史研究所博士論文，2001 年 4月），頁 191～197。

〔註3〕 參見《魏書》卷 1〈序紀〉，頁 7～9。

〔註4〕 《魏書》卷 96〈僭晉司馬叡傳〉，頁 2106。

蒼增一敵人，反給後燕喘息機會，不如與後秦維持和平關係，全力殲滅後燕，後燕一滅，北魏勢力定然大增，後秦自非北魏對手，故無須此時與東晉聯盟開罪後秦。由於北魏的不願配合，東晉欲聯合北魏進攻後秦的戰略計畫落空，但兩國關係並未因此有所改變，仍維持良好關係。

二、東晉劉裕滅南燕

劉裕於 404 年（魏天賜元年、晉元興三年）平定東晉內部桓玄之亂後逐步掌握軍政實權，遂開始其北伐事業。他首先於 409 年（魏天賜六年、晉義熙五年）三月率軍北伐南燕，「車騎將軍劉裕帥師伐慕容超。」〔註 5〕慕容超時為南燕國主。次年（410、魏永興二年、晉義熙六年）二月劉裕滅南燕，「納口萬餘，馬二千疋，送（慕容）超京師，斬于建康市。」〔註 6〕劉裕原擬揮軍關中進圖後秦，因「廣州刺史盧循反，寇江州。」〔註 7〕劉裕恐盧循亂事擴大引起政治效應，遂決定班師南返，先剿滅盧循再謀後秦。

北魏於劉裕滅南燕戰事中，雖拓跋氏與慕容氏同為鮮卑族，但北魏採中立旁觀態度，並未出手相救，北魏實有其考量。首先：北魏已是北方最強政權，從歷史發展趨勢觀之，之後北魏進行統一戰爭時，必與南燕正面對決，故即使劉裕未消滅南燕，北魏遲早與南燕為敵，現假劉裕力量滅南燕，使北魏少一當面之敵，戰略局勢對北魏有利。其次：北魏處四戰之地，與後秦、大夏、北燕諸政權同為爭生存而奮鬥，彼此互為敵人，尤其後燕亡後北魏成北方首強，勢必成為其他政權的假想敵，若此時北魏為援助南燕開罪劉裕，萬一劉裕捨南燕或滅南燕後將戰略目標轉向北魏，北魏不但要抵禦劉裕的進攻，還要分兵防備後秦、大夏、北燕、柔然等趁機對北魏用兵，尤其是柔然，〔註 8〕一直為北魏北方大患，一旦柔然大舉入侵，北魏同時應付劉裕、柔然

〔註 5〕 〔唐〕房玄齡，《晉書》（中華書局點校本）卷 10〈安帝紀〉，頁 261。
〔註 6〕 《宋書》卷 1〈武帝紀上〉，頁 17。
〔註 7〕 《晉書》卷 10〈安帝紀〉，頁 261。
〔註 8〕 柔然在南北史籍中有多種不同稱謂，《魏書》稱「蠕蠕」；《晉書》稱「蝚蠕」；《宋書》、《南齊書》、《梁書》稱「芮芮」；《北齊書》、《周書》、《隋書》稱「茹茹」，這些稱謂與「柔然」都是一名的異譯。關於柔然的族源，各史籍亦有不同記載。《宋書》、《梁書》載柔然為「匈奴別種。」《宋書》卷 95〈芮芮虜傳〉，頁 2357；《梁書》卷 54〈芮芮國傳〉，頁 817。《南齊書》則稱柔然為「塞外雜胡。」《南齊書》卷 59〈芮芮虜傳〉，頁 1023。《魏書》則以為柔然是「東胡之苗裔。」目前學界大都否定前二種說法，而傾向《魏書》之說，認為柔然

南北二敵，恐有覆滅之虞。如是之故，北魏無須無故增加劉裕此一敵人，於是不介入劉裕與南燕戰爭，遂成爲北魏的戰略態度。同時，戰爭結果若劉裕勝、南燕亡，北魏在北方將少一強敵；反之，若南燕勝，雖燕軍擊退劉裕所率晉軍，但因久戰疲憊必耗損國力，北魏可掌握此戰略契機進攻南燕，拓展疆域，若進軍順利甚至可一舉消滅南燕也未可知，故不論結果如何，戰略態勢皆利於北魏。

三、魏道武帝國家戰略分析

魏道武帝生於憂患，在列強環伺的重重困難中復興代國政權，更開創北魏王朝，尤其在當時北方各政權弱肉強食的廝殺中，稍有不慎，拓跋氏政權恐有覆滅之虞，故維持北魏生存成爲魏道武帝最核心的國家利益。而維持生存就不能塑造太多敵人，必須周旋於北方各割據政權間，展開合縱連橫，其中道理很簡單，樹敵太多，北魏無法同時應付多方敵人來攻。基於追求生存的國家利益，魏道武帝的國家目標在徹底消滅後燕殘餘勢力，故當東晉提出聯合對後秦作戰，魏道武帝呈現不置可否態度，因其不願開罪後秦，若與東晉聯軍合攻後秦，不符合北魏的國家目標，一旦後秦與北魏爲敵，北魏勢必同時與後燕、後秦作戰，在消滅後燕殘餘勢力的關鍵時刻，魏道武帝不願節外生枝。因此，對東晉採模糊態度，全力對付後燕、不理後秦，遂成爲北魏的國家政策。

另一方面，即便與東晉結盟聯軍進攻後秦能抑制姚興的壯大，但是有可能損害到北魏最核心的國家利益，不但後秦可能與北魏爲敵，若後燕趁此時機恢復元氣，必會與北魏激烈對立，以雪參和陂大敗之恥，而東晉在北魏、後燕對抗中，能給北魏多少奧援尚是疑問？最實際的援助莫非遣軍支援，但

是東胡中鮮卑的後裔。《魏書》對柔然的族源記載尚稱清楚：「蠕蠕，東胡之苗裔也，姓郁久閭氏。始神元之末，掠騎有得一奴，髮始齊眉，忘本姓名，其主字之曰木骨閭。「木骨閭」者，首禿也。木骨閭與郁久閭聲相近，故後子孫因以爲氏。木骨閭既壯，免奴爲騎卒。穆帝時，坐後期當斬，亡匿廣漠谿谷間，收合逋逃得百餘人，依紇突隣部。木骨閭死，子車鹿會雄健，始有部眾，自號柔然，而役屬於國。後世祖（魏太武帝）以其無知，狀類於蟲，故改其號爲蠕蠕。」《魏書》卷103〈蠕蠕傳〉，頁2289。周偉洲認爲：中外學者大都傾向《魏書》的說法，把柔然視爲東胡中鮮卑的後裔，而對另二種說法持完全否定態度。這種看法基本上正確，但對另二種說法完全否定也是不妥的，因爲另二種說法多少包含有合理的因素，不能完全否定。參見周偉洲，《敕勒與柔然》（桂林：廣西師範大學出版社，2006年5月），頁66。

位居江南的東晉朝廷，眞能與北魏組成聯軍對抗後燕，恐怕未必。魏道武帝亦是基於這二項因素的考量，遂不願與東晉聯盟會攻後秦

　　基於上述，魏道武帝時期的北魏國家戰略，試以國家利益、國家目標、國家政策組成之國家戰略體系，圖示如下：

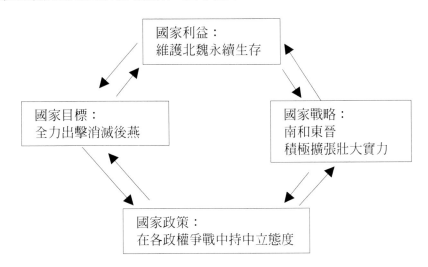

圖五：魏道武帝時期北魏對東晉的國家戰略圖

魏道武帝自 386 年（魏登國元年、晉太元十一年）至 409 年（魏天賜六年、晉義熙五年）在位的二十四年間，他領導的北魏，共經歷前秦、後秦、後燕、西燕、西秦、後涼、南涼、西涼、北涼、南燕、大夏、北燕等政權，他親眼目睹前秦、後燕、西燕、後涼的滅亡，也看到南涼、西涼、北涼、南燕、大夏、北燕等政權的建立，北方諸政權興亡的快速，想必對魏道武帝的心理產生不小震撼，於是延續北魏政權，莫使之成爲北方短命政權之一，即成爲魏道武帝首要之務，「維護北魏永續生存」遂成爲北魏最根本的國家利益。

　　魏道武帝的北魏和慕容氏的後燕政權，雖同樣系出鮮卑，且魏道武帝與後燕主慕容垂有血緣關係，魏道武帝祖母乃慕容垂親妹，慕容垂在魏道武帝創業過程中多有幫助，如拓跋窟咄挑戰魏道武帝時，拓跋部眾嚴重分裂，拓跋窟咄聲勢一度超越魏道武帝，賴慕容垂發兵相助，魏道武帝始能轉危爲安。慕容垂雖對魏道武帝有恩，仍不敵國際現實，日漸強大的北魏政權，終對後燕形成威脅，北魏遂成爲慕容垂的戰略目標，如此一來，北魏的國家利益遭受威脅。而北魏欲在北方站穩腳步，在各政權爭雄過程中，終須與後燕一戰，

消滅後燕也就成爲北魏的國家目標。雙方於 395 年（魏登國十年、晉太元二十年）十一月爆發大戰，後燕太子慕容寶率軍攻北魏，魏道武帝佯敗誘敵深入，燕軍追至黃河懷疑有詐不敢渡河，遂燒船夜遁。魏軍尾隨至參合陂自後突襲，燕軍大敗，逃歸者僅數千人，慕容寶僅以單騎免。北魏經此一役，奠定其經營華北的基礎。

後燕於參合陂之役後國勢大衰，國力已無法和北魏匹敵，但元氣尚存。慕容垂死後太子慕容寶繼位，誓復參合陂之恥，魏道武帝不讓後燕有喘息空間，持續對其用兵，「全力出擊消滅後燕」遂成爲北魏的國家目標。爲了能全力對付後燕，魏道武帝不宜樹敵太多，以免兵力多分，或遭其他國家從旁掣肘，因此「在各政權爭戰中持中立態度」，便成爲國家政策。當時的國際環境，的確令魏道武帝不能也不願介入其他政權間的衝突。北魏雖擊潰後燕，但實力尚無法獨霸北方，兼之後燕一息尚存，加上北方其他政權虎視眈眈，北魏欲專力消滅後燕，實無法分兵和其他敵人作戰，故魏道武帝在未徹底消滅後燕前，抱持與其他政權以和爲貴態度，不介入他們的爭戰。明乎此，則可知東晉朝廷於 397 年（魏皇始二年、晉隆安元年）首度要求和北魏聯軍進攻後秦時，魏道武帝不置可否之原因。東晉鑑於北魏不願積極配合出兵，也不敢貿然進行對後秦的軍事行動。不過，二年後東晉和後秦在關中爆發衝突，秦軍進攻晉軍防守下的關中地區，北魏並未保持中立，決定出兵援助東晉。

399 年（魏天興二年、晉隆安三年）七月，《魏書・太祖紀》載：「姚興遣眾圍洛陽，司馬德宗（晉安帝）將辛恭靖請救。八月，遣太尉穆崇率騎六千往赴之。」〔註9〕但事實是否誠如上述史料所言尚有疑問。魏道武帝面對東晉的求援，雖遣將領軍赴援，但筆者認爲魏道武帝的出兵，象徵意義大於實質，其目的有二，首先：拓跋氏政權與司馬氏政權一直維繫友好關係，如前述所言，拓跋氏在部落聯盟時期曾受西晉封爵，北魏創建後與東晉沒有直接衝突，雙方關係良好，面對東晉的二度要求，且此次是前線晉將遭受後秦攻擊提出救援要求，若不赴援，恐損及北魏、東晉長久以來的良好關係，日後北魏遭遇其他勢力攻擊需尋求外援時，東晉大可置之不理，有鑑於此，魏道武帝決定派出援軍。其次：魏道武帝並非真心救援，故魏軍未真正投入戰場，「辛恭靖固守百餘日，魏救未至，秦兵拔洛陽，獲恭靖。」〔註10〕由「魏救未至」

〔註 9〕 《魏書》卷 2〈太祖紀〉，頁 35。
〔註10〕 《資治通鑑》卷 111〈晉紀三十三〉，安帝隆安三年，頁 3497。

一語可看出眞相，既然北魏的國家政策是在各政權的爭戰中盡量維持中立，避免樹敵而影響對後燕的軍事行動，而魏道武帝出兵洛陽是爲了向東晉交代，又不願開罪後秦增加敵人，駐兵觀望遂成爲最佳的行動方案。與此同時，後秦也在密切注意北魏動向，尤其參合陂戰後北魏取代後燕成爲北方最強國家，魏軍若馳援洛陽，勢必增加後秦進攻洛陽的困難度，且提早引爆北魏、後秦間的衝突。姚興也瞭解身處北方各政權林立的弱肉強食環境中，和各國的衝突與戰爭無法避免，然此時正值攻陷洛陽的關鍵時刻，不宜與北魏衝突，若魏軍強勢介入，將使姚興陷入進退兩難困境，一旦繼續進攻，和魏軍戰鬥勢不可免，能否順利擊退魏軍攻下洛陽尚是未知數，不過可確定的是此後將與北魏爲敵。另一方面，如果姚興就此放棄洛陽，等於喪失取得洛陽的最佳時機，一旦東晉度過此次危機善加經營，或北魏日後攻佔洛陽，都會威脅後秦在關中地區的生存。不過姚興的顧慮顯然多餘，由於魏道武帝猶豫的態度，使魏軍裹足不前，此種情況無疑提供姚興進攻洛陽最佳的戰略環境，秦軍遂大舉進攻，攻下東晉守軍不多的洛陽，「冬十月，姚興陷洛陽，執河南太守辛恭靖。」〔註11〕

　　魏軍的遷移觀望，不排除魏道武帝尚有另一種想法，即魏軍是否助守洛陽，視晉軍的堅守與秦軍的攻勢而定。北魏的國家政策是在各政權衝突中維持中立，尤其在戰略態勢未明朗前。東晉重視洛陽與否，端賴其是否增援洛陽，若僅依賴魏軍赴援而自己不派援軍北上，表明洛陽對東晉而言可有可無，並非一定要據有其地；反之，若東晉請求北魏援助，本身亦增兵洛陽，代表東晉對洛陽的立場堅定，此時魏道武帝就必須配合晉軍作戰。然而事實卻是前者，東晉朝廷並未遣將赴援洛陽，也因此魏道武帝不願在局勢未明朗前貿然表明北魏的立場。另外，雖東晉對洛陽抱消極態度，但魏道武帝不可能倒向後秦，當時北魏整體實力尚在後秦之上，若眞要取洛陽，自己發兵攻佔即可，毫無理由將洛陽拱手讓人，只是當時戰略目標在後燕。同時，魏道武帝不能對晉軍與秦軍在洛陽的爭執視而不見，於是屯兵觀望，不介入東晉、後秦的爭端，不但符合其國家政策，更可視雙方的態勢與企圖心決定魏軍行動，從中選擇最有利北魏的行動方案。

　　綜合上述，「南和東晉、積極擴張壯大實力」成爲北魏在魏道武帝時期的國家戰略。東晉建國將近百年，已不復初期志切北伐的銳氣，但仍是南方唯

────────────

〔註11〕《晉書》卷10〈安帝紀〉，頁252。

一的政權，其人口、經濟、軍力強於北方任一政權，國際地位舉足輕重，又有部落聯盟時期和西晉良好關係的歷史因素，故與東晉維持友好關係對北魏而言有利無害，尤其在北魏與東晉接壤之後。北魏與東晉原隔著後燕，但自參合陂一役後，後燕遭受重創，北魏把握時機持續進攻，蠶食鯨吞後燕土地，398年正月（魏天興元年、晉隆安二年）奪得今山西、河北地區，疆域遂與東晉相接。在二國疆域未連接時，東晉欲威脅北魏略顯困難，因中有後燕阻隔，反而東晉能對後燕形成直接威脅。一旦魏晉接壤後，若彼此關係不睦，當北魏在剿滅後燕殘餘勢力或對其他北方政權用兵時，東晉從後掣肘，將使北魏陷入兩面作戰困境，故與東晉維持和平政策，當是北魏正確的國家戰略。

北魏和東晉的戰略關係並未因洛陽一事而起爭端，仍維持和平共存關係，雙方不致兵戎相見，除了北魏需面對北方各政權的挑戰威脅，無暇顧及南方外，東晉朝廷暮氣漸深，內亂陡生、權臣專擅，內部紛爭使其無暇顧及北方局勢。然而魏道武帝對東晉內部問題仍密切注意，遣使東晉觀察桓玄之亂，404年（魏天賜元年、晉元興三年）「夏四月，詔尚書郎中公孫表使於江南，以觀桓玄之釁也。」〔註12〕東晉內亂引起魏道武帝關注，乃是桓玄權勢龐大，東晉朝廷受制桓玄已久，雙方爭鬥結果有可能改朝換代，一旦南方漢人政權易主，北魏仍須與其維良好關係，故將眼光投射於東晉內亂勢所必然。雖桓玄亂後東晉國祚繼續綿延，但不久後另一權臣劉裕崛起，不過終魏道武帝之世，南方未發生朝代更易，劉裕篡位建劉宋王朝乃魏明元帝在位時，故魏道武帝南和東晉的國家戰略與其相始終，甚至對其繼位者魏明元帝的南方政策產生一定程度的影響。

避免樹敵和積極擴張壯大實力實為一體兩面，在北方各政權互相爭鬥的戰略環境中，北魏要爭生存就必須不斷擴張領土增強勢力，併吞別人而不被他人所滅，但是在過程中，不能樹立太多敵人，否則分兵拒敵容易導致滅亡，故魏道武帝選定北方最大強權後燕為戰略目標，只與後燕為敵，用全部力量對付後燕，一旦消滅後燕即能達到擴張領土和壯大自己的雙重目標。與此同時，魏道武帝不但避免樹敵更拉攏後秦成為盟友，如參合陂之役姚興即遣軍助北魏，《魏書·許謙傳》載：〔註13〕

> 慕容寶來寇也，太祖（魏道武帝）使（許）謙告難於姚興。興遣將

〔註12〕《魏書》卷2〈太祖紀〉，頁41。
〔註13〕《魏書》卷24〈許謙傳〉，頁611。

楊佛嵩率眾來援。……佛嵩乃倍道兼行，太祖大悅。

據上可知北魏和後秦早在 395 年（魏登國十年、晉太元二十年）即達成某種程度的軍事同盟，這就不難解釋東晉的兩次請求：397 年（魏皇始二年、晉隆安元年）希望北魏遣軍助攻後秦，北魏未予回應；399 年（魏天興二年、晉隆安三年）請求北魏出兵援助洛陽，魏道武帝雖遣軍前往，至洛陽後卻按兵不動的原因了。

　　從事實結果檢驗魏道武帝的國家戰略，當時北方雙雄北魏與後秦，後秦經營關中地區，北魏則致力於河北、山西，雖日後終有兵戎相見一天，但依目前態勢，二強暫時不會衝突，故與關中強權後秦維持友好關係乃時勢所趨，如此才能專力用兵後燕。事實上，除了戰略目標後燕外，北魏均能和各政權和平相處，包括東晉，使魏道武帝用兵後燕沒有受到任何勢力的牽制，一方面打擊後燕積極擴張領土，使後燕幾乎名存實亡；另一方面北魏的實力也在過程中不斷提升，生存不再受到威脅，維護了最基本的國家利益，足證北魏在魏道武帝時之國家戰略是正確且成功的。

第二節　魏明元帝與東晉、劉宋的和平關係

　　409 年（魏天賜六年、晉義熙五年）十月，北魏發生宮廷政變，清河王拓跋紹弒其父魏道武帝，幸賴魏道武帝長子齊王拓跋嗣誅清河王拓跋紹平亂並即皇帝位，是為魏明元帝。〔註 14〕魏明元帝即位後對於東晉的戰略關係，仍繼承其父魏道武帝對東晉的和平方針，與東晉維持良好關係。420 年（魏泰常五年、宋永初元年）六月，南方漢人政權發生朝代禪替，劉裕建劉宋政權並即位為宋武帝，北魏在南方的交手對象由東晉一變為劉宋，雙方的戰略關係進入新的紀元。宋武帝在位時，北魏與劉宋尚能和平相處。422 年（魏泰常七年、宋永初三年）五月，宋武帝逝世，魏明元帝趁機興兵入寇奪取河南地，在此之前，北魏一直和東晉、劉宋等南朝漢人政權維持友好關係，此後即成為緊張的對抗關係，其間的轉折點，在於宋武帝崩逝而改變戰略環境，這個改變促使北魏檢討與劉宋的戰略關係，魏明元帝決定改弦易張，採侵略性的攻勢作戰，為爭奪河南地與劉宋爆發首次大規模戰爭，是故北魏與劉宋的和平關係，僅有宋武帝在位短短的三年而已。

〔註14〕關於清河王拓跋紹弒逆及齊王拓跋嗣平亂即位經過，參見蔡金仁，《北魏皇位繼承不穩定性之研究》（臺北：花木蘭文化出版社，2010 年 9 月），頁 71～84。

一、魏明元帝對東晉、劉宋初期之戰略態度

劉裕於 409 年（魏天賜六年、晉義熙五年）三月發動對南燕的戰爭，次年二月消滅南燕，執南燕主慕容超。雖然北魏與南燕為鄰，但魏道武帝對劉裕的軍事行動，仍抱持以往不介入各政權衝突的立場作壁上觀。南燕約在今山東一帶，國小力弱，與東晉國力相距甚遠，加上又是軍事雄才劉裕領軍，南燕遭滅恐是遲早問題，故魏道武帝毫無理由出兵助南燕，而劉裕也不需北魏幫助，以當時東晉軍力而言，即便不能消滅南燕，也能予以重創奪其土地，若和北魏聯軍合擊南燕，豈非要與北魏共享戰利品，對劉裕而言得不償失。當劉裕伐南燕的戰事正激烈進行時，前文已述北魏發生政治動亂，魏道武帝遭弒猝崩，而魏明元帝繼位後，首先面臨東晉與南燕的戰爭，由於北魏宮廷動亂甫結束，魏明元帝當務之急在穩定統治基礎，故秉持魏道武帝政策，不願介入東晉與南燕的紛爭。

劉裕滅南燕後，北魏直接以黃河與東晉為界，黃河遂成為北魏與東晉南北二大國家的天然分界線，易言之，黃河在劉宋和北魏兩個政權之間形成了天然的屏障。北魏與東晉接壤之地域，雖因南燕的消失而增加，但並未改變北魏對東晉的和平外交政策，雙方仍遣使相聞。414 年（魏神瑞元年、晉義熙十年）八月，北魏遣使東晉：〔註15〕

> （魏明元帝）詔平南將軍、相州刺史尉古真與司馬德宗（晉安帝）
> 太尉劉裕相聞，使博士王諒假平南參軍將命焉。

次年四月東晉遣使北魏，《魏書・太宗紀》載：「司馬德宗遣使朝貢。」〔註16〕之後在 418 年（魏泰常三年、晉義熙十四年）東晉尚有一次遣使北魏紀錄，「三月，司馬德宗遣使來貢。」〔註17〕可見北魏與東晉關係以和平通使為主，未見緊張的軍事對抗。

二、東晉劉裕伐後秦

416 年（魏神瑞三年、晉義熙十二年）三月，劉裕衡量國內外戰略環境後，決定再度興師北伐，《宋書・武帝紀》載：〔註18〕

〔註15〕《魏書》卷 3〈太宗紀〉，頁 54。
〔註16〕《魏書》卷 3〈太宗紀〉，頁 55。
〔註17〕《魏書》卷 3〈太宗紀〉，頁 58。
〔註18〕《宋書》卷 2〈武帝紀中〉，頁 35～36。

> 初公（劉裕）平齊，仍有定關、洛之意，值盧循侵逼，故其事不諧。
>
> 荊、雍既平，方謀外略。會羌主姚興死，子泓立，兄弟相殺，關中
> 擾亂，公乃戒嚴北討。

劉裕首次北伐即消滅立國青齊之地的南燕，本欲乘勝追擊移師伐後秦，無奈盧循起兵反，劉裕不得不回師平亂。待盧循之亂平定後，東晉政治局勢日趨穩定，劉裕權勢也更加鞏固，顯現他已掌握內部戰略環境優勢。至於外部戰略環境，後秦主姚興卒後，其子姚泓雖得立，卻陷於內部爭鬥中，後秦政治局勢紛擾結果，使外部戰略環境亦利於劉裕。劉裕既掌握內外戰略環境優勢，遂於「八月丁巳，率大眾發京師。」〔註19〕北伐後秦。

　　姚泓聞劉裕率晉軍為伐後秦而來，大為恐慌。後秦雖佔有關中地區，但戰略環境異常惡劣，北面有赫連勃勃之大夏，西面有西秦、北涼、西涼等國，對後秦都構成極大威脅。面對來勢洶洶之晉軍，姚泓緊急向北魏求援，而北魏朝廷對是否援助後秦，遣軍攔截晉軍，出現不同意見，關鍵在晉軍行進路線經過魏境。晉軍欲進攻後秦需「假道於魏」，故劉裕北伐前曾遣使告知北魏無意與其為敵，此次北伐戰略目標為後秦而非北魏。

　　何以晉軍需經由魏境進軍，欲釐清此問題，需先分析劉裕的戰略部署。晉軍共分五路、水陸並進：第一路為步軍前鋒，由龍驤將軍王鎮惡與冠軍將軍檀道濟率領，自淮河、肥水直趨許昌、洛陽；第二路由新野太守朱超石、寧朔將軍胡藩率軍自襄陽進攻陽城（今河南登封東南），策應前鋒主力；第三路晉軍由振武將軍沈田子、建威將軍傅弘之統率，自襄陽進攻武關（今陝西商縣西南）；第四路乃水軍，由建武將軍沈林子、彭城內史劉遵考率軍出石門（今河南滎陽西北），自汴水入黃河，逕向洛陽；第五路亦為水軍，由北兗州刺史王仲德統領前鋒諸軍，開通巨野澤（今山東巨野北）入黃河。〔註20〕五路晉軍分進合擊，由東、南兩個方向合圍後秦，猶如以兩柄利刃突入後秦境內。為支應如此龐大的軍隊作戰，後勤支援相對重要，晉軍的後勤補給，需循泗水北上清、濟，再轉黃河西上，故保持這條水路暢通乃當務之急，而暢通與否最大威脅來自北魏，若魏軍於黃河岸截擊，糧草輜重將無法安全運抵

〔註19〕《宋書》卷2〈武帝紀中〉，頁36。
〔註20〕參見《資治通鑑》卷117〈晉紀三十九〉，安帝義熙十二年，頁3689。另參見陳羨，《悠悠南北朝——宋齊北魏的紛爭史》（重慶：重慶出版社，2007年7月），頁39。

前線，晉軍戰力必大受影響。事實上，劉裕並不願與北魏衝突，除劉裕無法分兵對付北魏外，若因此令北魏倒向後秦出兵援助，會增加滅後秦困難度，此非劉裕所樂見。

三、魏明元帝對劉裕伐後秦的戰略態度

　　415 年（魏神瑞二年、晉義熙十一年）十月，魏明元帝娶後秦西平公主，她乃姚興之女、姚泓之妹，「姚興使散騎常侍、東武侯姚敞，尚書姚泰，送其西平公主來，（魏明元）帝以后禮納之。」〔註21〕二國遂結爲姻親之國，故後秦面對來勢洶洶的晉軍，曾向北魏求援，「（姚）泓以晉師之逼，遣使乞師于魏。」〔註22〕就情理而言，北魏似應出兵助後秦，然事實並非如此。魏明元帝對是否出兵攔擊晉軍，猶疑未決，遂交付廷議討論，主戰、主和二派激烈爭論，主戰派力勸魏明元帝應迅速遣將出擊：〔註23〕

> 外朝公卿咸曰：「函谷關號曰天險。一人荷戈，萬夫不得進。（劉）裕舟船步兵，何能西入？脫我乘其後，還路甚難。若北上河岸，其行爲易。揚言伐姚（泓），意或難測。假其水道，寇不可縱，宜先發軍斷河上流，勿令西過。」

主戰派認爲，劉裕雖云其戰略目標爲後秦，然是否誠如其所言實未可知，需防範劉裕登黃河北岸進攻北魏，故應掌握戰略先機，出兵截斷晉軍西進之路。不過，主和派的博士祭酒崔浩則提出不同看法：〔註24〕

> 此非上策。……今（姚）興死子劣，乘其危亡而伐之，臣觀其意，必欲入關。勁躁之人，不顧後患。今若塞其西路，（劉）裕必上岸北侵，如此則姚無事而我受敵。今蠕蠕內寇，民食又乏，不可發軍。發軍赴南則北寇進擊，若其救北則東州復危。未若假之水道，縱裕西入，然後興兵塞其東歸之路，所謂卞莊刺虎，兩得之勢也。使裕勝也，必德我假道之惠；令姚氏勝也，亦不失救隣之名。縱使裕得關中，縣遠難守，彼不能守，終爲我物。今不勞兵馬，坐觀成敗，鬬兩虎而收長久之利，上策也。

〔註21〕《魏書》卷 3〈太宗紀〉，頁 56。
〔註22〕《晉書》卷 119〈姚泓載記〉，頁 3016。
〔註23〕《魏書》卷 35〈崔浩傳〉，頁 809。
〔註24〕《魏書》卷 35〈崔浩傳〉，頁 809～810。

崔浩，字伯淵，清河人也，白馬公崔玄伯長子，「少好文學，博覽經史，玄象陰陽，百家之言，無不關綜，研精義理，時人莫及。」〔註25〕乃魏明元帝頗為器重之漢臣。崔浩認為不應與劉裕為敵，劉裕的戰略目標為後秦，並非北魏，若阻斷其西進之路，極有可能遭致劉裕不滿，放棄進攻後秦，轉而進攻北魏，一旦雙方發生軍事衝突，對北魏甚為不利，尤其北方大患柔然正伺機而動，故崔浩建議採中立政策，借道劉裕，不論戰爭結果何方獲勝，北魏都可交代。即便劉裕滅後秦盡得關中之地，但距離東晉統治中心遙遠，守之不易，日後終究為北魏所得，故對劉裕征討後秦的戰爭，採旁觀態度乃北魏之上策。主戰派不贊同崔浩之言，提出辯駁，《魏書‧崔浩傳》：〔註26〕

> 議者猶曰：「（劉）裕西入函谷，則進退路窮，腹背受敵；北上岸則姚軍必不出關助我。揚聲西行，意在北進，其勢然也。」太宗（魏明元帝）遂從羣議。

依《魏書‧崔浩傳》所載，主和派似乎僅崔浩一人，形單力薄。相反地，北魏朝臣大多屬主戰派，故主戰派聲勢浩大，他們認為劉裕「揚聲西行，意在北進。」戰略目標必是北魏，因此積極主張出兵對抗。

　　主戰派和主和派意見相持不下，就「太宗遂從羣議。」觀之，魏明元帝受主戰派影響，為了國防安全，預防劉裕兵鋒突然轉向襲擊北魏，遂遣司徒長孫嵩、振威將軍娥清率十萬步騎屯列黃河北岸，〔註27〕嚴密監控晉軍動向並伺機出擊。另由「太宗假（長孫）嵩節，督山東諸軍事。」〔註28〕顯示魏明元帝以長孫嵩為此次出兵對抗劉裕的總指揮。魏明元帝的戰略規畫是，綜合主戰派、主和派雙方意見，蓋因雙方所言皆有可取之處，故原則上不與劉裕發生正面衝突，對劉裕北伐後秦採壁上觀，除非劉裕進攻北魏，魏軍才會回擊，此乃長孫嵩率十萬魏軍屯駐黃河北岸之戰略目的。

　　416年（魏泰常元年、晉義熙十二年）九月，晉軍沿黃河西進時，北魏十萬大軍已沿黃河展開嚴密佈防，晉軍為爭奪軍事重鎮滑臺（今河南滑縣東南），與北魏發生首波軍事衝突，史載：〔註29〕

〔註25〕《魏書》卷35〈崔浩傳〉，頁807。
〔註26〕《魏書》卷35〈崔浩傳〉，頁810。
〔註27〕《魏書》卷97〈島夷劉裕傳〉，頁2133。另參見《資治通鑑》卷118〈晉紀四十〉，安帝義熙十三年，頁3702。
〔註28〕《魏書》卷25〈長孫嵩傳〉，頁643。
〔註29〕《魏書》卷3〈太宗紀〉，頁56。

> 司馬德宗（晉安帝）相劉裕，沂河伐姚泓，遣其部將王仲德爲前鋒，
>
> 從陸道至梁城。兗州刺史尉建畏懦，棄州北渡，王仲德遂入滑臺。

劉裕爲能穩定的沿黃河向後秦進軍，即須佔有滑臺，因滑臺乃晉軍必經之地。當晉軍前鋒王仲德正準備進攻滑臺時，情勢轉變卻出乎意料，北魏滑臺守將兗州刺史尉建竟棄城而走，晉軍兵不血刃進佔滑臺。滑臺失陷，震驚北魏朝廷，魏明元帝對尉建的懦弱至感憤怒，「詔將軍叔孫建等渡河，耀威滑臺，斬尉建於城下。」〔註30〕與此同時，北魏朝廷主戰聲音抬頭，魏明元帝下令魏軍出擊，準備阻止晉軍沿黃河溯流而上。

劉裕的戰略目標是後秦，並不想節外生枝和北魏衝突，他僅想順利沿黃河西上消滅後秦，故應避免演變成和北魏的戰爭。於是劉裕積極緩和北魏不滿，令王仲德向北魏提出宣言曰：「晉本意欲以布帛七萬匹假道於魏，不謂魏之守將便爾棄城。」〔註31〕魏明元帝顯然未接受王仲德說法，詔安平公叔孫建「自河內向枋頭以觀其勢，……詰其侵境之意。」〔註32〕雙方各遣使者對話，王仲德派竺和之、叔孫建遣公孫表，二人對談過程，據《魏書·叔孫建傳》載：〔註33〕

> 和之曰：「王征虜（指王仲德）爲劉太尉（劉裕）所遣，入河西行，將取洛城，掃山陵之寇，非敢侵犯魏境。太尉自遣使請魏帝，陳將假道。而魏兗州刺史不相體解，望風捐去，因空城而入，非戰攻相逼也。魏晉和好之義不廢於前。」表曰：「尉建失守之罪，自有常刑，將更遣良牧。彼軍宜西，不然將以小致大乖和好之體。」和之曰：「王征虜權住於此，以待眾軍之集，比當西過，滑臺還爲魏有，何必建旗鼓以耀威武乎？」

魏明元帝對竺和之所言是否眞能代表劉裕意旨不無疑問，遂令「（叔孫）建與劉裕相聞，以觀其意。」〔註34〕劉裕的回答仍秉持不願開釁北魏之初衷，措辭謙和：〔註35〕

> （劉）裕答言：「洛是晉之舊京，而羌姚據之。晉欲修復山陵之計久矣，而內難屢興，不暇經營。司馬休之、魯宗之父子、司馬國璠兄

〔註30〕 《魏書》卷3〈太宗紀〉，頁56。

〔註31〕 《魏書》卷29〈叔孫建傳〉，頁703。

〔註32〕 《魏書》卷29〈叔孫建傳〉，頁703。

〔註33〕 《魏書》卷29〈叔孫建傳〉，頁703。

〔註34〕 《魏書》卷29〈叔孫建傳〉，頁703。

〔註35〕 《魏書》卷29〈叔孫建傳〉，頁703～704。

> 弟、諸桓宗屬，皆晉之蠹也，而姚氏收集此等，欲以圖晉，是以伐
> 之。道由於魏，軍之初舉，將以重幣假途。會彼邊鎮棄守而去，故
> 晉前軍得以西進，非敢憑陵魏境。」

劉裕此番言論顯然不爲北魏主戰派接受，滑臺陷晉是事實，加上北魏滑臺守
將不戰而退，著實令已爲北方第一強權的北魏顏面無光，極思藉對晉軍作戰
的勝利板回滑臺失陷之困窘，遂爆發北魏與東晉的第一次戰爭——畔城（今
山東聊城市南）之戰。

　　畔城之戰爆發於 417 年（魏泰常二年、晉義熙十三年）二月，魏明元帝
「詔司徒長孫嵩率諸軍邀擊劉裕，戰於畔城。」〔註36〕可見畔城之戰魏軍由
長孫嵩指揮，晉軍則由出身將家，「果銳善騎乘」〔註37〕的寧朔將軍朱超石爲
指揮官。《宋書・朱超石傳》對魏晉二軍交戰過程有詳細記載：〔註38〕

> 虜（指魏軍）見營陣既立，乃進圍營，超石先以軟弓小箭射虜，虜
> 以眾少兵弱，四面俱至，……遂肉薄攻營。於是百弩俱發，又選善
> 射者叢箭射之，虜眾既多，弩不能制。超石初行，別齎大鎚並千餘
> 張稍，乃斷稍長三四尺，以鎚鎚之，一稍輒洞貫三四虜。虜眾不能
> 當，一時奔潰，……超石率胡藩、劉榮祖等追之，復爲虜所圍，奮
> 擊盡日，殺虜千計，虜乃退走。高祖又遣振武將軍徐猗之五千人向
> 越騎城，虜圍猗之，以長戟結陣，超石赴之，未至悉奔走。

高祖乃宋武帝劉裕廟號。畔城之戰「魏師敗績。」〔註39〕由於魏軍損失不輕，
迫使魏明元帝重新檢討原先沿河佈防，防止晉軍入侵之戰略規畫實屬正確，
所以才有「恨不用（崔）浩計之語。」〔註40〕於是魏明元帝揚棄主戰派主動
出擊的戰略，回歸原來沿河防守的防禦戰略，對東晉與後秦之戰爭維持中立，
只要劉裕不進攻北魏，便不再阻攔其向西進軍。

　　戰略的規畫與執行須因時、因地制宜，隨著外在環境、條件改變，戰略
亦須隨之調整。魏明元帝因畔城之戰魏軍失利，適時調整對晉軍之戰略態度，
符合北魏的國家利益，而其具體成效，也彰顯在劉裕與于栗磾衝突上，史載：

〔註36〕《魏書》卷 3〈太宗紀〉，頁 57。
〔註37〕《宋書》卷 48〈朱超石傳〉，頁 1425。
〔註38〕《宋書》卷 48〈朱超石傳〉，頁 1425～1426。
〔註39〕《魏書》卷 105 之 3〈天象志三〉，頁 2396。
〔註40〕《魏書》卷 35〈崔浩傳〉，頁 810。

〔註41〕

> 劉裕之伐姚泓也，栗磾慮其北擾，遂築壘於河上，親自守焉。禁防嚴密，斥候不通。裕甚憚之，不敢前進。裕遺栗磾書，遠引孫權求討關羽之事，假道西上，題書曰「黑矟公麾下」。栗磾以狀表聞，太宗（魏明元帝）許之，因授黑矟將軍。栗磾好持黑矟以自標，裕望而異之，故有是語。

「于栗磾，代人也。能左右馳射，武藝過人。」〔註42〕由於劉裕對于栗磾頗為忌憚，故暫時止軍不進，由劉裕親自修書于栗磾說明原委。于栗磾回報魏明元帝，請示出兵阻擊或放行。魏明元帝經畔城之戰後，改採防禦戰略，不再與晉軍正面衝突，由「太宗許之」此語觀之，加上史籍並未載劉裕與于栗磾之衝突，合理推測應是魏明元帝令于栗磾放行不予刁難。

晉軍自二月與魏軍戰於畔城後，劉裕已瞭解北魏不會阻撓其進軍後秦，故揮軍直指關中地區，連克洛陽、潼關，晉軍進展順利，據《宋書‧武帝紀》載：〔註43〕

> 七月，至陝城。龍驤將軍王鎮惡伐木為舟，自河浮渭。八月，扶風太守沈田子大破姚泓於藍田。王鎮惡剋長安，生擒泓。九月，公（劉裕）至長安。……執送姚泓，斬于建康市。

晉軍八月進入長安滅了後秦，然而在五月時，東晉齊郡太守王懿降北魏，同時向魏明元帝獻計斷劉裕歸路：〔註44〕

> （王懿）上書陳計，稱劉裕在洛，勸國家以軍絕其後路，則裕軍可不戰而克。書奏，太宗（魏明元帝）善之。

由「太宗善之。」可窺知魏明元帝對晉軍以防禦為主的戰略態度似乎有所動搖，對王懿之計躍躍欲試。幸畔城之戰後，崔浩洞燭機先的眼光深獲魏明元帝信任與佩服，故在做戰略決策時，詢問崔浩意見：〔註45〕

> 太宗曰：「（劉）裕已入關，不能進退，我遣精騎南襲彭城、壽春，裕亦何能自立？」（崔）浩曰：「今西北二寇未殄，陛下不可親御六師。兵眾雖盛而將無韓白。長孫嵩有治國之用，無進取之能，非劉

〔註41〕《魏書》卷 31〈于栗磾傳〉，頁 736。
〔註42〕《魏書》卷 31〈于栗磾傳〉，頁 735。
〔註43〕《宋書》卷 2〈武帝紀中〉，頁 42。
〔註44〕《魏書》卷 35〈崔浩傳〉，頁 810。
〔註45〕《魏書》卷 35〈崔浩傳〉，頁 811。

　　裕敵也。臣謂待之不晚。」太宗笑曰：「卿量之已審矣。」
魏明元帝本欲趁此有利戰機截斷晉軍後路，進襲彭城、壽春等東晉軍事重鎮，收晉秦相爭的勝果，幸崔浩剖析國防情勢，勸阻魏明元帝出兵，而魏明元帝也接受了崔浩建言，並未改變防禦戰略而出兵與劉裕為敵，避免魏晉大戰的發生。

　　北魏原先戰略規畫無疑符合當時戰略環境，北魏身處四戰之地，國防局勢嚴峻，尤其崔浩所謂西北二寇，北寇當指柔然，此時柔然正當國勢鼎盛之際，柔然勢衰不復威脅北魏，須待雄才大略的魏太武帝多次征討後，故魏明元帝時之柔然，乃北魏最強之敵。至於西寇，應指赫連勃勃之大夏，赫連勃勃乃匈奴後裔，鐵弗劉衛辰之子、劉虎之孫，與拓跋氏為世仇。〔註46〕此西北二敵隨時有入侵北魏之可能，一旦北魏和東晉北伐軍發生激烈衝突，戰爭必然擴大，對北魏和劉裕而言絕非好事。先論北魏，由於漢人在北魏政權下淪為被統治者，而劉裕代表的是東晉漢人政權，魏晉爆發戰爭，北魏治下的漢人是否會響應劉裕，不得而知，但仍有其可能，尤其北魏統治基礎尚未穩固，魏明元帝不過第二位君王。既然有引發胡漢衝突的可能，不論其可能性大小，皆須予以重視，許多亂事通常一開始都是小型叛亂，而後獲得響應逐漸擴大，這是魏明元帝不得不防且必須重視之處。另外，柔然、大夏有可能趁魏軍與晉軍相互攻戰時，藉機進攻北魏，如此將導致北魏陷入腹背受敵困境，須分兵抗拒柔然或大夏，甚至其他勢力，此種情勢當非魏明元帝所樂見。次論劉裕，他的困境在於，北魏軍力強於後秦，若晉軍真要與魏軍作戰，勢必須動員更多軍隊，對東晉社會是一大負擔，尤其晉軍是遠程作戰，糧草軍器等後勤運輸不易，一旦軍需補充不上，晉軍戰力必然受到影響。此外，晉

〔註46〕拓跋部在部落聯盟時，與鐵弗部相互攻戰不休，劉虎、劉衛辰均不斷寇擾拓跋部，魏平文帝拓跋鬱律、魏昭成帝拓跋什翼犍皆曾大破劉虎，而劉衛辰更遭魏昭成帝擊潰，部落幾乎盡為拓跋部收服。劉衛辰為陰謀復仇，乃導引前秦主苻堅入寇拓跋部。苻堅滅拓跋部後，將拓跋故地以黃河為界，以東由獨孤部劉庫仁治理，以西由鐵弗部劉衛辰統領，如此更加深雙方仇恨，拓跋氏視劉衛辰為寇讎。魏道武帝於 386 年（魏登國元年、晉太元十一年）創建北魏後，劉衛辰經常率軍入侵北魏，之後為魏軍所殺，其子赫連勃勃，恥姓鐵弗，北人謂「胡父鮮卑母」為鐵弗，遂改為赫連，他於 407 年（魏天賜四年、晉義熙三年、夏龍升元年）建大夏政權，赫連勃勃因父、祖三代與拓跋氏長期之恩怨，故與北魏形同水火，一旦北魏與東晉爆發戰爭，赫連勃勃自西方攻擊北魏的可能性極大。上述史實，參見《魏書》卷 1〈序紀〉，頁 9～16。同書卷 95〈鐵弗劉虎傳〉，頁 2054～2057。

軍長途遠征利於速戰速決，魏晉戰事能迅速結束便罷，一旦戰事延長，不免損及劉裕在東晉之威望，這些都是劉裕須審慎評估的。

魏晉開戰結果，對魏明元帝、劉裕而言皆有害無益，且與劉裕設定消滅後秦的戰略目標背道而馳，因此對雙方而言，符合最佳利益者，即是按各自的戰略規畫執行，不要擦槍走火引起魏晉衝突。劉裕期望北魏不要挑釁，不會出兵掣肘斷晉軍歸路，讓晉軍能進入關中地區消滅後秦，於此處行使東晉威儀，恢復西晉時代光榮，提升劉裕在東晉朝廷之威望，為篡位開創新朝鋪路，若與北魏衝突，劉裕的政治目的便很難實現。至於北魏，則希望劉裕不會突然改變戰略目標進攻北魏，並期望劉裕在和後秦的戰爭中兩敗俱傷，北魏能乘機從中獲取利益。北魏、劉裕各有所圖，雙方均不願對戰，於是北魏盡量克制不和劉裕發生嚴重衝突，包括滑臺、畔城的衝突，北魏都能自我約束，同時劉裕也採低姿態不願激怒北魏。而事實的發展正如雙方所願，劉裕滅後秦後，個人威望達於頂峰，最後終於篡晉自立。北魏也因劉裕佔領中原地區後無力據守，先是關中失陷於大夏，之後北魏趁機侵佔關東，使北魏疆域再次獲得擴展。

劉裕九月進入長安待了三個月，十一月時，留守建康的劉裕心腹前將軍劉穆之突然去世，劉裕憂後方有變，遂決定南返，將治理關中地區的重責大任交付次子劉義真：〔註47〕

> 公（劉裕）欲息駕長安，經略趙、魏，會穆之卒，乃歸。十二月庚子，發自長安，以桂陽公義真為安西將軍、雍州刺史，留腹心將佐以輔之。閏月，公自洛入河，開汴渠以歸。

劉裕率軍南返時，並未受到北魏阻撓，可見北魏仍維持一貫避免和劉裕衝突的戰略態度。次年（418、魏泰常三年、晉義熙十四年）正月壬戌，「公（劉裕）至彭城，解嚴息甲。」〔註48〕正式宣告結束第二次北伐的軍事行動。劉裕返回建康後，威望日隆，權傾朝野，乃於420年（魏泰常五年、宋永初元年）篡東晉自立，是為宋武帝，國號宋，史稱劉宋。宋武帝對北魏的態度仍秉持以往和平關係，遣使通好，《魏書·島夷劉裕傳》載：〔註49〕

> （劉裕）遂自號為宋，改年為永初，時泰常五年也。裕既僭立，頻

〔註47〕《宋書》卷2〈武帝紀中〉，頁44。
〔註48〕《宋書》卷2〈武帝紀中〉，頁44。
〔註49〕《魏書》卷97〈島夷劉裕傳〉，頁2134。

請和通，太宗許之。六年，裕遣其中軍將軍沈範、索季孫等朝貢。

據上引文，似乎魏、宋通使乃宋武帝不斷要求，最後獲得魏明元帝首肯，劉宋才得以派使者通使北魏，因史料來源爲《魏書》，故應是北魏方面的自我誇耀。但不論如何，二國通使乃是事實，表明雙方關係良好。劉宋開國之初，正是宋武帝在位國力鼎盛之際，魏明元帝也懾於宋武帝軍威，亦無衝突之想法，故北魏與劉宋維持以往和東晉一樣的和平關係，對南朝漢人政權的戰略態度，未因改朝換代而改變。

第三節　魏明元帝奪取河南地

北魏與劉宋和平關係至 422 年（魏泰常七年、宋永初三年）五月宋武帝逝世宣告結束，魏明元帝欲趁劉宋異主之際興兵南侵，「會聞劉裕死，太宗（魏明元帝）欲取洛陽，虎牢、滑臺。」〔註50〕北魏透露出與劉宋兵戎相見的訊息，即是扣留宋使。宋武帝遣殿中將軍沈範、索季孫出使北魏，二人完成任務後正欲返回劉宋，卻傳來宋武帝崩逝消息，魏明元帝隨即遣人扣留沈範、索季孫，此舉等於撕毀北魏自劉宋建立以來二國的和平關係。魏明元帝爲爭奪河南戰略要地，一雪滑臺失陷之恥，決定出兵奪取河南地，魏宋爆發第一次戰爭。附帶一提的是，沈範、索季孫遭北魏扣押，直至宋文帝即位後始被遣送回國。

一、戰略環境分析

（一）崔浩的反對

魏明元帝提出興兵南侵的主張，北魏朝廷幾乎未見反對聲浪，對好勇善戰的拓跋宗室與代人貴族而言，領兵打仗爲他們所樂見，因北魏前期百官無俸祿，對外戰爭可以掠奪戰利品，增加奴隸及財富。唯一反對者乃崔浩，他對魏明元帝的伐宋之舉大表反對，二人有激烈爭辯：〔註51〕

> （崔）浩曰：「陛下不以劉裕歘起，納其使貢，裕亦敬事陛下。不幸
> 今死，乘喪伐之，雖得之不令。……裕新死，黨與未離，兵臨其境，
> 必相率拒戰，功不可必，不如緩之，待其惡稔。如其強臣爭權，變

〔註50〕《魏書》卷35〈崔浩傳〉，頁813。
〔註51〕《魏書》卷35〈崔浩傳〉，頁813～814。

> 難必起，然後命將揚威，可不勞士卒，而收淮北之地。」太宗銳意
> 南伐，詰浩曰：「劉裕因姚興死而滅其國，裕死我伐之，何爲不可？」
> 浩固執曰：「興死，二子交爭，裕乃伐之。」太宗大怒，不從浩言，
> 遂遣奚斤南伐。

崔浩認爲，趁宋武帝之喪出兵討伐，即便獲勝亦對聲名有虧，且劉宋內部尚未有矛盾出現，此時伐宋，對方必定上下團結，北魏不一定有必勝的把握。魏明元帝對崔浩之言頗爲不滿，遂以後秦姚興之例詰問崔浩。崔浩回答後秦乃因姚興死後，諸子相爭造成內部動盪，宋武帝得以掌握後秦內鬥之有利戰機才出兵，但今日劉宋並未出現類似問題，惜魏明元帝不聽崔浩建言，仍執意伐宋。

崔浩出自漢人大族清河崔氏，與其父白馬公崔玄伯同仕北魏，父子二人歷魏道武帝、魏明元帝二朝。崔浩於魏道武帝時已頗受重視，《魏書·崔浩傳》載：〔註52〕

> （崔浩）弱冠爲直郎。天興中，給事祕書，轉著作郎。太祖（魏道
> 武帝）以其工書，常置左右。太祖季年，威嚴頗峻，宮省左右多以
> 微過得罪，莫不逃隱，避目下之變，浩獨恭勤不怠，或終日不歸。
> 太祖知之，輒命賜以御粥。其砥直任時，不爲窮通改節，皆此類也。

魏明元帝即位後，崔浩更見寵信：〔註53〕

> 太宗初，拜博士祭酒，賜爵武城子，常授太宗經書。每至郊祠，父
> 子並乘軒軺，時人榮之。太宗好陰陽術數，聞（崔）浩說易及洪範
> 五行，善之，因命浩筮吉凶，參觀天文，考定疑惑。浩綜覈天人之
> 際，舉其綱紀，諸所處決，多有應驗，恒與軍國大謀，甚爲寵密。

崔浩雖深得魏明元帝寵信，但其建言不被接受實不足爲奇，因他畢竟是漢人，須知北魏乃拓跋氏政權，與其他胡族政權相同，不會賦予漢人太多政治權力。另崔浩雖出身漢族世家，但北魏統治集團主要以拓跋宗室和代人貴族爲主體，〔註54〕並未包括漢人之世家大族，雖然北魏境內漢人居多數，但拓跋氏

〔註52〕《魏書》卷35〈崔浩傳〉，頁807。
〔註53〕《魏書》卷35〈崔浩傳〉，頁807。
〔註54〕代人貴族統治集團的出現，對拓跋氏建立北魏封建王朝而言，是極具關鍵的一項大事。身爲皇室的拓跋氏，在逐漸壯大的過程中，要統治人數具多數壓倒性的漢人，力量必定不足，爲了擴大力量，在部落聯盟時期陸續加入拓跋氏政權的北系部落，就成爲以皇室拓跋氏爲中心的統治集團。代人貴族統治

創建的北魏政權，不可能和漢人分享政治權力，故崔浩雖得魏道武、明元二帝寵信，但政治實力與權勢不足，在以代人貴族爲主體的北魏朝廷，崔浩的反對無法起任何作用，何況連魏明元帝都大怒待之，崔浩諫阻南伐之議更顯微不足道了。

（二）柔然的威脅

柔然一直爲北魏北方大敵，尤其魏明元帝時，柔然正當雄武善戰之「牟汗紇升蓋可汗」大檀在位，此人不斷騷擾北魏邊境，魏明元帝雖於414年（魏

集團的出現，鞏固了拓跋氏力量，擁有強大軍事力，統一北方，使拓跋氏免於和匈奴一樣，始終只是個遊牧的部落聯盟，無法形成一個擁有固定領土及都城的國家；也使北魏免於成爲另一個十六國中短命的朝代。

「代人」之身分在北魏有其特殊性，「代人貴族」更在北魏政治扮演重要角色。以《魏書》爲例，除開〈本紀〉、〈皇后〉、〈宗室〉、〈外戚〉等標題性的傳記外，魏收將代人事蹟收入《魏書》各列傳中，據康樂先生的估算：「明言爲『代人』或其後裔的家族就占了總數的四分之一強，與其他的地域團體相較，比例算是最高的了，如果再加上列傳中的拓跋宗室子弟，他們當然都是「代人」，那比例更要提高許多。……細查列名《魏書》的這些代人，……幾乎原先皆爲遊牧部落，要等到拓跋珪於西元398年定都平城，解散部落後才定居於此地。」參見康樂，《從西郊到南郊──國家祭典與北魏政治》（臺北：稻禾出版社，1995年1月），頁61。

《魏書》中有傳的這些代人，當然只是整個代人貴族中的一小部份，能名列史傳，乃屬比較重要的一部份。然而須注意的是，「代人」這個稱呼並不能作爲一個地域性的族類通稱，雖然他們大部分住在平城及王畿，即所謂的「雲代」地區，但是住在此地區的，還有拓跋氏征討各地時強迫移徙來的各族人民，甚至包括漢人，如果這些人都稱「代人」的話，範圍未免太廣，漢人不論士族與平民皆非代人，因爲雲代地區並不是漢人唯一的家鄉，更重要的是，代人相對於漢人而言，乃屬異族，漢人在北魏政權中淪爲被統治者，漢人士族雖在中央或地方爲官，但其比例或重要性皆無法與代人相提並論，且完全被排除於軍事性職務之外，大多是備諮詢的角色，無法掌握實權與軍權。因此所謂代人，其籍貫就成爲明顯的標地，其祖上當爲北系遊牧部落民，而「代人貴族」則是這批代人的上層統治者，而非下層被統治者。

康樂曾對「代人」有一簡單界定：「代人形成於四世紀末的平城及其鄰近地區，至五世紀初仍陸續有所擴充，其成員絕大多數爲北亞遊牧民族，不過，也包括其他少數民族，而且就算是以北亞遊牧民族爲主體，這些遊牧民族的成份亦很複雜，根據姚薇元的考訂，至少包含鮮卑、烏桓、高車、匈奴、柔然等族。然而不管他們原先來自那個民族、屬於那個部落，自道武帝定都平城後，他們即以代人之身分活躍於北魏政治舞臺上。雲代地區是他們唯一的家鄉，放棄部落組織而成爲北魏治下的編戶，則是他們與仍保有部落組織的領民酋長之最大差異點。」參見康樂，前揭書，頁61。當然，所謂「代人貴族」，就是其中的上層統治者，一般也只有「代人貴族」才能進入北魏朝廷任官，進而掌握權力。

神瑞元年、晉義熙十年）十二月遠征柔然給予痛擊，但因大雪因素無法繼續追擊，「大檀率眾南徙犯塞，太宗親討之，大檀懼而遁走。遣山陽侯奚斤等追之，遇寒雪，士眾凍死墮指者十二三。」〔註55〕此役魏軍損傷不輕。可見柔然此時勢強，魏明元帝欲進軍南方劉宋，須顧慮北方柔然的入侵，避免陷入內線作戰的戰略劣勢。〔註56〕此乃對北魏至為不利之戰略環境。

（三）北方其他政權的威脅

魏明元帝於 422 年（魏泰常七年、宋永初三年）九月興師南伐，此時北方除北魏外，尚有四處割據政權：西秦、大夏、北燕、北涼，其統治地區分列如下：西秦在今甘肅西南部；大夏為陝西和內蒙古一部份，佔據關中地區；北燕據有今遼寧西南部和河北西北部；北涼則是甘肅南部，這四個政權地少國弱，皆非北魏對手。北燕實力不強，尤其西秦、北涼更僻處西疆，不太可能趁北魏與劉宋交戰時從後襲擊，唯一可能有此行動者乃大夏，其主赫連勃勃殘忍好殺：〔註57〕

> 視民如草芥，蒸土以築都城，鐵錐刺入一寸，即殺作人而並築之。所造兵器，匠呈必死，射甲不入即斬弓人，如其入也便斬鎧匠，凡殺工匠數千人。常居城上，置弓劍於側，有所嫌忿，手自殺之。羣臣忤視者，鑿其目；笑者，決其脣；諫者，謂之誹謗，先截其舌，而後斬之。

大夏在赫連勃勃暴虐統治下，政治情勢並不穩，隨時有反抗情事發生，故赫連勃勃欲出兵進攻北魏，須擔憂後方發生動亂危及其統治。再者，大夏國力不如北魏，夏軍之入侵，尚不至對北魏構成生存威脅，北魏應有足夠實力抵禦大夏之進攻。

〔註55〕《魏書》卷 103〈蠕蠕傳〉，頁 2292。

〔註56〕魏明元帝若與劉宋為敵，還要防備北方柔然的侵擾，等於同時與兩方之敵作戰，情況猶如法國戰略家約米尼（Antoine Henri Jomini）提出之「內線作戰」，即是居中央位置的己方對兩方面之敵的作戰，在己方兵力不足，或處於劣勢之際，採取內線作戰的方式，常可擊敗優勢兵力的敵方。參見氏著、鈕先鍾譯，《戰爭藝術（The Art Of War）》(臺北：麥田出版股份有限公司，1997 年 5 月)，頁 104～112、頁 312～314。內線作戰書中翻譯成內作戰線，與其相應的還有外作戰線。內作戰線：是一支或兩支軍隊在對抗幾支敵軍時所採取的路線，其方向的選定，足以使我軍主將在短時間之內，調動和集中他的全部兵力，而使敵軍必須要用較大的兵力始足與他對抗。外作戰線：凡是一支軍隊同時向敵人的兩翼，或是向敵人的各部份進行作戰，其所採取的作戰線都是屬於這種性質。

〔註57〕《魏書》卷 95〈鐵弗劉衛辰附子屈子傳〉，頁 2057。

（四）胡、漢民族的歸附北魏

北魏自魏道武帝擊潰後燕成為北方最強政權，魏明元帝繼位後佔領並鞏固河北地區的統治，國勢蒸蒸日上，吸引胡、漢民族歸附，茲分述如下：

1、414 年（魏神瑞元年、晉義熙十年）「六月，司馬德宗（晉安帝）冠軍將軍、太山太守劉研弟，輔國將軍、領東平太守陽平趙鸞，廣威將軍、平昌太守羅卓，斗城屠各帥張文興等，率流民七千餘家內屬。河西胡酋劉遮、劉退孤率部落等萬餘家，渡河內屬。」〔註58〕

2、415 年（魏神瑞二年、晉義熙十一年）二月，「司馬德宗琅邪太守劉朗，率二千餘家內屬。」四月，「河南流民二千餘家內屬。」九月，「河南流民，前後三千餘家內屬。」〔註59〕

3、417 年（魏泰常二年、晉義熙十三年）「五月，汝南民胡譁等萬餘家相率內屬。乙未，司馬德宗齊郡太守王懿來降。」〔註60〕

4、419 年（魏泰常四年、晉元熙元年）三月，「司馬德文（晉恭帝）寧朔將軍、平陽太守、匈奴護軍薛辯及司馬楚之、司馬順明、司馬道恭，並遣使請降。」〔註61〕

之後尚有多次胡、漢人歸順北魏行動，僅列出 422 年（魏泰常七年、宋永初三年）魏明元帝進軍劉宋河南地前之歸順情形，旨在說明北魏在黃河以北統治基礎日漸穩固，聲威遠播，這些胡、漢民族的歸附，對北魏的邊疆經營極其有利。

北魏藉由上述胡、漢民族的歸附行動，不僅增加人口實力，更壯大統治領域。其中東晉司馬宗室及中央、地方文武官員的大量降附北魏，凸顯二種意義，其一：劉裕掌握東晉軍政實權後，政治威望逐漸提高，晉安帝、晉恭帝形同傀儡，司馬宗室為鞏固司馬氏統治，防止劉裕篡位，不可避免和劉裕產生政治鬥爭。另一方面，劉裕在權力集中過程中，勢必與司馬宗室對抗，雙方鬥爭結果，司馬宗室往往不敵已擁有極大政治權勢之劉裕，就司馬宗室而言，與其留在東晉任人宰割，不如投奔北魏。這批政治菁英份子的投奔，正好提供北魏利用為政治象徵，標誌北魏不再是割據一隅之少數民族政權，而是能兼容並蓄廣納各

〔註58〕《魏書》卷 3〈太宗紀〉，頁 54。
〔註59〕《魏書》卷 3〈太宗紀〉，頁 55。
〔註60〕《魏書》卷 3〈太宗紀〉，頁 57。
〔註61〕《魏書》卷 3〈太宗紀〉，頁 59。

民族，與漢民族所謂東晉正統王朝相抗衡之北魏王朝。其二：北魏建國未久，拓跋氏文化水準不高，任用漢臣建立典章制度勢所必然，如崔浩等漢臣貢獻良多，但隨著北魏王朝日益擴大，僅用北方漢人略嫌不足，且東晉官員對漢、魏文物典籍必較崔浩等北方漢人熟悉，故北魏必須多方面吸收南朝漢人，協助建立各項典章制度。另外，東晉司馬宗室、官員的歸降，正可分裂東晉政治勢力，削弱劉裕實力，對北魏而言乃一舉數得。

（五）劉宋的政治變動

宋武帝崩於 422 年（魏泰常七年、宋永初三年）五月癸亥，臨崩之際，召太子誡之曰：〔註62〕

> 檀道濟雖有幹略，而無遠志，非如兄韶有難御之氣也。徐羨之、傅
> 亮當無異圖。謝晦數從征伐，頗識機變，若有同異，必此人也。小
> 卻，可以會稽、江州處之。

太子劉義符乃宋武帝長子，宋武帝建劉宋王朝後即立爲皇太子，故宋武帝崩後順利繼承皇位，是爲宋少帝。年僅十七的宋少帝政治歷練不足，顯然未將宋武帝臨終囑咐放在心上，「六月壬申，以尚書僕射傅亮爲中書監，司空徐羨之、領軍將軍謝晦及亮輔政。」〔註63〕宋少帝以徐羨之、謝晦、傅亮三人爲輔政大臣，對宋武帝評謝晦日後恐有異心之警語視而不見。

劉宋皇位更迭之際，並未引起政治動盪，皇位繼承順利完成，其關鍵在皇位繼承人早已確定，且宋武帝以長子劉義符爲皇太子，朝野內外自無異議。宋少帝年少輕狂嬉戲無度，幸軍政大事由宋武帝時代之舊臣宿將分頭處理，朝政尚不致大壞。故魏明元帝欲揮軍進佔河南地，面對尚稱平穩之劉宋政治環境，其實並未替北魏軍事行動加分。想反地，徐羨之、謝晦、傅亮等人，皆追隨宋武帝在東晉經歷政治鬥爭創建劉宋王朝，三人政治歷練充分且嫻熟官僚體系，另名將檀道濟跟隨宋武帝南征北討，戰功彪炳。故魏明元帝出兵劉宋並非與其決策者宋少帝交鋒，而是當時掌握劉宋軍政大權，宋武帝一手培養出來的舊班底。這批老臣後來見宋少帝「日夜媟狎，羣小慢戲，興造千計，費用萬端，帑藏空虛，人力彈盡。刑罰苛虐，幽囚日增。」〔註64〕遂有另立新君之意，而廢立過程必將掀起政治波瀾，魏明元帝此時南侵就能掌握

〔註62〕《宋書》卷 3〈武帝紀下〉，頁 59。
〔註63〕《宋書》卷 4〈少帝紀〉，頁 63。
〔註64〕《宋書》卷 4〈少帝紀〉，頁 65。

劉宋政治局勢不穩的戰略環境優勢，但這已是戰後之事，北魏早已佔領河南地，魏明元帝那時早已崩逝。

宋少帝即位之初，劉宋政治局勢堪稱穩定，或許也是因北魏即將南侵，劉宋內部團結一致對外，延緩其君臣矛盾之發生，故魏明元帝此時發動南侵，並未享有劉宋內部政治動盪的戰略環境優勢。

綜合上述，魏明元帝入侵劉宋河南地面對之戰略環境，首先是崔浩的反對，但崔浩畢竟是漢臣，政治實力有限，無法改變魏明元帝開戰決定，其他實力派的代人將領，大臣和拓跋宗室，雖未見極力贊成之聲浪，至少沒有反對主張，可見北魏對奪取河南地一事已有基本共識，不會因發動對外戰爭導致內部政治紛爭，此乃利於北魏之處。其次是胡、漢民族的歸附，壯大北魏聲勢進而提升整體國力，更使北魏疆域得以擴展，有利北魏對劉宋邊將及其他少數民族作政治宣傳，爭取他們的歸順，上述二項戰略環境為北魏享有之優勢。至於劣勢部分，北魏時刻面臨柔然及其他北方諸國威脅，尤其是柔然，正是其國力鼎盛之際，若柔然趁北魏南伐大舉南侵，將威脅北魏生存，此為北魏最危險之戰略環境。而西秦、大夏、北燕、北涼等國則不然，基本上他們國力皆不及北魏，欲乘隙出兵威脅北魏生存力有未逮，但騷擾邊疆則游刃有餘，如此一來恐會打亂北魏的作戰規畫，即北魏朝廷尚須分心遣軍平亂，如此將影響軍隊調度與前線戰事進行，此亦是戰略環境不利北魏之處。最後則是劉宋的政治變動，易代之際未發生政治動亂，劉宋內部尚稱穩定，魏明元帝欲享有劉宋內部政治動盪的戰略環境優勢亦不可得。總之，北魏並未擁有極佳之戰略環境，相反地，還須面對其他敵人之威脅，既然戰略環境不利於北魏，魏明元帝在戰略規畫時就必須審慎評估，以維持國家利益為最高原則，並將不利北魏戰略環境之影響降到最低。

二、戰略規畫與作戰經過

422 年（魏泰常七年、宋永初三年）秋九月，魏明元帝「詔假司空奚斤節，都督前鋒諸軍事，為晉兵大將軍、行揚州刺史，交阯侯周幾為宋兵將軍、交州刺史，安固子公孫表為吳兵將軍、廣州刺史，前鋒伐劉義符（宋少帝）。」〔註65〕據上引文可知魏軍的前鋒將領部署，乃以司空奚斤為前鋒總指揮，

〔註65〕《魏書》卷 3〈太宗紀〉，頁 62。

宋兵將軍周幾、吳兵將軍公孫表爲前鋒，率軍南侵劉宋青、兗、司、豫等州。魏明元帝對這場戰事一開始即界定在有限戰爭，並非有一統江南的雄心，從其兵力動員之數目即可明白，「（劉）裕死，子義符僭立。太宗以其禮敬不足，遣山陽公奚斤等率步騎二萬於滑臺渡河南討。」〔註 66〕二萬兵力當然不足以滅劉宋，目的僅想奪取河南地。另魏明元帝因宋少帝「禮敬不足」而興師南討，此爲表面之理由，眞正原因是欲趁宋少帝甫即位，統治根基不穩之際南侵，藉機擴大北魏疆域。

魏明元帝既將進兵河南地定位爲有限戰爭，就不可能發動全面攻勢，故其戰略目標鎖定黃河戰略要地的河南四鎮，自東至西依次爲碻磝〔註 67〕（今山東荏平西南）、滑臺（今河南滑縣東南）、虎牢（今河南泗水縣）、洛陽（今河南洛陽東北），魏明元帝冀望攻下河南四鎮，以取得對劉宋的戰略優勢。其中滑臺與虎牢乃劉裕滅後秦後納入版圖，屬兵家必爭之地，戰略地位重要，魏宋皆欲得之，劉宋得之可進窺中原；北魏據之可減輕來自南方威脅，亦可成爲南伐的前進基地。魏明元帝對河南地勢在必得，必然全力進攻河南四鎮，然而在進攻戰略方面，朝臣間卻產生歧見。

（一）北魏攻城或略地的戰略選擇

北魏南伐的戰略規畫，內部意見不一，主要是攻城或略地的選擇，魏明元帝猶豫不決，遂交付廷議，史載：〔註 68〕

〔註 66〕 《魏書》卷 97〈島夷劉義符傳〉，頁 2134。
〔註 67〕 「元嘉七年（430、魏神䴥三年），（宋文帝）遣到彥之等經略河南，取魏碻磝，所謂河南四鎮之一也，尋復沒於魏。」見〔清〕顧祖禹，《讀史方輿紀要》第二冊（臺北：洪氏出版社，1981 年 1 月）卷 31〈山東二〉，「碻磝城」，頁 1379。碻磝雖列河南四鎮，但其實該城並非在黃河南，而是在黃河北岸，《水經注》：「（碻磝城）其城臨水，西南隅崩於河，後更城之，魏置濟州治此，河水衝其西南隅，又崩於河。」參見〔北魏〕酈道元輯撰：易洪川、李偉汪譯，《水經注》（重慶：重慶出版社，2008 年 6 月）卷 5〈河水〉，頁 89。碻磝位居水陸要津，一直是南北各政權爭奪焦點：「晉永和八年（352），姚弋仲死，子襄率其眾屯碻磝津。太元九年（384）謝元北伐，遣劉牢之據碻磝。十一年慕容垂遣慕容德等攻東阿，濟北太守溫詳遣從弟攀守河南岸，子楷守碻磝以拒之，遣別將蘭汗等於碻磝西四十里濟河，詳等皆南遁。義熙十三年（417、魏泰常二年），劉裕伐秦，引軍入河，以向彌爲北青州刺史留守碻磝。宋永初三年（422、魏泰常七年），魏將周幾等南寇，渡河，軍於碻磝。明年魏人立濟州中城於此。」見前引顧祖禹，《讀史方輿紀要》，頁 1379。
〔註 68〕 《魏書》卷 35〈崔浩傳〉，頁 814。

議於監國之前曰：「先攻城也？先略地也？」（奚）斤曰：「請先攻城。」
（崔）浩曰：「南人長於守城，苻氏攻襄陽，經年不拔。今以大國之
力攻其小城，若不時克，挫損軍勢，敵得徐嚴而來。我怠彼銳，危
道也。不如分軍略地，至淮爲限，列置守宰，收斂租穀。滑臺、虎
牢反在軍北，絕望南救，必沿河東走。若或不然，即是圍中之物。」
奚斤等代人將領力求速戰速決，不欲拉長戰線，故力主攻城，一但攻陷城池，
就能以城池爲據點，逐步控制河南地。崔浩則以漢人觀點出發，他認爲南人
長於守城，應避敵之長，今大軍直接攻城，若短期內無法攻克，戰線拖長會
影響後勤補給，不但不利魏軍且會大挫軍威，故應以略地爲主，遣魏軍四出
至淮河以北，逐步蠶食，並在這些地方設置守宰徵糧收稅，屆時洛陽、滑臺、
虎牢等軍事重鎮即在我軍北面，陷入被包圍的態勢，地位益形孤立，孤立的
結果將無法獲得劉宋援助，如此一來，上述軍事重鎮即爲北魏囊中物，魏軍
可輕易攻陷之。

　　奚斤和崔浩的戰略思維，一爲鯨吞、一爲蠶食。奚斤以鮮卑人慣有的戰
略思想出發，欲發揮騎兵剽悍迅捷的優勢，以迅雷不及掩耳之勢震懾敵人，
長驅直入直接攻城，採鯨吞方式先將城池攻下，建立據點，再藉由城與城之
間連成直線，逐步由線擴散成面，由點而線而面最終併吞河南地。崔浩身爲
漢人，深知漢人以步兵爲主守城的強項，因此主張蠶食，避開易守難攻的城
池，先略地經營。黃淮平原地形遼闊，適合騎兵作戰，可發揮騎兵優勢與戰
力，一但魏軍佔領的面逐漸擴大，將洛陽、滑臺、虎牢等城予以分割即形同
孤城，此時攻城就易如反掌，不致耗損太多魏軍兵士。崔浩的戰略思維堪稱
允當且合宜，魏明元帝亦贊同崔浩略地之戰略思維，且欲以之爲戰爭指導，「劉
裕死，議取河南侵地。太宗以爲掠地至淮，滑臺等三城自然面縛。（公孫）表
固執宜先攻城，太宗從之。」〔註 69〕然而因奚斤、公孫表等將領的堅持，尤
其奚斤統兵作戰經驗豐富，跟隨魏道武帝擊敗後燕，「從破慕容寶於參合。」
〔註 70〕又領軍四處征戰，「從征高車諸部，大破之。又破庫狄、宥連部，徙其
別部諸落於塞南。又進擊侯莫陳部，俘虜獲雜畜十餘萬，至大峨谷，置戍而
還。」〔註 71〕而崔浩僅爲一漢臣，又無實戰經驗，兩相權衡之下，魏明元帝

〔註 69〕《魏書》卷 33〈公孫表傳〉，頁 783。
〔註 70〕《魏書》卷 29〈奚斤傳〉，頁 697。
〔註 71〕《魏書》卷 29〈奚斤傳〉，頁 697。

最終採用奚斤攻城的作戰方式。

（二）滑臺之戰

劉宋對虎牢的重視程度勝於滑臺，虎牢由司州刺史毛德祖率重兵駐守，東面的滑臺守將乃東郡太守王景度，兵力較少。北魏盱衡情勢，決定先易後難，準備先攻滑臺。奚斤於 422 年（魏泰常七年、宋永初三年）十月「領步騎二萬餘人，於滑臺西南東燕縣界石濟南渡。」〔註72〕率魏軍猛「攻滑臺，不拔，求濟師。太宗怒其不先略地，切責之。」〔註73〕正如崔浩所料，宋軍發揮守城優勢，奚斤久攻不下，魏明元帝大怒，「議親南討，為其聲援。」〔註74〕

在魏明元帝親自督戰的壓力下，奚斤向滑臺發動全面性的猛烈攻勢，王景度漸感不支，遂向虎牢毛德祖求援，毛德祖「遣司馬翟廣率參軍龐諮、上黨太守劉談之等步騎三千拒之。」〔註75〕但三千精兵仍不敵魏軍的優勢兵力，毛德祖續遣水陸軍赴援：〔註76〕

> 德祖以滑臺戍人少，使翟廣募軍中壯士，遣寧遠將軍劉芳之率領，助景度守。芳之將八十餘人，突得入城。德祖又遣討虜將軍、弘農太守竇應明領五百人，建武將軍竇霸領二百五十人，並以水軍相繼發，咸受翟廣節度。

然而雙方兵力太過懸殊，奚斤所率魏軍達二萬餘眾，滑臺守軍不過三千，加上毛德祖所遣援軍，總和不過四千人左右，估計不超過五千人。魏軍和滑臺宋軍兵力對比約為四比一或五比一之間，由於兵力差距太大，滑臺失陷恐是遲早之事。「十一月，虜（魏軍）悉力攻滑臺城，城東北崩壞，王景度出奔，景度司馬陽瓚堅守不動，眾潰，抗節不降，為虜所殺。」〔註77〕滑臺自 416 年（魏泰常元年、晉義熙十二年）九月遭劉裕北伐後秦途中佔領後，北魏上下無時不以收復滑臺為念，終於在六年後，由奚斤於 422 年（魏泰常七年、宋永初三年）十一月收復。魏明元帝「詔成皋侯元苟兒為兗州刺史，鎮滑臺。」〔註78〕標誌滑臺再度為北魏領土。

〔註72〕《宋書》卷95〈索虜傳〉，頁 2323。
〔註73〕《魏書》卷29〈奚斤傳〉，頁 698。
〔註74〕《魏書》卷3〈太宗紀〉，頁 62。
〔註75〕《宋書》卷95〈索虜傳〉，頁 2323。
〔註76〕《宋書》卷95〈索虜傳〉，頁 2323。
〔註77〕《宋書》卷95〈索虜傳〉，頁 2323。
〔註78〕《魏書》卷3〈太宗紀〉，頁 62。

（三）虎牢之戰

魏軍進佔滑臺後，魏明元帝大膽採用東西雙線並擊之戰略，決定於十二月開闢東戰場，遣叔孫建、娥清等將渡河，進攻碻磝，經略青州、兗州。〔註79〕由於北魏擴大戰場，使魏宋河南地戰爭分成東、西二個戰場，不過主戰場在西線，以滑臺、虎牢、洛陽為主的河南地域。東線魏軍之戰略目的除進攻青州、兗州等地拓展疆域外，最重要者，乃為西線魏軍進攻虎牢等地的攻擊行動提供配合與支援，其具體作為，即是牽制劉宋東部青州、兗州等地宋軍，令劉宋朝廷無法抽調該區域宋軍馳援虎牢。此外，並吸引其他赴援虎牢的宋軍至東戰場，使西線魏軍能全力進攻虎牢，不致受到劉宋援軍的掣肘。

毛德祖清楚瞭解魏軍攻克滑臺後，下一個戰略目標即是虎牢，除積極加強虎牢城之防禦戰備外，更設立外圍據點，於虎牢東面土樓佈防：〔註80〕

> 義符（宋少帝）虎牢守將毛德祖遣其司馬翟廣、將軍姚勇錯、竇霸等率五千人據土樓以拒（奚）斤，斤進擊，破之。廣等單馬走免，盡殪其眾，斤長驅至虎牢。

土樓遭遇戰宋軍一觸擊潰，魏軍進逼虎牢，虎牢攻防戰於焉展開。奚斤乘勝移師虎牢，欲一股作氣攻下虎牢，卻遭遇毛德祖頑強抵抗，《宋書·索虜傳》：〔註81〕

> 虜乘勝遂至虎牢，德祖出步騎欲擊之，虜退屯土樓，又退還滑臺。
> 長安、魏昌、藍田三縣民居在虎牢下，德祖皆使入城。虜別遣黑稍公（于栗磾）率三千人至河陽，欲南渡取金墉。

魏軍進攻虎牢並不順利，奚斤等將認為進攻虎牢會如進攻滑臺般容易，虎牢守軍同樣會震懾於魏軍聲勢，北魏大軍將以雷霆萬鈞之勢攻陷虎牢，但北魏諸將忽略二個重要因素，其一：劉宋虎牢、滑臺守軍兵力不同。奚斤率領二萬魏軍進攻滑臺，而滑臺守備兵力前言已述約四至五千人，故滑臺面對至少四倍以上的魏軍，守城兵力不足實無法抵禦魏軍攻勢，以致奚斤能輕易攻陷滑臺。虎牢則不然，雖史未載述虎牢宋軍數目，但估計應在一至二萬人之間。由毛德祖遣其司馬翟廣率五千人至土樓佈防分析，毛德祖首要任務在堅守虎牢，先遣部分宋軍至東面土樓應戰，其目的在先消耗魏軍戰力，避免虎牢直

〔註79〕參見《資治通鑑》卷119〈宋紀一〉，武帝永初三年，頁3750。
〔註80〕《魏書》卷29〈奚斤傳〉，頁698～699。
〔註81〕《宋書》卷95〈索虜傳〉，頁2324。

接承受北魏大軍攻擊，藉以增加虎牢的防禦縱深，故毛德祖不可能將虎牢全部兵力派往土樓，若遣一半兵力前往土樓，則虎牢防禦力量太弱，因此毛德最適宜之兵力調配，乃分三分之一或四分之一兵力至土樓作為前哨，其中應以三分之一可能性最大，以此推估虎牢宋軍至少一萬、至多不超過二萬，合理估計應在一萬五千左右。其二：南人以步兵為主長於守城，北人掌握騎兵優勢長於野戰，奚斤能順利攻佔滑臺，乃攻守兵力太過懸殊之故，現虎牢守軍和進攻的魏軍相差不過數千，不善攻城的魏軍，要攻陷兵力略少或相同的虎牢宋軍，是極其困難的，一旦攻守兵力約略相當，南人即能發揮守城之長，毛德祖固守虎牢即是一例。此外，毛德祖還不斷加強虎牢防禦力量，如上述引文所載，他將長安、魏昌、藍田三縣百姓遷入城中，如此一來，就能征發壯丁助守虎牢，使先前派往滑臺及土樓之役耗損的宋軍得以補充。

　　魏軍多次發動對虎牢的進攻，但都被毛德祖及其部將翟廣、竇晃、楊毅等率軍擊退，《宋書·索虜傳》載：〔註82〕

> 十二月，虜置守於洛川小壘，德祖遣翟廣馳往擊之，虜退走。廣安
> 立守防，修治城塢，復還虎牢。……黑矟公遣長史將千人逼竇晃、
> 楊毅，晃等逆擊，禽之，生獲二百人。……鄭兵與公孫表及宋兵將
> 軍、交州刺史交阯侯普幾萬五千騎，復向虎牢，於城東南五里結營，
> 分步騎自成皋開向虎牢外郭西門，德祖逆擊，殺傷百餘人，虜退還
> 保營。

魏軍屢戰屢敗，以魏明元帝為中心的魏軍大本營，遂決定改變戰略，用崔浩略地的作戰方式，遣于栗磾等諸將分兵略取鄰近洛陽、金墉、許昌等地，孤立虎牢再合兵圍之。洛陽雖為西晉舊都，但因戰亂殘破不堪，加上無險可守，劉宋河南太守王涓之只能率軍守在東北面之金墉。于栗磾率魏軍渡河後直攻金墉，駐守金墉的宋軍大敗，423 年（魏泰常八年、宋景平元年）正月，王涓之無力抵抗遂棄城出逃，于栗磾順利攻佔金墉：〔註83〕

> 奚斤之征虎牢也，栗磾別率所部攻（司馬）德宗河南太守王涓之於
> 金墉，涓之棄城遁走。遷豫州刺史，將軍如故，進爵新安侯。

〔註82〕《宋書》卷 95〈索虜傳〉，頁 2324。
〔註83〕《魏書》卷 31〈于栗磾傳〉，頁 736。另引文稱王涓之為晉安帝司馬德宗河南
　　　　太守有誤，此時早已改朝換代，應為宋少帝劉義符，故德宗二字改為義符始
　　　　能符合史實。

金墉陷魏，無險可守的洛陽隨後亦遭魏軍佔領。如同在攻陷滑臺後迅速派任行政長官，魏明元帝隨即以于栗磾爲豫州刺史，鎮守洛陽，代表北魏急欲在新佔領區行使主權，盡早控制該區域，而于栗磾也爲洛陽的復原工作做出積極貢獻。魏軍再下洛陽、金墉兩重鎮，北魏西線戰略目標僅剩虎牢，而虎牢失卻西面屏障，地位更形孤立，魏軍對虎牢的圍城行動亦愈見緊密。

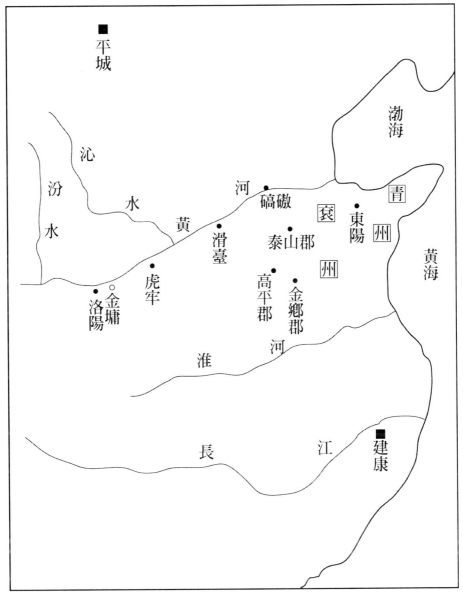

圖六：河南地之戰相關形勢圖

（四）魏軍經略青州、兗州

魏明元帝自 422 年（魏泰常七年、宋永初三年）十二月開闢東戰場後，進展順利，很快佔領青、兗二州大片土地與城戍。東線魏軍分二路、二個方向出擊，叔孫建向東進攻青州，《魏書·叔孫建傳》：「除使持節、都督前鋒諸軍事、楚兵將軍、徐州刺史，率眾自平原濟河，徇下青兗諸郡。」〔註84〕中領軍娥清、期思侯閭大肥、宋兵將軍周幾等將則往南進擊兗州。由引文中叔孫建「除使持節、都督前鋒諸軍事，……徇下青兗諸郡。」觀之，他應是東線魏軍總指揮，進攻兗州的娥清等將領，須受其節制，這從後面所述二人統領魏軍兵力差距極大，叔孫建率六萬魏軍、娥清兵力七千，再次得到驗證。

關於娥清對兗州的經略，他率軍從碻磝津渡過黃河南下，「虜將安平公鵝青（娥清）二軍七千人南渡，於碻磝東下。」〔註85〕碻磝位於黃河岸，據《魏書·地形志》載：「濟州，治濟北碻磝城。泰常八年置。」〔註86〕可見東線魏軍在十二月攻陷碻磝後，北魏隨即在次年（423、魏泰常八年、宋景平元年）設為濟州治所。兗州一路以略地為主，故能發揮騎兵優勢，由於魏軍鐵騎攻勢凌厲，劉宋「兗州刺史徐琰委軍鎮走，於是泰山諸郡並失守。」〔註87〕徐琰南逃彭城，兗州大部入魏。其中高平郡民對魏軍進行抵抗，遭到娥清強力鎮壓，不少高平郡民慘遭魏軍殺害。之後閭大肥在經略高平郡所轄五縣時，同樣採高壓殘酷的殺戮措施，「虜悅勃大肥（閭大肥）率三千餘騎，破高平郡所統高平、方與、任城、金鄉、亢父等五縣，殺略二千餘家，殺其男子，驅虜女弱。」〔註88〕娥清、閭大肥對宋人的殘酷鎮壓，與之後魏孝文帝南伐時，約束軍紀令魏軍秋毫無犯，甚至放還遭俘之南朝軍民，實有天壤之別，同時也說明在北魏初期，魏軍尚未褪去部落聯盟時期對敵人血腥殺戮之舊習。

青州部分，叔孫建「東擊青州，所向城邑皆奔走。」〔註89〕魏軍發揮騎兵優勢，一路攻城掠地，並未遭到宋軍太多抵抗，叔孫建遂入臨淄（今山東淄博東北），與此同時，魏軍獲得多股力量加入，「司馬愛（受）之、秀（季）之先聚黨於濟東，皆率眾降。（叔孫）建入臨淄。劉義符前東牟太守清河張

〔註84〕《魏書》卷 29〈叔孫建傳〉，頁 704。
〔註85〕《宋書》卷 95〈索虜傳〉，頁 2324。
〔註86〕《魏書》卷 106 中〈地形志中〉，頁 2528。
〔註87〕《宋書》卷 95〈索虜傳〉，頁 2324。
〔註88〕《宋書》卷 95〈索虜傳〉，頁 2327。
〔註89〕《宋書》卷 95〈索虜傳〉，頁 2325。

幸先匿孤山，建至，率二千人迎建於女水。」〔註90〕叔孫建佔領青州多座城戍後，乘勝追擊挺進青州治所東陽（今山東青州）。劉宋青州刺史竺夔見魏軍來勢洶洶，乃積極部署東陽保衛戰，並遣使向劉宋朝廷告急，同時堅避清野：〔註91〕

> 冠軍將軍、青州刺史竺夔鎮東陽城，聞虜將至，斂眾固守。龍驤將軍、濟南太守垣苗率二府郡文武奔就夔。夔與將士盟誓，居民不入城者，使移就山阻，燒除禾稼，令虜至無所資。

魏明元帝對進攻青州至表重視，以六萬大軍投入青州戰場，叔孫建遂得以優勢兵力，對東陽城發動猛烈攻勢，然竺夔率東陽軍民固守待援，多次擊退魏軍攻勢，史載：〔註92〕

> 虜（魏軍）眾向青州，前後濟河凡六萬騎。（423、魏泰常八年、宋景平元年）三月，三萬騎前追脅。城內……人情駭懼。竺夔夜遣司馬車宗領五百人出城掩擊，虜眾披退。間二日，虜步騎悉至，繞城四圍，列陣十餘里，至晡退還安水結營，去城二十里，大治攻具，日日分步騎常來逼城。夔夜使殿中將軍竺宗之、參軍賈元龍等領百人，於楊水口兩岸設伏。虜將阿伏斤領三百人晨渡水，兩岸伏發，虜騎四迸，殺傷數十人，梟阿伏斤首。

青齊之地位居南北要衝，瀕臨河淮之間，戰略地位重要，劉宋據之，可以之為前線抵禦北魏入侵；反之，北魏佔之，可為南伐前進基地，有利魏軍的後勤補給，然如此一來則對劉宋國防安全產生極大之威脅。魏明元帝開闢東戰場之戰略目的，在於牽制劉宋對虎牢方面的支援，但由於叔孫建、娥清等將進攻青、兗二州堪稱順利，故魏明元帝不斷增派援軍達六萬之眾，已超越奚斤圍攻虎牢的二萬，其目的即欲一鼓作氣佔領青齊之地，為北魏與劉宋的南北對抗創造有利條件，此為魏明元帝經略青州、兗州之戰略思維。

　　劉宋朝廷的救援行動似乎有些遲緩，見東陽、虎牢戰況危急，始調軍馳援。當時南兗州刺史檀道濟領軍駐紮南兗州（今江蘇長江北岸一帶）、徐州

〔註90〕《魏書》卷29〈叔孫建傳〉，頁704。關於司馬愛之、司馬秀之姓名有二種不同記載，《魏書》卷29〈叔孫建傳〉，頁704，作司馬受之、司馬秀之。同書卷3〈太宗紀〉，頁62，作司馬愛之、司馬秀之。《資治通鑑》卷119〈宋紀一〉，武帝永初三年，頁3751，作司馬愛之、司馬季之。
〔註91〕《宋書》卷95〈索虜傳〉，頁2325。
〔註92〕《宋書》卷95〈索虜傳〉，頁2325。

刺史王仲德屯兵湖陸（今山東魚台東南），遂急命二人率軍救援，「檀道濟至彭城，以青、司二州並急，而所領不多，不足分赴，青州道近，竺夔兵弱，先救青州。」〔註93〕檀道濟決定先救東陽，代表司州虎牢方面已被放棄。東陽在魏軍源源不絕的攻勢下，起初靠著堅固的防禦工事尚能支撐，但時日一久漸感不支，魏軍和東陽城守軍攻防激烈，《宋書·索虜傳》：〔註94〕

> 竺夔遣人出城作東西南塹，虜於城北三百餘步鑿長圍，夔遣參軍閭茂等領善射五十人，依牆射虜，虜騎數百馳來圍牆，牆內納射，固牆死戰。虜下馬步進，短兵接，城上弓弩俱發，虜乃披散。虜遂填外塹，引高樓四所，蝦蟆車二十乘，置長圍內。夔先鑿城北作三地道，令通外塹，復鑿裏塹，內去城二丈作子塹，遣三百餘人出地道，欲燒虜攻具。時回風轉熻，火不得燃，虜兵矢橫下，士卒多傷，斂眾還入。虜填三塹盡平，唯餘子塹，蝦蟆車所不及。虜以橦攻城，夔募人力，於城上係大磨石堆之，又出於子塹中，用大麻絚張骨骨，攻車近城，從地道中多人力挽令折。虜復於城南掘長圍，進攻逾急。夔能持重，垣苗有膽幹，故能堅守移時。然被攻日久，城轉毀壞，戰士多死傷，餘眾困乏，旦暮且陷，

正當東陽將遭魏軍攻陷之際，檀道濟、王仲德援軍趕到，「四月壬申，虜聞道濟將至，焚燒器械，棄青州走。」〔註95〕由於時序已進入夏季，魏軍多為北方之人，不適南方暑熱氣候，故多染疾病，叔孫建衡量敵我情勢：「兵人疫病過半，若相持不休，兵自死盡，何須復戰！今全軍而返，計之上也。」〔註96〕如持續進攻東陽，因劉宋援軍已至，防禦力量增強，且魏軍兵士患疾疫者漸多，日後病死者恐較戰死者眾，故決定撤軍。叔孫建為保存實力於423年（魏泰常八年、宋景平元年）四月，自動撤軍轉向西線，與西線魏軍合軍圍攻虎牢。至於劉宋援軍的反應，「檀道濟、王仲德步軍乏糧，追虜不及。」〔註97〕由此證明前述檀道濟選擇援救東陽，放棄虎牢之觀點正確，檀道濟欲先援東陽，解圍後再救虎牢，卻因軍糧缺乏追擊叔孫建已不可行，遑論救援虎牢，虎牢陷落已是早晚之事。

〔註93〕《宋書》卷95〈索虜傳〉，頁2326。
〔註94〕《宋書》卷95〈索虜傳〉，頁2326～2327。
〔註95〕《宋書》卷95〈索虜傳〉，頁2327。
〔註96〕《資治通鑑》卷119〈宋紀一〉，營陽王景平元年，頁3756。
〔註97〕《宋書》卷95〈索虜傳〉，頁2327。

（五）虎牢陷魏

虎牢在劉宋司州刺史毛德祖堅守下，軍民團結無間，奚斤、公孫表等魏將久攻不下，甚至還常遭到宋軍襲擊：〔註98〕

> 德祖於城內穴地，入七丈，二道，出城外，又分作六道，出虜陣後。
> 募敢死之士四百人，參軍范道基率二百人爲前驅，參軍郭王符、劉
> 規等以二百人爲後係，出賊圍外，掩襲其後，虜陣擾亂，斬首數百
> 級，焚燒攻具。虜雖退散，隨復更合。

魏明元帝於 423 年（魏泰常八年、宋景平元年）正月丙辰抵達鄴城督戰，見虎牢攻勢進展極不順利，與進攻滑臺、金墉、洛陽相比，顯得異常艱苦。不過虎牢經魏軍多次攻擊，防禦力量大爲減弱，魏明元帝決定增援虎牢：〔註99〕

> 嗣（魏明元帝拓跋嗣）自鄴遣兵益虎牢，增圍急攻。……嗣又遣并
> 州刺史伊樓拔（樓伏連）助鄭兵（指奚斤，魏明元帝封奚斤爲鄭兵
> 將軍）攻虎牢。

西線魏軍獲得增援後，攻勢更加猛烈，虎牢宋軍遭受損耗也愈來愈嚴重，《宋書・索虜傳》載：〔註100〕

> 德祖勁兵戰死殆盡，而虜增兵轉多。虜撞外城，德祖於內更築三重，
> 仍舊爲四，賊撞三城已毀，德祖唯保一城，夜相拒，將士眼皆生創，
> 死者太半。德祖恩德素結，衆無離心。

奚斤擔心時日一久，虎牢若得到劉宋朝廷援助，恐將前功盡棄，於是在三月時親率三千騎兵繞過虎牢，進攻東南面的許昌，劉宋許昌守將穎川太守李元德，不敵魏軍攻勢棄城敗走，此時虎牢已成眞正的孤城。

毛德祖智勇雙全，不僅屢屢讓魏軍攻城無功，更進行諜報戰，用反間計殺了北魏大將公孫表，據《宋書・索虜傳》載：〔註101〕

> 德祖昔在北，與虜將公孫表有舊，表有權略，德祖患之，乃與交通
> 音問，密遣人說鄭兵，雲表與之連謀，每答表書，輒多所治定。表
> 以書示鄭兵，鄭兵倍疑之，言於（拓跋）嗣，誅表。

毛德祖爲「滎陽陽武人，晉末自鄉里南歸。」〔註102〕早年在北方時與公孫

〔註98〕《宋書》卷 95〈索虜傳〉，頁 2325。
〔註99〕《宋書》卷 95〈索虜傳〉，頁 2326～2327。
〔註100〕《宋書》卷 95〈索虜傳〉，頁 2328。
〔註101〕《宋書》卷 95〈索虜傳〉，頁 2328。
〔註102〕《宋書》卷 95〈索虜傳〉，頁 2329。

表有舊誼。當時北魏內部亦有人對公孫表不滿，遂趁機向魏明元帝進讒言：「始昌子蘇坦、太史令王亮奏（公孫）表置軍虎牢東，不得利便之地，故令賊不時滅。」〔註103〕魏明元帝受讒言所惑，未謹慎思考即決定殺公孫表，「乃使人夜就帳中縊而殺之，時年六十四。太宗以賊未退，祕而不宣。」〔註104〕毛德祖本想製造魏軍矛盾，藉機突出重圍，但魏軍內部並未造成分裂。

魏明元帝於「夏四月丁卯，幸成皋城，觀虎牢。」〔註105〕北魏君王蒞臨虎牢最前線，大大鼓舞魏軍士氣，另叔孫建率領的東線魏軍也在四月加入圍攻虎牢行列，振奮魏軍鬥志。而魏明元帝下達阻斷虎牢城內水源的命令，成為壓垮毛德祖的最後一根稻草，「城內乏水，懸緪汲河。（魏明元）帝令連艦上施轒轀，絕其汲路，又穿地道以奪其井。」〔註106〕被圍二百餘天的虎牢，在得不到劉宋朝廷援助下，終於在閏四月己未遭魏軍攻陷，史載：〔註107〕

> 二十一日，虜作地道偷城內井，井深四十丈，山勢峻峭，不可得防。
> 至其月二十三日，人馬渴乏飢疫，體皆乾燥，被創者不復出血。虜因急攻，遂剋虎牢，自德祖及翟廣、竇霸，凡諸將佐及郡守在城內者，皆見囚執。

虎牢之戰對劉宋而言乃極為艱苦的防守戰，毛德祖戮力固守達半年之久，魏明元帝敬重其固守之節，「勒眾軍生致之，故得不死。」〔註108〕毛德祖雖成為俘虜，但沒有受到太多刁難，六年後死於北魏，「太祖（宋文帝）元嘉六年（429、魏神麚二年），死於虜中，時年六十五。」〔註109〕此役雙方均蒙受巨大損失，劉宋雖失城陷地，但魏軍不習慣南方炎熱氣候，「魏士卒疫死者亦什二三。」〔註110〕魏宋初次戰爭魏軍即受制於氣候死了不少兵士，這樣的結果使北魏嚴肅看待氣候因素，影響爾後北魏君王進行南伐軍事行動時，戰事盡可能在夏季來臨前結束，避免魏軍被炎熱氣候及疾疫所苦，同時也避免夏季河水暴漲影響魏軍攻勢。

魏明元帝發動的河南地戰爭，是北魏第一次對劉宋的大規模戰爭，劉宋喪

〔註103〕《魏書》卷33〈公孫表傳〉，頁783。
〔註104〕《魏書》卷33〈公孫表傳〉，頁783。
〔註105〕《魏書》卷3〈太宗紀〉，頁63。
〔註106〕《魏書》卷3〈太宗紀〉，頁63。
〔註107〕《宋書》卷95〈索虜傳〉，頁2328。
〔註108〕《宋書》卷95〈索虜傳〉，頁2328。
〔註109〕《宋書》卷95〈索虜傳〉，頁2329。
〔註110〕《資治通鑑》卷119〈宋紀一〉，營陽王景平元年，頁3758。

失黃河以南洛陽、虎牢、滑臺、碻磝等戰略重鎮，同時司州、兗州、豫州大部及青州小部皆入北魏版圖，北魏勢力一舉跨過黃河，疆域擴展至黃河以南，北魏雖獲致不錯的勝果，卻也付出極大代價，因疾疫和戰爭損失了三成兵力，為了盡速彌補戰爭的損耗，魏明元帝對河南地頗為用心經營，州刺史都經過特別選派，如以于栗磾為豫州刺史經營洛陽，「洛陽雖歷代所都，久為邊裔，城闕蕭條，野無煙火。栗磾刊闢榛荒，勞來安集。德刑既設，甚得百姓之心。」〔註111〕對照劉宋治下時洛陽的「城闕蕭條，野無煙火。」〔註112〕可見北魏君臣對新佔領區的重視。

三、戰爭檢討

　　魏宋河南地之役以魏勝宋敗結束，北魏取得輝煌勝果，疆域跨越黃河，而劉宋則以慘敗收場，失去河南地區及青州、兗州大部分領土。蓋二國交戰，必有一方勝出，然劉宋初年，正值開國強盛時期，依中國朝代而論，大凡每一朝開國之君，多為英雄不凡人物，始能開拓一嶄新王朝，故開國之初國力最強，何以劉宋大敗於北魏？北魏所處華北地區，其外部威脅遠超過劉宋，如柔然及北方諸國，何以北魏能勝出？試就北魏、劉宋勝敗之因，分析如下。

（一）北魏正確合宜且通權達變之戰略

1、局部戰爭定位明確

　　魏明元帝初始即界定本次軍事行動為侵略領土的有限戰爭，而非全面性的滅宋之戰，其因在於北魏所處之戰略環境極為嚴峻，除北方大敵柔然虎視眈眈外，西秦、北燕、大夏、北涼等北方諸國環伺北魏周圍，雖北魏實力大於這些國家，卻不得不防。若北魏傾全國之力發動滅宋戰爭，一旦柔然大舉侵犯，北魏或將遭致滅亡危機，而前述北方諸國若趁機入寇魏邊，將令魏明元帝前線、後防間疲於奔命，雖云這些國家國小力弱，但不可率爾否定其可能性，至於和北魏宿有世仇之大夏，侵魏機率最高。此時北魏尚未統一北方，後顧之憂甚多，滅宋時機並未成熟，故發動大規模的滅宋戰爭實不利北魏。劉宋新立，正是開國的強盛期，且宋武帝以軍功起家，他打下的基礎雄厚，劉宋軍隊戰力堅強，未有十足把握實不宜滅宋，故打一場有限的局部戰爭，

〔註111〕《魏書》卷31〈于栗磾傳〉，頁736。
〔註112〕《魏書》卷31〈于栗磾傳〉，頁736。

以拓展疆域爲主，獲致勝果即撤軍，乃正確之戰略規畫。

2、攻城、略地戰略交互運用

對戰爭指導者來說，須根據敵我雙方力量的消長對比，並針對不斷變化的戰略態勢，採取靈活機動的方法，才能取得戰爭的勝利。魏明元帝在攻城與略地的戰略規畫中，雖否崔浩之意而採奚斤之見，但在滑臺攻城遭遇挫敗時，魏明元帝已清楚明白，南人守城確有其所長，北魏採攻城戰略勢必付出高昂代價，遂開始省思崔浩之戰略思維，故當魏明元帝親臨前線聲援時，令崔浩「隨軍爲謀主。」〔註113〕此舉表明魏明元帝準備調整戰略，崔浩的略地戰略將獲得採用，其證明表現在魏明元帝開闢東戰場時，以略地青州爲主，當東陽城久攻不下時，隨即撤軍，不再對其猛攻，避免造成更大損失。另外在西戰場攻虎牢時，也改採略地的作戰方式，先將虎牢周圍諸城成佔領，以面包圍點，就結果而言相當成功。魏明元帝根據戰場變化，不拘泥原有戰略，適時根據戰場環境調整原有之戰略，「權變」的結果帶來勝利，若未適時改變戰略，一味攻城的結果，魏軍的犧牲將更大，能否獲得勝利還未可知。

3、東戰場之開闢

魏明元帝開闢東戰場之目的在向青齊地域擴展戰略縱深，配合西線魏軍進攻虎牢，對劉宋治下的青州、兗州施加軍事壓力，牽制該區域之宋軍，使其無法他調援助虎牢等地。同時，二個戰場的軍事存在，也令劉宋朝廷派遣援軍時，將面對救援何者爲先的戰略選擇。而檀道濟、王仲德的救援行動，劉宋中央並未給予太多軍隊，以致援軍無法同時增援東、西戰場，在東陽、虎牢均遭魏軍圍攻情況下，檀道濟只能以有限兵力先援助一處，遂不得不做出先赴援東陽的痛苦決定。檀道濟評估西戰場的虎牢，兵力較東陽多，應可堅守至劉宋朝廷再遣軍馳援，或是等自己率援軍先擊退東陽魏軍後，再移師救虎牢。惜檀道濟這二項戰略規畫皆無法付諸實施，劉宋朝廷並未持續遣軍增援虎牢，而檀道濟在東線魏軍解東陽之圍離去後，本想利用東陽城糧食移師救虎牢，因檀道濟爲爭取救援時效從其駐地南兗州出發時，所攜糧食不多，欲救援虎牢，需靠地方州郡供應軍糧，然青州、兗州大部分地區已遭魏軍攻佔，東陽城遭魏軍圍困多時，「城內無食。」〔註114〕以致檀道濟未能獲得糧食供應，無法西援虎牢，最終造成虎牢陷魏之結果。

〔註113〕《魏書》卷35〈崔浩傳〉，頁814。
〔註114〕《宋書》卷43〈檀道濟傳〉，頁1342。

　　造成檀道濟陷入戰略困境者，乃魏明元帝開闢東戰場牽制東部宋軍之戰略規畫成功。當劉宋朝廷目光都聚焦在滑臺、虎牢等河南地時，魏明元帝發動進攻青兗之地的戰役，打亂劉宋朝廷原本之援救虎牢計畫，或許劉宋朝廷亦有抽調青、兗二州州軍馳援虎牢之構想，卻因魏明元帝開闢東戰場而不可得，也使檀道濟面對二地烽火無法兼顧，必須放棄一處，選擇一處救援，不論檀道濟放棄何處，虎牢亦或東陽，其結果皆利於北魏。棄虎牢救東陽，北魏必全力攻陷虎牢、洛陽、金墉等河南戰略重鎮，尤其漢魏故都洛陽淪陷北魏，對劉宋漢人精神乃一大打擊，也標誌宋武帝北伐成果完全失去，劉宋政府在黃河流域的行政存在已徹底消失。反之，棄東陽救虎牢，北魏同樣全力進攻東陽，在已佔領青州、兗州大部之背景下，將可擴大佔領區，經略青齊濱海之地。檀道濟在兩難之間選擇救東陽，其結果亦如北魏所料，虎牢等河南重鎮為魏軍所攻佔，試想，若魏明元帝未開闢東戰場，檀道濟必率援軍直撲虎牢而來，檀道濟乃劉宋名將，隨宋武帝南征北討，戰功彪炳名重當時，「時以比張飛、關羽。」〔註 115〕虎牢內有毛德祖堅守，外有檀道濟援軍，魏軍面對宋軍內外夾擊，將有一番激烈爭戰，恐導致大量傷亡，即便最終能攻克虎牢，必然付出不少代價，由此可凸顯魏明元帝開闢東戰場戰略之正確及其對北魏之貢獻。

（二）強化北方國防遏止柔然入侵

　　從部落聯盟時期開始，柔然一直是北魏的北方大患，雙方征戰不休，魏道武帝、明元帝二朝柔然勢盛，故魏明元帝南侵的軍事行動，必須顧慮柔然此戰略因素。魏明元帝原本戰略規畫乃以奚斤等將奪河南地，他判斷應可順利完成任務不需御駕親征，不料奚斤久攻滑臺不下，魏明元帝才親自率軍為其聲援。魏明元帝離開平城（今山西大同）時，已顧慮到柔然或趁北魏南伐之際大舉南侵，故令太子拓跋燾備禦柔然，「泰平王（拓跋燾）親統六軍出鎮塞上。」〔註 116〕正如魏明元帝所料，423 年（魏泰常八年、宋景平元年）正月，正當東、西二路魏軍攻青州及圍虎牢戰事進行的如火如荼之際，「蠕蠕犯塞。」〔註 117〕幸而北魏有備，太子拓跋燾率魏軍嚴陣以待，柔然見北魏已做好備戰措施，在戰術性騷擾後即撤軍，未有進一步進犯行動，不致牽制南伐

〔註 115〕《宋書》卷 43〈檀道濟傳〉，頁 1344。
〔註 116〕《魏書》卷 3〈太宗紀〉，頁 62。
〔註 117〕《魏書》卷 3〈太宗紀〉，頁 63。

魏軍的行動。北魏也從此時起，「築長城於長川之南，起自赤城，西至五原，延袤二千餘里，備置戍衛。」〔註118〕魏明元帝南侵劉宋限定在有限戰爭，其目的在佔領土地，故戰場僅規畫在河南地，並未考慮乘勝跨越淮河、甚至長江，最重要原因即是慮及柔然的攻擊，一旦北魏和柔然爆發戰爭，魏明元帝勢必遣軍迎戰，如此將使他無法專注河南地戰事，影響南方戰事進程。

魏明元帝在攻佔虎牢後即罷兵，結束河南地之軍事行動，並未揮軍南下續攻淮河流域或往東向青齊濱海地區進軍，按理滑臺、洛陽、虎牢、碻磝已陷，若欲擴張勝果，應繼續進攻徐州或攻下青州全境，但魏明元帝顧慮柔然已寇魏邊，此次出兵既已獲取不錯勝果，即應及早班師，以便因應柔然無法捉摸的入侵行動。北魏發動河南地戰爭面對的戰略環境，因柔然之威脅並未具有優勢，故戰略規畫須將柔然入侵之因素納入考量，而魏明元帝也確實為之，對劉宋戰爭設定為區域性的有限戰爭，戰事不宜過長，避免柔然南侵使北魏陷入兩面作戰困境，故虎牢之戰後隨即班師北返。

魏明元帝確實將戰事控制在一定範圍內，從戰爭時程觀之，422年（魏泰常七年、宋永初三年）九月興師南伐，十月，都督前鋒諸軍事的奚斤「領步騎二萬餘人，於滑臺西南東燕縣界石濟南渡。」〔註119〕開始對劉宋展開攻勢，至次年閏四月，「虜既剋虎牢，留兵居守，餘眾悉北歸。」〔註120〕北魏從開始作戰到停止軍事行動計八個月，避免戰事超過一年成為持久戰，給予柔然可乘之機。

（三）魏明元帝速戰速決的戰略思維

魏明元帝基於柔然威脅與後勤補給不易二大因素，河南地之戰不宜成為持久戰，若虎牢久戰不下，戰事超過一年，容易引起柔然趁機南侵。至於後勤補給不易之因素，則是北魏在黃河南岸原無任何據點，且新佔領區行政統治尚未落實，徵糧供魏軍所用，恐非易事，因此魏軍糧食都從北魏境內運過黃河供應，運輸頗為不易，故魏明元帝對河南地之戰早已設定為速戰速決戰爭，他心裡設定的戰爭期限，應在半年左右，約在三月份結束。除上述二因素外，進入四月之後的夏季，降雨及河水暴漲等因素會遲滯魏軍行動，連帶使戰事延長，這亦是三月結束戰爭的另一重大考量。

〔註118〕《魏書》卷3〈太宗紀〉，頁63。
〔註119〕《宋書》卷95〈索虜傳〉，頁2323。
〔註120〕《宋書》卷95〈索虜傳〉，頁2329。

　　從種種跡象顯示，魏明元帝不願戰爭擴大，也不願戰事延長，其一：奚斥久攻滑臺不下，魏明元帝大怒，於是御駕親征爲其聲援，他擔心的是，第一個戰略目標遲遲未能攻陷，後面的虎牢等城戍豈非更難攻陷，如此戰事必將延長，對北魏至爲不利。其二：開闢東戰場掩護奚斥圍攻虎牢時，魏明元帝在東戰場源源不斷投入兵力達六萬之眾，其目的則是希望營造北魏大軍聲勢，儘速攻陷青州、兗州，他不願以少量兵力和宋軍進行城戍攻防戰，以免陷入攻城戰泥沼。青兗各地宋軍見魏軍聲勢浩大，紛紛潰逃，而魏軍在進攻青州治所東陽時遇到瓶頸，但魏明元帝毫不戀戰，他見檀道濟所率劉宋援軍即將到來，立即命叔孫建率東線魏軍撤離東陽城，轉進虎牢，協助西線魏軍圍城行動。其三：魏明元帝見奚斥猛攻虎牢不克，除命叔孫建率東線魏軍增援外，「魏主自鄴遣兵助之。」〔註121〕當時已抵達鄴城督戰的魏明元帝，更派遣援軍助攻，希望儘速結束攻城戰事，而虎牢最終也在魏軍數量優勢下遭攻陷。上述所言都是魏明元帝不願戰事延長所做的努力，雖最後攻克虎牢已歷八個月，但對魏明元帝而言應是可接受結果。至於攻佔虎牢後，奚「斥置守宰以撫之。」〔註122〕顯然魏明元帝並未遣將繼續南侵，轉而開始進行戰後復原及穩定北魏統治之動作，河南地之戰至此告一段落，魏明元帝不願也不行擴大戰爭。

　　魏明元帝「不願」擴大戰爭，當然指的是他主觀意識，不願意戰事變成曠日廢時的持久戰。至於「不行」，可能是他客觀無法控制的身體因素，有一說虎牢撤軍是因魏明元帝染疾，《魏書・太宗紀》載 423 年（魏泰常八年、宋景平元年）閏四月己未，魏明元帝「還幸河內，北登太行，幸高都。虎牢潰。……士眾大疫，死者十二三。」〔註123〕這條史料值得注意的是，魏軍因疾疫死亡約有三分之一，再加上陣亡者，南伐魏軍恐折損四成甚至一半兵力，由此可證北魏取得河南地付出不少代價，這也是魏明元帝不願戰事延長原因，一旦戰事延長，進入夏季氣候愈炎熱，魏軍因疾疫死亡者將更多。魏人不適應南方炎熱氣候，導致感染疾病而亡，而魏明元帝是否可能染病導致他須結束河南地戰事，不妨從其行止觀察。422 年（魏泰常七年、宋永初三年）十月，因奚斥攻滑臺不克，魏明元帝大怒，決定率軍南討聲援奚斥，至

〔註121〕《資治通鑑》卷 119〈宋紀一〉，營陽王景平元年，頁 3754。
〔註122〕《魏書》卷 29〈奚斥傳〉，頁 699。
〔註123〕《魏書》卷 3〈太宗紀〉，頁 63。

次年五月回返平城，其間近八個月時間各地奔波，其經歷如下：〔註124〕

> 冬十月……壬辰，車駕南巡，出自天門關，踰恒嶺。……（泰常）八年（423、宋景平元年）正月丙辰，行幸鄴。……三月乙巳，帝田於鄴南韓陵山，幸汲郡，至於枋頭。乙卯，濟自靈昌津，幸陳留、東郡。乙丑，濟河而北，西之河內，造浮橋於冶阪津。……夏四月丁卯，幸成皋城，觀虎牢。……遂至洛陽，……辛酉，帝還至晉陽。……五月丙寅，還次雁門。皇太子率留臺王公迎于句注之北。

魏明元帝曾親臨虎牢前線，而魏軍兵士因疾疫死亡者十有二三，魏明元帝恐怕也因此染疾，筆者從三個地方推測實有其可能，第一：魏明元帝八個月時間風塵僕僕巡視各地，雖為皇帝至尊，但出門在外無法和平城皇宮相比，相關物質、飲食條件必不及宮內，且舟車勞頓結果，使其身體疲累，加上遲未攻佔虎牢，以及許多戰爭指導都由魏明元帝親自定策，戰事的起伏牽連他的情緒，心情不可能開朗樂觀，必定焦慮不安，身心俱疲的結果導致抵抗力減弱。第二：魏明元「帝素服寒食散，頻年動發，不堪萬機，（422、魏泰常七年、宋永初三年）五月，詔皇太子臨朝聽政。」〔註125〕因服寒食散導致身體虛弱無法治理朝政，遂由太子拓跋燾臨朝聽政，可見魏明元帝身體狀況極差，但他九月竟興師入侵劉宋河南地，十月更親自領軍南下增援。魏明元帝羸弱的身體在外奔波八個月，勞心勞力的結果身心俱疲，導致身體每況愈下。第三：魏明元帝於423年（魏泰常八年、宋景平元年）五月結束河南地戰事回到平城，六個月後突然崩逝，「十有一月己巳，（魏明元）帝崩於西宮，時年三十二。」〔註126〕以三十二歲如此年輕之齡離世，雖《魏書》未載其死亡之因，但極有可能是身體因素。

〔註124〕《魏書》卷3〈太宗紀〉，頁62～63。

〔註125〕《魏書》卷3〈太宗紀〉，頁62。寒食散又稱五石散，乃由五種石藥合成的一種散劑，這「五石」據葛洪所述為「丹砂、雄黃、白礬、曾青、慈石」，隋代名醫巢元方則認為是「鍾乳、硫黃、白石英、紫石英、赤石脂」。儘管「五石」配方各不相同，但其藥性皆燥熱酷烈，服後用後需要吃冷食、飲溫酒、洗冷浴、走路來發散藥性，謂之「行散」。但寒食散終究是毒物，服用後會產生迷惑人心的短期效應，實際上是一種慢性中毒。晉人皇甫謐曾提及服食寒食散身體產生的病狀：「又服寒食藥，違錯節度，辛苦荼毒，於今七年。隆冬裸袒食冰，當暑煩悶，加以咳逆際，或若溫瘧，或類傷寒，浮氣流腫，四肢酸重。」《晉書》卷51〈皇甫謐傳〉，頁1415。寒食散含有礜石（砷礦物）會使人中毒，許多長期服寒食散者都因中毒而喪命。

〔註126〕《魏書》卷3〈太宗紀〉，頁64。

綜上所述，合理推測魏明元帝因服食寒食散導致身體虛弱，又長途遠征使抵抗力減弱，親臨前線結果感染疾疫，半年後崩逝，而他對自己的身體狀況最瞭解，若戰事延長，大概也無力繼續指揮對劉宋作戰，所以決定攻下虎牢後儘早結束戰事。另外，即使魏明元帝未染疾疫，但虛弱的身體恐使他無法支撐下去，若要繼續進攻劉宋，也應結束河南地之軍事行動，讓魏軍有休補機會，自己亦須北返平城休養以便恢復元氣，假以時日再圖南伐，不料魏明元帝返回平城後不到半年即崩逝，再圖劉宋之舉則由其子魏太武帝完成。

（四）河南地永續經營之概念

北魏對河南地這塊新的疆土，治理思維與以往掠奪式的攫取有很大改變。魏明元帝以永續經營觀念出發，開始設官分治，希望使原劉宋人民能轉化為北魏的編戶齊民，進而充實國力。由此可看出北魏漢化漸深，逐漸擺脫以往掠奪式的經營方式，因劫掠式的搶奪，會造成百姓驚恐，對北魏政權反感，而且紮根不深，容易引起漢人叛亂，造成魏軍疲於奔命敉平各地亂事，故唯有擺脫以往思維用心經營，才能將河南地之土地與人民，轉為北魏政府真正人民與疆域。也因北魏政府把河南地當成自己領土，非以掠奪式的方式對待，才有于栗磾治理洛陽之政績，「栗磾刊闢榛荒，勞來安集。德刑既設，甚得百姓之心。」〔註127〕也由於于栗磾用心治理洛陽且有不錯之評價，為魏孝文帝遷都奠下基礎。試問，若無魏明元帝南侵奪取河南地，洛陽恐怕尚屬南朝漢人政權；又魏明元帝雖奪取河南地，若用以往予取予求的方式治理，人民必定離心離德，大小亂事不斷。北魏政府在統治不穩的情況下，魏孝文帝是否能遷都洛陽，恐怕要重新思考。

（五）劉宋欠缺防禦主軸之防守戰略

面對北魏大軍壓境，劉宋雖處被動防守的戰略地位，若能有效且積極的戰略規畫，整合各地宋軍，當可遏止魏軍淩厲攻勢，惜宋軍未加以整合，以致形成各自為戰態勢，攻守失據，此與劉宋朝廷戰略決策，及戰爭指導者有莫大關係。封建王朝以君王為權力來源，他可決定、否決一切，故君王實為最高戰爭指導者無疑。

1、北魏、劉宋君王之優劣差別

宋少帝雖為宋武帝長子，卻未遺傳其父胸懷韜略、勇猛善戰之風，反而

〔註127〕《魏書》卷31〈于栗磾傳〉，頁736。

舉止荒唐，望之不似人君，《宋書‧少帝紀》載其劣行： 〔註128〕

> 大行在殯，宇內哀惶，幸災肆於悖詞，喜容表於在感。至乃微召樂
> 府，鳩集伶官，優倡管絃，靡不備奏，珍羞甘膳，有加平日。採擇
> 媵御，產子就宮，覥然無怍，醜聲四達。及懿後崩背，重加天罰，
> 親與左右執紼歌呼，推排梓宮，拊掌笑謔，殿省備聞。……居帝王
> 之位，好皁隸之役，處萬乘之尊，悅廝養之事。親執鞭撲，毆擊無
> 辜，以為笑樂。穿池築觀，朝成暮毀，徵發工匠，疲極兆民。遠近
> 歎嗟，人神怨怒。

宋少帝諸般荒唐行徑，對比魏明元帝見奚斤久攻滑臺不下，不僅御駕親征為其
聲援，更親臨前線調整戰略、指揮戰術，二位君王差異如此明顯，戰爭指導者
之優劣立判。虎牢被圍，宋少帝應立即命司州附近各州刺史，先領所屬州軍就
近救援，增強虎牢防禦力量，同時命將率中央精銳禁軍迅速赴援，採中央軍、
地方軍聯合救援之策，以解虎牢之圍，惜宋少帝不此之途，導致虎牢陷落，河
南地全數淪陷。不過，如此苛責宋少帝似乎有欠公平，因當時劉宋朝政，乃由
徐羨之、謝晦、傅亮三位輔政大臣把持，宋少帝沒有太大決策空間。

2、劉宋朝廷的戰略決策

　　徐羨之、謝晦、傅亮三人雖跟隨宋武帝有豐富的行政歷練，不過當時僅
是擔任僚屬提供建言，最後決策者仍是宋武帝，這與自己執掌朝政擔任決策
者截然不同。誠如前文所述，宋少帝嬉遊無度，魏軍的入寇，他應是無法管
也不想管，無法管的原因在於朝政由輔政大臣把持，不想管的原因則是年少
喜歡玩樂，北方戰事的繁雜會影響他遊樂的心情與時間，既然與北魏的戰事
有輔政大臣處理，宋少帝也就不願耗費心力在國政大事上。是故劉宋朝廷對
北魏入侵做出的決策和反應，顯然都是三位輔政大臣所為，然而獨立決策畢
竟和負責出謀畫策的幕僚角色不同，在宋武帝時期，三人根據自己判斷提出
看法，由宋武帝做出決策並執行。宋武帝乃劉宋開國皇帝，能成為一朝的開
國皇帝必有過人之處，而宋武帝率軍征戰南北，建功立業，確是人中之龍，
因此英明神武的宋武帝，能依當時環境與條件，做出最適當決策。但徐羨之、
謝晦、傅亮三人欠缺宋武帝韜略與膽識，且三人不同的意見最後由誰裁定，
又是一大問題，事實上最終拍板定案者應是宋少帝，但宋少帝大權旁落導致

〔註128〕《宋書》卷4〈少帝紀〉，頁65。

裁決者角色弱化，而三人地位相當，又無一人出類拔萃或握有更大權勢，無人具一言定鼎之能力，所以三人的決策應是合議制，採彼此最大的公約數。

　　劉宋朝廷由輔政大臣合議制的決策模式，若是承平時期對內決策尚可，一旦面對外敵入侵，如此的決策模式實無法應付變化莫測的戰爭行為，加上又牽涉到內部權力鬥爭，對武將猜忌，使輔政大臣的合議決策，從戰爭初起的迎敵戰略至後期的救援行動，處處表現出遲滯與呆板。如張金龍即認為，三位輔政大臣對領軍在外的檀道濟有所顧忌，不願交付他太多軍隊，他於《北魏政治史》一書中指出：「檀道濟雖然受命增援，但他所領軍隊人數有限，之所以會出現這種情況，可能與劉宋朝廷秉政的輔政大臣害怕其乘機坐大難制有關。」〔註 129〕此決策對檀道濟救援失敗起決定性影響，檀道濟受限於兵力不足，僅能在青州東陽與司州虎牢間擇一救援，若是劉宋朝廷遣中央禁軍及各地州軍速往彭城移動，統歸檀道濟節制，或許檀道濟即能分道救援，戰爭結果恐因此改變也未可知。

　　虎牢之役乃雙方攻守最激烈之戰鬥，期間毛德祖曾施以反間計，結果非常成功，反間乃所有用間之通稱，《孫子兵法》載：〔註 130〕

> 故用間有五：有鄉間，有內間，有反間，有死間，有生間。……反間者，因其敵間而用之。死間者，為誑事於外，令吾間知之，而傳於敵也。

所謂反間，就是收買敵人派來的間諜為我方所用。而死間，即是製造假情報，透過敵營潛伏在我方之間諜，將假情報傳回敵營。毛德祖利用魏明元帝及北魏陣營其他人對公孫表的不滿，施以反間，令魏明元帝殺了公孫表，觀乎毛德祖所為，較趨近於死間，因公孫表並未叛魏，此乃毛德祖製造出之假情報。然戰術上的成功彌補不了戰略的錯誤，毛德祖的機謀運用雖令北魏折損一大將，可惜劉宋朝廷未掌握此有利戰略契機，遣軍救援，其餘宋軍也不敢救，「時檀道濟軍湖陸，劉粹軍項城，沈叔狸軍高橋，皆畏魏兵強，不敢進。」〔註 131〕劉宋朝廷此時應整合各路宋軍，令各地駐軍速往救援，而事實卻是無人馳援，任令虎牢陷落，可見劉宋朝廷戰略決策大有問題。

〔註 129〕張金龍，《北魏政治史》第二冊（蘭州：甘肅教育出版社，2008 年 10 月），卷 3〈明元帝時代〉，頁 520。
〔註 130〕孫武著、吳仁傑注譯，《孫子讀本》（臺北：三民書局，2008 年 1 月）〈用間篇〉，頁 99。
〔註 131〕《資治通鑑》卷 119〈宋紀一〉，營陽王景平元年，頁 3758。

綜合言之，比較北魏、劉宋之攻防戰略，北魏攻擊主軸相當清楚，其戰略目標乃攻佔河南地及其軍事重鎮，與之相反的是劉宋的防守戰略欠缺防禦主軸，是要阻敵於黃河，在黃河岸進行反擊作戰，令魏軍無法進入宋境？還是要在滑臺、洛陽、金墉、虎牢等城戍形成堅固防禦陣線，相互聯防並殲敵於河南地？劉宋朝廷莫衷一是，可見缺乏強而有力的決策者，乃劉宋在此次戰爭中之致命傷，三位輔政大臣的聯合決策模式，形成彼此牽制，無法因應戰場變化適時調整，導致救援行動遲緩，援軍亦不足，加上地方州郡遷延觀望，注定劉宋喪失河南四鎮之命運。一言以蔽之，河南爭奪戰的失敗，乃劉宋在宋武帝之後的戰略指導者，不論是宋少帝或三位輔政大臣，均無宋武帝之戰略素養，否則以宋武帝建立的剽悍軍風與赫赫戰功：滅後秦收復關中、滅南燕執其主慕容超，劉宋不可能在其逝世不到一年時間即大敗於北魏，可見戰爭指導者之優劣，實居影響戰爭勝敗的關鍵地位。

第四節　魏明元帝時期北魏對東晉、劉宋的國家戰略解析

魏明元帝 409 年（魏天賜六年、晉義熙五年）即位後，雖南方面對的是東晉司馬氏政權，但皇權不振，國政大權旁落權臣劉裕。劉裕於 404 年（魏天賜元年、晉元興三年）平定桓玄之亂延續晉祚，有大功於東晉，晉安帝進位劉裕為「侍中、車騎將軍、都督中外諸軍事，使持節、徐青二州刺史如故。……加錄尚書事。」〔註132〕不久又授都督荊、司、梁、益、寧、雍、涼七州諸軍事，加上先前已都督揚、徐、兗、豫、青、冀、幽、并、江九州諸軍事，劉裕已都督東晉十六州諸軍事，掌控東晉軍政實權。而魏明元帝即位的第二年，劉裕又北滅南燕拓地青齊地區，功勳卓著，晉安帝更授「太尉、中書監，加黃鉞。」〔註133〕可謂位極人臣，事實上晉安帝僅是名義上之皇帝，朝政大權盡由劉裕掌握，而歷史發展一如所料，劉裕於 420 年（魏泰常五年、宋永初元年）建立劉宋王朝，將東晉送入歷史。故魏明元帝在位期間雖面臨南方東晉、劉宋政權交替，但從魏明元帝即位起，東晉政權已由劉裕執掌，對外戰爭皆由劉裕發動，外交方針亦由其決定，故廣義而言，魏明元

〔註132〕《宋書》卷 1〈武帝紀上〉，頁 12～13。
〔註133〕《宋書》卷 1〈武帝紀上〉，頁 21。

帝實際上面對的是劉裕政權，故將魏明元帝 409 年（魏天賜六年、晉義熙五年）即位至 420 年（魏泰常五年、晉元熙二年）面對東晉的最後十二年，亦列入劉宋範圍討論，所以魏明元帝的國家戰略分成前後兩期，前期對象是東晉、後期則是劉宋。

一、魏明元帝前期北魏對東晉的國家戰略解析

　　魏明元帝對東晉的戰略思維和戰略態度，與其父魏道武帝大致相同，但因國際局勢與戰略環境發生變化，國家戰略必須因應外部變化做出修正，故魏明元帝對東晉的國家戰略做了部分修正。魏明元帝即位後面對的南北局勢，已和魏道武帝時有很大的不同。首先在北方部分，北方雖然仍是諸國林立，但後燕已亡，北魏取代後燕成為北方最強國家，因此魏明元帝面對北魏生存的壓力較魏道武帝減輕不少，不過，在弱肉強食的北方殘酷環境中，魏明元帝對維護北魏的生存仍不能掉以輕心。其次是南方，東晉政局發生劇烈改變，魏道武帝時，劉裕尚處於崛起過程，而北魏和東晉沒有軍事衝突，雙方關係平和，魏道武帝和劉裕並未正面交鋒，雖然劉裕在魏道武帝末期已掌握東晉大權，且在其在位的最後一年（409、魏天賜六年、晉義熙五年）北伐南燕，但是由於東晉和南燕接壤，晉軍不需經過魏境便能逕攻南燕，故魏道武帝在「南和東晉」的國家戰略指導下，秉持「在各政權爭戰中持中立態度」的國家政策，未介入東晉與南燕的戰爭。但是魏明元帝則不同，他甫繼位即接觸東晉滅南燕戰爭之末段，親眼目睹劉裕滅亡南燕。魏明元帝面對的是掌握東晉大權的劉裕，416 年（魏神瑞三年、晉義熙十二年）更率軍北伐後秦，而晉軍欲進攻後秦需沿黃河岸西進，遂不可避免進入魏境，於是爆發北魏與東晉的首次軍事衝突。魏明元帝面對新的南北局勢，自然對東晉需建構新的國家戰略體系，雖然方向和精神延續魏道武帝對東晉的國家戰略，但仍有不少新的改變。魏明元帝前期對東晉的國家戰略，如下圖所示：

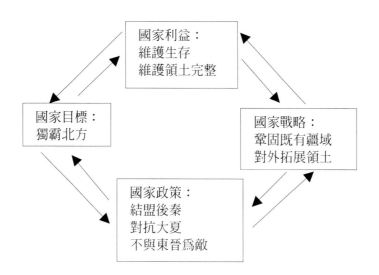

圖七：魏明元帝前期北魏對東晉的國家戰略圖

據上圖與魏道武帝對東晉的國家戰略相較，由於後燕已滅，魏明元帝開始在北方諸國中選定戰略目標，因北魏不可能同時和各國發生戰爭，遂有優先進攻對象之選擇。至於南方的東晉，雖魏明元帝和東晉的實際執政者劉裕爆發衝突，但魏明元帝仍延續魏道武帝對東晉的友好關係，不願與東晉為敵，這當然是基於國際現實，北魏處於南北四戰之地，魏明元帝為維護北魏生存與領土完整，不能再增加劉裕此一敵人。現將魏明元帝前期對東晉的國家戰略，依國家利益、國家目標、國家政策、國家戰略解析如下。

（一）國家利益：維護生存、維護領土完整

魏明元帝時期的國家利益，仍以「維護生存」為最大利益，雖後燕經魏道武帝數次打擊後一蹶不振，407 年（魏天賜四年、晉義熙三年）被北燕取代，而另一支慕容氏南燕政權也於 410 年（魏永興二年、晉義熙六年）遭劉裕所滅，鮮卑慕容氏完全退出北方競逐行列，而北魏在魏道武帝積極經營下，魏明元帝繼位時早已是北方最大勢力，然北魏的生存並非高枕無憂，北方尚有諸多政權存在，西涼、南涼、北涼僻處西隅尚不足論，北燕、西秦國力稍弱，後秦、大夏實力較強，乃未來潛在的競爭對手，雖目前沒有激烈衝突，但隨著後秦和大夏逐漸往外擴展，與北魏終有武裝衝突的一天。此外，南方大國東晉，魏明元帝雖維持自魏道武帝以來的和平方針，但劉裕旺盛的企圖心，屢屢北伐，滅南燕、伐後秦，難保爾後兵鋒不會轉向北魏，居此四戰之地，「維

護生存」依舊是北魏最根本的國家利益。

北魏經魏道武帝二十四年的經營，交接給魏明元帝時已是建都平城（今山西大同）、制度典章初具，控有今內蒙、山西、河北等地區的北方強權。北魏疆域的不斷擴展，是魏道武帝積極對外征討的成果，而魏明元帝身為魏道武帝的繼任者，必須維護疆域的完整，並伺機對外開拓更多領土。當時環繞在北魏周圍較強的國家有三：大夏居北魏西方、後秦居西南方、東晉居東南方，這些國家都有可能侵佔北魏領土，故「維護領土完整」魏明元帝責無旁貸，於是「維護領土完整」就成為北魏另一個重要的國家利益。

（二）國家目標：獨霸北方

國家目標是為維護國家利益，欲維護北魏生存及領土完整，就必須擁有堅強的實力對抗其他國家，因此魏明元帝設定「獨霸北方」為其國家目標，此亦相當程度延續魏道武帝時之國家目標。魏道武帝時之北方戰略環境，後燕實力雄厚，故傾全力攻擊，407 年（魏天賜四年、晉義熙三年）後燕滅亡後，魏道武帝下一步的國家目標即是「獨霸北方」，這也是北魏國勢逐漸向上提升的結果。魏明元帝於 409 年（魏永興元年、晉義熙五年）即位，接收魏道武帝為北魏奠下厚實的根基，「獨霸北方」是相當合理的目標，魏道武帝若非 409年猝逝，相信他以此為國家目標的可能性極大。

魏明元帝欲實現「獨霸北方」的國家目標，首先必須面對後秦和大夏這二個障礙。後秦控有關中地區，在姚興勵精圖治下，國勢蒸蒸日上，和北魏保持既競爭又合作的關係，雖目前無利益衝突，但是在二國逐漸發展過程中，不約而同對外拓展疆域，遲早會引起二國衝突，其主因在地理形勢的互相牽制。北魏佔有鄴城，後秦控制洛陽，顧祖禹曾評論鄴城與洛陽的戰略關係：「自古用兵，以鄴而制洛也常易，以洛而制鄴也常難，此亦形格勢禁之理矣。」〔註134〕可見鄴城牽制洛陽易；洛陽制約鄴城難。後燕慕容垂亦有相同見解，他在建國前夕曾「謀於眾曰：『洛陽四面受敵，北阻大河，至於控馭燕趙，非形勝之便，不如北取鄴都，據之而制天下。』眾咸以為然。」〔註135〕由此可見，洛陽因為漢、晉舊都目標明顯，容易招致他人攻擊，加上地理環境不佳，處四戰之地，就地理因素而言，後秦稍具劣勢，北魏因此享有對後秦的戰略優勢。後秦自然不願

〔註134〕顧祖禹，《讀史方輿紀要》（臺北：洪氏出版社，1981 年 1 月）第三冊，卷 46〈河南方輿紀要序〉，頁 1911。
〔註135〕《晉書》卷 123〈慕容垂載記〉，頁 3081。

北魏掌握此地理優勢，若能攻佔鄴城，將洛陽、鄴城二戰略重鎮控制在手中，後秦的國家安全更容易獲得保障，不用時刻擔心北魏利用戰略優勢發動攻擊。隨著北魏國勢的增強，後秦的恐懼也愈深，雖二國關係尚稱友好，但東晉與北魏關係亦不錯，劉裕始終對後秦懷有強烈企圖心，主因在其擁有關中，因此難保二國不會形成聯合戰線對付後秦，一旦後秦恐懼到達頂點時，先下手為強的可能性不可謂全無，所以如何妥善處理後秦問題成為魏明元帝的一大挑戰。

至於大夏則與北魏為世仇，其主赫連勃勃乃匈奴人，赫連非原姓，因其「耻姓鐵弗，遂改為赫連氏。」〔註136〕鐵弗部與拓跋部在部落聯盟時期即征戰不休，雙方互有勝敗。前秦崛起後，鐵弗部首領劉衛辰「潛通苻堅。」〔註137〕引秦兵大舉入境滅拓跋部，苻堅將拓跋部領土與部落民分為二部，由劉衛辰與獨孤部劉庫仁分別統領。鐵弗部成為拓跋部之主後，劉衛辰對拓跋部民的治理方式可想而知，雖史為明載，但肯定不會太好過，拓跋部與鐵弗部的仇恨更加一層。

魏道武帝復國後，劉衛辰屢寇南境，雙方又陷入交戰不已的狀態，關鍵性一役在 391 年（魏登國六年、晉太元十六年）十一月，劉衛辰和其子直力鞮入寇，魏道武帝率軍迎擊並大破之，「擒直力鞮，盡并其眾。衛辰單騎遁走，為其部下所殺，傳首行宮，獲馬牛羊四百餘萬頭。」〔註138〕由於北魏對劉衛辰的怨恨，遂大肆屠戮以為報復，「收衛辰子弟宗黨無少長五千餘人，盡殺之。」〔註139〕如此一來，雙方仇恨更深，僥倖逃過一劫奔逃於外的劉衛辰少子赫連勃勃，極欲雪鐵弗部與父兄之仇，故建立大夏政權後，必然以北魏為戰略目標。因此對北魏而言，大夏、後秦和自己兵戎相見的機率，及其君王對北魏的衝突強度，大夏顯然較後秦高。是故北魏欲「獨霸北方」，必須先後面對這二大強權，按其順序應是先大夏後後秦，因此北魏的軍事部署與戰備整備方向，亦是以大夏為主、後秦為輔，這部分在後面的國家政策有詳細論述。

魏明元帝以「獨霸北方」為國家目標，對於東晉並無進一步企圖，是否會顯得目標不夠恢弘，正好相反，魏明元帝正是從務實觀點出發。首先：以國家發展階段而言，北魏規模初具，各項典章制度尚在草創階段，正處於邁

〔註136〕《魏書》卷95〈鐵弗劉虎附屈子傳〉，頁 2056。
〔註137〕《魏書》卷95〈鐵弗劉虎附衛辰傳〉，頁 2055。
〔註138〕《魏書》卷95〈鐵弗劉虎附衛辰傳〉，頁 2055。
〔註139〕《魏書》卷2〈太祖紀〉，頁 24。

入封建化的過程中，內外都有許多問題極待克服，外部問題如柔然及北方諸國的威脅尚未去除，內部則有民族矛盾，如胡漢之間的問題有待整合等，因此國家的穩定性及緊實密合度不如東晉。至於東晉則是封建化成熟的國家，國家規模和人口、土地、經濟遠勝北魏，雖立國已近百年且漸有衰頹之像，但這僅是東晉王朝在政治上的衰頹，不代表南方漢人政權的衰落。例如劉裕的崛起，標誌南方漢人力量並未衰落，且隱隱然有取代東晉之勢。魏明元帝為詳細瞭解劉裕，曾拿開創後燕的軍事雄才慕容垂與之相比，並詢問崔浩對劉裕的看法：〔註140〕

> 太宗（魏明元帝）曰：「劉裕武能何如慕容垂？」浩曰：「裕勝。」
> 太宗曰：「試言其狀。」浩曰：「慕容垂乘父祖世君之資，生便尊貴，同類歸之，若夜蛾之赴火，少加倚仗，便足立功。劉裕挺出寒微，不階尺土之資，不因一卒之用，奮臂大呼而夷滅桓玄，北擒慕容超，南摧盧循等，僭晉陵遲，遂執國命。裕若平姚而還，必篡其主，其勢然也。

慕容垂創建的後燕，曾是北方最強政權，雖多少憑藉其父祖在前燕的餘蔭，但能在前秦淝水敗戰後，各民族紛紛復國或建國之際，在險惡的環境中成為強權國家，慕容垂確有其過人之處。另外，395年（魏登國十年、晉太元二十年）魏燕的參合陂之役，慕容垂並未親自領軍出征，燕軍主帥為太子慕容寶，魏道武帝大敗燕軍後，次年慕容垂為報仇親自領軍進攻北魏，行經參合陂見燕軍士兵屍骸堆積如山，傷痛至極病亡，所以魏道武帝和慕容垂並未有實際的交戰經驗，如果參合陂之役慕容垂御駕親征，或次年行經參合陂未傷心過度而死，如此一來魏道武帝必會和慕容垂作戰，不論前者或後者，雙方勝負實無法預料。

　魏道武帝乃北魏開創者，一般而言，開國君王率皆雄才大略之輩或有過人之處，通常以優秀軍事才能者居多，如此方能在群雄並起、紛亂的軍事環境中建立政權，魏道武帝和慕容垂都是此類典型。魏道武帝創建北魏過程，受惠慕容垂不少，對他的軍事天賦知之甚詳，故在參合陂和次年的二次戰役，北魏內部都有未逢慕容垂之幸，否則一蹶不振者恐是北魏，尤其參合陂一役，若是慕容垂領軍，恐怕不會有慕容寶種種失策的戰略判斷和失誤的戰術作為。魏明元帝舉慕容垂與劉裕相比，可見北魏內部對慕容垂軍事才華的重視，

〔註140〕《魏書》卷35〈崔浩傳〉，頁810。

而崔浩對劉裕評價勝過慕容垂，對此魏明元帝相當重視，東晉有劉裕在，北魏恐無勝算，故魏明元帝暫時無南下之意。

其次：就軍力而言，魏軍擁有騎兵優勢，利於草原或寬闊平原上之衝殺，此乃南方步兵遠遠不及，然而一旦魏軍進攻東晉，在江河、湖泊交錯的南方，騎兵優勢將無從發揮。而且劉裕率領的北府兵團驍勇善戰，北伐滅南燕後，又將戰略目標轉向後秦，可見北府兵團戰力堅強。面對這支強悍的北府兵團，魏明元帝暫時不敢纓其鋒，因二強相爭必有一傷，屆時大夏、後秦伺機而動，北魏恐有失地或亡國之虞，由此可見，北魏在軍事上的防備遠比東晉複雜。綜上所述，魏明元帝依現實情況暫無南下之意，並將國家目標侷限於北方，穩紮穩打不好高鶩遠，實為北魏現階段正確之國家目標。

（三）國家政策：結盟後秦、對抗大夏、不與東晉為敵

國家目標的實踐需賴國家政策的執行，魏明元帝為實踐「獨霸北方」的國家目標，遂以「結盟後秦、對抗大夏、不與東晉為敵」為其國家政策主軸。北魏欲「獨霸北方」須面對大夏、後秦二大強權，然而北魏對二國的態度與政策卻迥然不同。對後秦維持良好關係，除延續魏道武帝時一貫的友好政策外，魏明元帝更進一步以婚姻強化二國關係，415 年（魏神瑞二年、晉義熙十一年）十月娶姚興之女西平公主：〔註141〕

> 明元昭哀皇后姚氏，姚興女也，興封西平長公主。太宗（魏明元帝）以后禮納之，後為夫人。后以鑄金人不成，未昇尊位，然帝寵幸之，出入居處，禮秩如后焉。是後猶欲正位，而后謙讓不當。泰常五年薨，帝追恨之，贈皇后璽綬，而後加謚焉。葬雲中金陵。

據引文所述，姚氏頗受魏明元帝寵愛，甚至欲以其為皇后母儀天下，雖然多少有政治作用，但寵幸姚氏具有維持魏秦關係之意義。姚氏五年後（420、魏泰常五年、宋永初元年）薨逝，時後秦已於 417 年（魏泰常二年、晉義熙十三年）為劉裕所滅，但魏明元帝仍追封皇后，可見對她仍有一定情義在。

至於大夏則積怨已深，想要化解並非易事，魏夏關係一開始即不睦，魏明元帝對赫連勃勃更以輕蔑眼光視之，《魏書·鐵弗劉虎附屈子傳》：「屈子，本名勃勃，太宗改其名曰屈子，屈子者，卑下也。」〔註142〕赫連勃勃在 391 年（魏登國六年、晉太元十六年）躲過北魏追殺輾轉逃至後秦，受到姚興重

〔註141〕《魏書》卷 13〈皇后·明元昭哀皇后姚氏傳〉，頁 325。
〔註142〕《魏書》卷 95〈鐵弗劉虎附屈子傳〉，頁 2056。

用，「屈子身長八尺五寸，（姚）興見而奇之，拜驍騎將軍，加奉車都尉，常參軍國大議，寵遇踰於勳舊。」〔註143〕姚興弟姚邕諫曰：「勃勃奉上慢，御眾殘，貪暴無親，輕爲去就，寵之踰分，終爲邊害。」〔註144〕然姚興未聽諫言，仍「以屈子爲持節、安北將軍、五原公，配以三交五部鮮卑二萬餘落，鎮朔方。」〔註145〕赫連勃勃以此爲基礎逐步召回其父原有之部眾，羽翼漸豐，他見時機成熟，遂於407年（魏天賜四年、晉義熙三年）六月「僭稱大夏天王，號年龍昇，置百官。（姚）興乃悔之。」〔註146〕志得意滿的赫連勃勃，積極向外發展擴充領土，竟寇擾對其有知遇之恩的姚興，《晉書·赫連勃勃載記》載：〔註147〕

> （赫連勃勃）進討姚興三城已北諸戍，斬其將楊丕、姚石生等。……于是侵掠嶺北，嶺北諸城門不晝啓。（姚）興歎曰：「吾不用黃兒之言，以至于此！」黃兒，姚邕小字也。

從此後秦與大夏相互征戰不已。如此一來，赫連勃勃等於是後秦叛徒，背姚興而自立，更殺害後秦邊關戍將，姚興的不滿可想而知，大夏於是成爲北魏和後秦的共同敵人，此種情勢給了北魏操作和後秦合作的空間。既然和大夏泯恩仇困難重重，甚至可能徒勞無功，因此北魏根本不願與大夏改善關係，同時也不懼怕和大夏開戰。事實上北魏國力本就勝過大夏，若雙方衝突，在大夏和後秦關係不佳的情況下，後秦支持北魏的機率遠超過大夏，大夏勢必無法抵禦北魏和後秦的進攻，即便後秦持中立態度，大夏亦非北魏對手。魏明元帝有鑑於北魏以往和後秦的良好關係，遂對北魏、大夏、後秦三角戰略關係中，一旦魏夏衝突，後秦至少維持中立深具信心，遂對大夏採取強硬政策，以武力對抗爲主。

　　魏明元帝爲何選擇「結盟後秦、對抗大夏」，可分二個層次討論。首先：在北方諸國你爭我奪、衝突不斷的複雜戰略環境中，增強己身實力避免爲他國兼併乃重要的生存法則，而北魏國力有限，爭取盟國是提升實力的良策，所以魏明元帝必須在北方諸國中，選擇結盟對象。瞭解北魏需找尋結盟對象的原因，此爲第一層次，明乎此則進入第二層次，北魏要與何國結盟？爲何在後秦和大

〔註143〕《魏書》卷95〈鐵弗劉虎附屈子傳〉，頁2056。
〔註144〕《晉書》卷130〈赫連勃勃載記〉，頁3202。
〔註145〕《魏書》卷95〈鐵弗劉虎附屈子傳〉，頁2056。
〔註146〕《魏書》卷95〈鐵弗劉虎附屈子傳〉，頁2056。
〔註147〕《晉書》卷130〈赫連勃勃載記〉，頁3202～3203。

夏間選擇後秦，一言以蔽之，即是聯合次要敵人打擊主要敵人。北魏的結盟對象，須實力與己相當或略遜，實力高或遠低於己者不太可能。實力遠低於己者，變成對方要靠北魏的力量扶助，不符合北魏結盟的利益；實力高者要看對方意向，因己方實力較弱，變成主動權操之在對方，自己只能被動配合。至於與己相當者，當時北魏已成北方首強，其他國家實力皆不及北魏，現實因素也讓北魏無法找到比自己實力更強的國家，只有後秦實力略遜於北魏，但差距不大，故後秦成為北魏結盟首選。至於東晉，實力的確勝過北魏，但二國生存地域不同，並非生命共同體，北魏的存在與否，對東晉影響不大。由於北方各政權興滅無常，彼此爭戰激烈，北魏一旦滅亡，必有其他政權取代，北魏存在對東晉的利益，僅是能在北方有一個和東晉關係良好的國家協助維護其利益，這良好關係實基於拓跋氏和司馬氏祖上在西晉即開始的封賜關係，但是這種良好關係基礎過於脆弱禁不起考驗，從後述二例即可看出：其一是魏道武帝不願和東晉合作攻打後秦；其二是洛陽遭後秦攻擊時，魏道武帝雖應晉將要求出兵，卻按兵不動。而東晉對北魏而言，地處南方，一旦北魏遭受攻擊向東晉求援，東晉是否會動員軍隊、耗費物資，以及克服運輸不易的障礙援助北魏，機率不高，甚至可說完全無此可能。是故北魏和東晉對彼此都未具絕對需要的因素，因此要尋求進一步的合作不太容易，雙方僅是表面上之友好罷了！雖是如此，然而「成事不足、敗事有餘。」一旦魏晉交惡或關係不佳，東晉若有積極之企圖心，可能和其他國家同盟合攻北魏；即便沒有主動進攻的意圖，當北魏遭敵入侵或對外作戰導致國內空虛時，東晉若趁機從南方襲擊，北魏勢必變成兩面作戰、腹背受敵，對國防安全是一大威脅，北魏要消除此一隱憂，便不能與東晉為敵，於是「不與東晉為敵」即成為北魏國家政策的方向。

（四）國家戰略：鞏固既有疆域、對外拓展領土

魏明元帝繼位時，北魏尚是個發展中的新興國家，經開國君王魏道武帝二十四年的經營，「驅率遺黎，奮其靈武，克剪方難，遂啓中原。……冠履不暇，栖遑外土，而制作經謨，咸存長世。」〔註148〕著實為北魏紮下穩固根基。魏明元帝為北魏第二位君王，其君王角色扮演，創業、守成兼而有之，故《魏書》讚其「隆基固本，……良無愧也。」〔註149〕守成者，即是守護魏道武帝奠定的國家規模與疆域，不容寸土為他人侵佔；創業者，乃提升國家規模與疆域，積

〔註148〕《魏書》卷2〈太祖紀〉，頁45。
〔註149〕《魏書》卷3〈太宗紀〉，頁64。

極對外開拓領土。這種雙重角色的反應，也忠實呈現在他的國家戰略思維：鞏固既有疆域，並對外拓展領土，所以魏明元帝才會以「維護生存、維護領土完整」為其國家利益，這就是鞏固既有疆域的內涵，不容承繼自魏道武帝的宗廟被他人所滅、領土被人所佔。而「獨霸北方」的國家目標，則是「鞏固既有疆域」與「對外拓展領土」二者兼具，不論是何者，皆須觸及對外戰爭，在北方諸國你爭我奪的戰略環境中，隨時可能遭致敵人入侵，此時就要為捍衛領土而戰，另一方面，北魏也有可能侵略他國奪佔土地，於是就產生二個問題，其一是誰較容易入侵北魏？魏明元帝須加以判斷並事先防範；其二是進攻何國能令北魏獲致更多土地？所以「獨霸北方」並非對任何國家皆用相同的戰略態度，而是要有所選擇，以和戰二種態度分別待之，那些國家以「和」、那些國家用「戰」，這就有賴國家政策的執行以完成國家目標。

　　「結盟後秦、對抗大夏、不與東晉為敵」的國家政策據「獨霸北方」的國家目標而訂定，當時東晉、後秦、大夏和北魏國境接壤，關係最緊密，其他僻處邊隅的政權姑且不論，對於上述三國，魏明元帝的戰略判斷是，大夏仇視北魏最深，雙方衝突的可能性最高，然北魏實力強於大夏，一旦爆發戰爭，若無特殊情況，北魏穩操勝券，所以最容易入侵的大夏，北魏須防範其入侵；同時，大夏亦是上述三國中最弱者，於是便成為北魏開拓疆土的對象。基於上述二個理由，加上大夏實力遜於北魏，故魏明元帝以主戰態度待之。至於東晉地廣人眾，後秦控有關中地區，不論何者進攻北魏，北魏皆須傾全力應戰，故對二國採取和平態度，先令二國不進犯北魏，再待日後任一國衰落時，趁機入侵擴張領土。

　　在上述國家利益、國家目標、國家政策建構之「鞏固既有疆域、對外拓展領土」的國家戰略指導下，北魏與大夏衝突不斷，414 年（魏神瑞元年、晉義熙十年）二月：〔註150〕

　　　　赫連屈孑入寇河東蒲子，殺掠吏民，三城護軍張昌等要擊走之。……

　　　　西河胡曹成、吐京民劉初原攻殺屈孑所置吐京護軍及其守三百餘人。

上述記載說明北魏與大夏的二次衝突，其一是赫連勃勃入侵河東，北魏地方守軍立即予以擊退。其二是 413 年（魏永興五年、晉義熙九年）十月吐京胡叛魏，北魏朝廷遣「將軍元屈、會稽公劉潔、永安侯魏勤等，擊吐京叛胡。」〔註151〕

〔註150〕《魏書》卷 3〈太宗紀〉，頁 54。
〔註151〕《魏書》卷 3〈太宗紀〉，頁 53。

吐京胡向大夏求援，赫連勃勃立即遣軍聯合吐京胡迎戰魏軍，結果魏軍失利，劉潔戰傷、魏勤戰死，吐京遂入夏境，赫連勃勃置將鎮守。北魏領土遭侵佔，已觸犯魏明元帝國家戰略底線，為鞏固既有疆域，魏明元帝再派并州刺史樓伏連前往征討，幸賴吐京民裡應外合襲殺大夏所置護軍及其守兵三百餘人，順利收復失地。這二次和大夏的衝突表明，北魏為鞏固既有疆域而戰的決心，魏明元帝不容許寸土陷夏，所以魏軍在吐京首戰敗陣後，再遣樓伏連率軍馳援，對於赫連勃勃的挑釁，魏明元帝予以強烈回擊，展現對大夏的強硬態度。

　　北燕僻處東北一隅，地狹國弱，北魏對其戰略態度與大夏殊無二致，都是展現軍事力量對抗。416 年（魏泰常元年、晉義熙十二年）十月，《魏書・太宗紀》載：〔註152〕

> 徒何部落庫傉官斌先降，後復叛歸馮跋。驃騎將軍延普渡濡水討擊，
> 大破之，斬斌及馮跋幽州刺史、漁陽公庫傉官昌，征北將軍、關內
> 侯庫傉官提等首，生擒庫傉官女生，縛送京師。幽州平。

在北魏國家戰略整體架構下，徒何部落既降北魏即成為魏土與魏民，之後再附北燕，其主馮跋竟予以接納，魏明元帝自然無法接受，派軍平亂驅逐北燕勢力乃理所當然。上述對大夏、北燕衝突事件的描述，都是北魏國家戰略中「鞏固既有疆域」的表現。

　　至於「對外拓展領土」，魏明元帝亦有所作為，418 年（魏泰常三年、晉義熙十四年）五月：〔註153〕

> 遣征東將軍長孫道生、給事黃門侍郎奚觀率精騎二萬襲馮跋，又命
> 驃騎將軍延普自幽州北趨遼西為聲勢，（魏明元）帝自突門嶺待之。
> 道生至龍城，徙其民萬餘家而還。

北燕和大夏一樣都是實力弱於北魏之國家，遂成為北魏開疆闢土對象，因此魏明元帝採主動攻勢，更親臨前線注意戰局發展，其對開拓領土之重視可見一斑。魏明元帝對大夏、北燕之戰略態度，有捨強取弱意味，但對實力略遜於己之後秦，通常不會有激烈的軍事衝突，不過，當後秦戰略環境發生變化時，魏明元帝便會有所行動。410 年（魏永興二年、晉義熙六年）正月：〔註154〕

> 平陽民黃苗等，依汾自固，受姚興官號。并州刺史元六頭討平之。

〔註152〕《魏書》卷 3〈太宗紀〉，頁 56～57。
〔註153〕《魏書》卷 3〈太宗紀〉，頁 58～59。
〔註154〕《魏書》卷 3〈太宗紀〉，頁 50。

　　二月癸未朔，詔將軍于栗磾領步騎一萬鎮平陽。

黃苗受姚興官號等於受後秦保護，而北魏地方刺史率州軍討平後，魏明元帝爲免後秦勢力再度介入，詔于栗磾領一萬兵馬赴當地鎮守，于栗磾時爲冠軍將軍，所率兵馬應爲中央禁軍無疑。〔註155〕如果魏明元帝顧慮和後秦的友好關係，當其地方官員率領駐軍和依賴後秦保護的黃苗勢力衝突後，北魏朝廷應出面調停彼此衝突，何以在地方州軍平亂後，更派中央禁軍前往鎮守，護衛現有成果，魏明元帝難道不怕引起和後秦的進一步衝突，究其原因有二，首先：黃苗等人實爲盜匪，嘯聚爲亂，姚興見有機可趁便授其官職，其圖謀恐是在擾亂北魏邊關，伺機攫取利益。然而北魏政府的地方駐軍迅速敉平亂事，中央又派禁軍赴當地鎮守，姚興於理有虧，若遣軍支援黃苗等人，恐會引起和北魏更大的衝突，故姚興未有進一步行動。而魏明元帝亦未窮究姚興授黃苗官職之責，在於他不願因此事製造雙方裂痕，否則于栗磾的一萬步騎可進攻後秦興師問罪。維持和後秦的友好關係乃北魏現階段所必須，故在雙方自我克制下，邊境的小型衝突很快結束。其次：姚興正窮於應付赫連勃勃的侵擾，無法兼顧平陽之事。赫連勃勃自叛姚興建大夏政權後，即不斷對後秦發動攻勢，雙方邊境衝突不斷。409年（魏永興元年、晉義熙五年）九月，姚興親自率軍反擊大夏：〔註156〕

> 勃勃候興諸軍未集，率騎擊之。興大懼，遣其將姚文宗距戰，勃勃
> 僞退，設伏以待之。興遣其將姚榆生等追之，伏兵夾擊，皆擒之。
> 興將王奚聚羌胡三千餘户于敕奇堡，勃勃進攻之。……堡人窘迫，
> 執奚出降。……（王奚）乃與所親數十人自刎而死。勃勃又攻興將
> 金洛生于黄石固，彌姐豪地于我羅城，皆拔之，徙七千餘家于大城。

秦夏二軍戰鬥激烈，結果秦軍大敗，多名將領戰死或遭擒，此役頗傷後秦元氣，故次年二月魏軍鎮壓平陽之亂時，姚興實無力他顧，況且赫連勃勃之侵擾毫無規則可循，若發兵援助平陽，一旦夏軍來攻，秦軍調度必左支右絀。果不其然，赫連勃勃於三月：〔註157〕

> 遣其尚書金纂率騎一萬攻平涼，姚興來救，纂爲興所敗，死之。勃
> 勃兄子左將軍羅提率步騎一萬攻興將姚廣都于定陽，克之，坑將士

〔註155〕參見《魏書》卷31〈于栗磾傳〉，頁735。
〔註156〕《晉書》卷130〈赫連勃勃載記〉，頁3204。
〔註157〕《晉書》卷130〈赫連勃勃載記〉，頁3204～3205。

> 四千餘人。……勃勃又攻興將姚壽都于清水城，壽都奔上邽，徙其
> 人萬六千家于大城。

據上可知秦軍勝少敗多，幸姚興戰略判斷正確，未遣軍支援黃苗對北魏作戰，否則恐怕連姚興擊敗夏軍金纂部的機會都沒有，秦軍的死傷將更慘重。

北魏對後秦的戰略關係以避免衝突為主，除非妨礙到國家利益，即便損害北魏領土主權，在國家戰略指導下，也僅是驅逐其勢力並未窮追猛打，相同之例，展現在與東晉的戰略關係上。416 年（魏神瑞三年、晉義熙十二年）三月劉裕北伐後秦，觸動與北魏的敏感神經，不僅引發二國關係緊張，更使北魏和後秦的關係面臨考驗，也挑戰魏明元帝自即位以來對東晉的和平政策。

前文已述，北魏朝廷面對劉裕的來勢洶洶，不知其真實戰略目標為何，戰、和二派各據其理僵持不下，魏明元帝折衷二者擺出防禦陣勢，由司徒長孫嵩、振威將軍娥清領十萬魏軍屯駐黃河北岸警戒，與其說是中和戰、和二派意見，不如說是北魏現階段國家戰略精神的表現。魏明元帝守土有責，必須維護領土完整、鞏固既有疆域，劉裕北伐後秦，他不能毫無作為，尤其「假途滅虢」不可不慎，故為防止劉裕突然轉向進攻北魏，監控晉軍動向勢所必須，若劉裕猝然發動進攻，十萬魏軍足可抵擋第一波攻勢，北魏朝廷可再急調各路兵馬支援，北魏的軍事部署確符合當時戰略形勢。

弔詭的是，魏明元帝甫於劉裕北伐後秦的前一年（415、魏神瑞二年、晉義熙十一年）十月娶後秦西平公主，[註158] 按理魏秦關係應進一步得到鞏固，然而魏明元帝和其文武官員關心的是，劉裕出兵的目的是否「明為攻秦、實則襲魏」，戰略思維全集中在國防安全上，完全忽視後秦即將遭受晉軍攻擊，北魏是否應遣軍救援，由此可見國際政治的現實，當北魏的生存利益受到威脅自顧不暇時，其盟友後秦的安危已不足論了。

魏明元帝和劉裕若各自按照既定的戰略規畫執行，雙方不致於發生衝突，但戰場上的變化往往無法預料。十萬魏軍在旁虎視眈眈，劉裕害怕魏軍從後偷襲，且北魏、後秦一向關係密切，北魏和後秦前後夾擊晉軍之可能性亦非全無，故劉裕為預防萬一，保證東晉北伐大軍行軍路線不受阻撓，必須佔領晉軍必經之地——河南重鎮滑臺。滑臺攻防戰本應是場勢均力敵的戰役，卻因北魏滑臺守將兗州刺史尉建儒弱怯戰，竟棄城而走，晉軍前鋒王仲德輕易佔領滑臺。

在「鞏固既有疆域」的國家戰略指導下，滑臺淪陷已損害北魏「維護領

〔註158〕參見《魏書》卷3〈太宗紀〉，頁56。

土完整」的國家利益，魏明元帝驚怒可想而知，驚的是晉軍竟然如此輕鬆攻佔滑臺；怒的是尉建臨陣脫逃，除立斬尉建以明軍紀外，更令司徒長孫嵩於417年（魏泰常二年、晉義熙十三年）二月發動攻勢反擊晉軍，以雪滑臺失陷之恥，然而事與願違，晉軍朱超石部於畔城擊敗長孫嵩。畔城之戰雖以魏軍敗陣收場，但魏明元帝和劉裕的態度也因此而明朗化，魏明元帝瞭解劉裕的戰略目標並非北魏，否則何以畔城之役勝利後，未繼續揮軍進攻擴張勝果；劉裕也明白北魏未有出兵援助後秦計畫，否則十萬魏軍早就全面進攻，不會僅有長孫嵩部的攻擊行動，同時也瞭解北魏掌握地理優勢，隨時能襲擊晉軍側翼牽制其行動，故必須穩住北魏避免衝突，因此劉裕在畔城戰後採低姿態，遣使向北魏說明希望獲得諒解。魏明元帝接受了劉裕說法，雙方戰火暫熄，但魏軍仍密切注意晉軍動向，同時劉裕也不用擔心北魏，終能全力進軍後秦，於八月攻克長安，滅亡後秦。

畔城戰後魏明元帝雖未干擾晉軍的行動，但對於後秦能否抵禦晉軍的進攻仍有疑問，曾問及崔浩意見：〔註 159〕

> 太宗問浩曰：「劉裕西伐，前軍已至潼關。其事如何？以卿觀之，事得濟不？」浩對曰：「昔姚興好養虛名，而無實用。子泓又病，眾叛親離。裕乘其危，兵精將勇，以臣觀之，克之必矣。」

魏明元帝會有此問其實已在做戰略評估，若後秦能擊退來犯晉軍，事後恐會責怪北魏袖手旁觀，其原因不僅因二國關係尚佳，更因北魏生死存亡之役，北魏主力和後燕主力決戰的參合陂之役，當時後秦主姚興遣軍相助，救北魏於危難之中，等於對北魏有再造之恩，「慕容寶來寇也，太祖（魏道武帝）使（許）謙告難於姚興。興遣將楊佛嵩率眾來援。」〔註 160〕雖秦軍援魏數目不詳，因史未明載故不得而知。事實上根據參合陂之役結果，北魏即使未有秦軍相助，亦能擊敗後燕，後秦的援助是否居參合陂之役的關鍵地位，不無疑問，雖是如此，但後秦畢竟以實際行動遣軍支援，自然將此視為對北魏的再造之恩。另外，魏明元帝娶後秦西平公主，魏秦成姻親之國，情義上北魏似乎應出兵協助，且晉軍前鋒已至潼關，後秦正面臨生死存亡之秋。魏明元帝或許亦有此考慮，對晉秦爭戰誰能勝出的戰略形勢存有疑慮，因此才會徵詢崔浩。

〔註 159〕《魏書》卷 35〈崔浩傳〉，頁 810。
〔註 160〕《魏書》卷 24〈許謙傳〉，頁 611。

　　崔浩詳細剖析後秦的內部局勢，實已分崩離析，又將後秦主姚泓和劉裕做一對比，認為姚泓必敗無疑，魏明元帝至此心中大定，更加堅定其中立態度。但是戰後問題又引發魏明元帝的擔憂，如果後秦終將不存，則戰後北魏和東晉的國境線更加綿長，二國關係勢必更加緊繃，以往平和關係將不復存在，與其如此，不如趁後秦將滅之際，遣軍佔領後秦部分土地，與東晉分庭抗禮，這也是對外拓展領土的另一個戰略思考方向。若果真如此，北魏即是和東晉聯合瓜分後秦，這等於是國際現實殘酷的寫照，且如此一來，北魏須擔負和東晉提早爆發衝突的危險，此時崔浩又提出他的戰略分析：〔註161〕

> 秦地戎夷混並，虎狼之國，（劉）裕亦不能守之。風俗不同，人情難變，欲行荊揚之化於三秦之地，譬無翼而欲飛，無足而欲走，不可得也。若留眾守之，必資於寇。……今以秦之難制，一二年間豈裕所能哉？且可治戎束甲，息民備境，以待其歸，秦地亦當終為國有，可坐而守也。

崔浩認為，關中地區民族問題複雜，且距離東晉政治中心建康遙遠，劉裕恐有鞭長莫及之感，將是得地而不能守，最終還是會成為北魏國土。崔浩的建言獲得魏明元帝採納，北魏遂不介入劉裕對關中的爭奪。歷史的發展正如崔浩所料，關中地區不久陸續成為北魏領土，更成為都城所在，魏明元帝先攻佔洛陽等地、魏太武帝滅大夏盡取關中之地、魏孝文帝更將都城遷至洛陽。附帶一提的是，崔浩是魏明元帝頗為重要的戰略智囊，他的戰略見解精闢，常能提供魏明元帝正確的戰略分析，讓魏明元帝做出正確的戰略判斷，如他曾評論劉裕為「司馬德宗之曹操也。」〔註162〕之後劉裕果然篡晉自立。又論及赫連勃勃：〔註163〕

> 家國夷滅，一身孤寄，為姚氏封殖。不思樹黨強隣，報讎雪恥，乃結忿於蠕蠕，背德於姚興，撅豎小人，無大經略，正可殘暴，終為人所滅耳。

大夏經北魏多次討伐，國土日蹙、國勢漸衰，傳至赫連定時，為避北魏追擊逃至吐谷渾，結果為其所俘，大夏亡，再次驗證崔浩洞燭機先與富前瞻之眼光。

〔註161〕《魏書》卷35〈崔浩傳〉，頁810～811。
〔註162〕《魏書》卷35〈崔浩傳〉，頁811。
〔註163〕《魏書》卷35〈崔浩傳〉，頁811。

「鞏固既有疆域」和「對外拓展領土」乃魏明元帝主導之北魏國家戰略，表現在對大夏、北燕和後秦、東晉的態度明顯不同，二組恰為對照組，對大夏、北燕等小國以武力對抗為主；對後秦、東晉則盡量緩和雙邊關係，不過在危及領土主權的基本國家利益時，北魏還是不惜一戰，只不過會控制衝突，避免成為長期衝突或擴大戰爭規模，引起其他國家趁機進攻北魏。從上述各段落敘述之事實證明，魏明元帝的國家戰略基本上獲得一定程度成功，備戰大夏，與東晉、後秦保持均勢與友好關係，不僅鞏固既有疆域，也適時對外開拓不少領土。

二、魏明元帝後期北魏對劉宋的國家戰略解析

南方漢人政權雖在 420 年（魏泰常五年、宋永初元年）發生遞嬗，劉宋取代東晉，然而此翻天覆地的變化並未改變南北胡漢政權原有的戰略環境，北魏與新興的劉宋政權戰略關係平和，魏明元帝對劉宋仍以原東晉的舊戰略思維視之，關鍵在於劉裕平定桓玄之亂後，於東晉末晉安帝、晉恭帝時已掌握大權，國政大事皆由劉裕決斷，二位君王僅是拱手而已。前文述及崔浩曾將劉裕比喻為曹操，司馬氏政權至此實已名存實亡，東晉王朝僅剩一軀殼，劉裕篡晉乃早晚之事，故魏明元帝在劉裕掌控東晉軍政實權後，與東晉的對口、交涉以及關注對象，自然鎖定在劉裕身上。因此當南方改朝換代劉裕成為宋武帝後，魏明元帝對南方漢人政權的態度依舊，國家戰略未嘗試作任何改變，因實際的執政者仍為劉裕，只不過現在名正言順罷了。

魏明元帝未調整國家戰略尚有另一因素，宋武帝以軍功起家，所率北府軍團勇猛善戰，為南方漢人政權最倚賴的武力，而宋武帝北伐後秦與北魏爆發衝突，畔城之戰魏軍敗績，〔註164〕魏明元帝想必記憶猶新，若趁南方易代之際揮軍南侵，與宋武帝的衝突勝負難料，一旦魏軍再敗，恐將嚴重衝擊北魏民心士氣，會造成後續何種效應無法預料，故暫且觀察劉宋王朝的發展，政治局勢是否會有變化？如原東晉統治集團司馬氏的反撲，或地方勢力趁劉宋統治尚未穩固之際發動叛亂，這些政治變動都會造成戰略環境改變，進而影響北魏與劉宋的戰略關係，故魏明元帝以不變應萬變，暫時觀察一段時間，待劉宋情勢發生變化再做相對應的國家戰略調整亦未遲。

〔註164〕畔城之戰參見《魏書》卷 3〈太宗紀〉，頁 57。《宋書》卷 48〈朱超石傳〉，頁 1425～1426。本書第二章第二節，頁 63。

　　422 年（魏泰常七年、宋永初三年）五月宋武帝逝世，穩定魏宋戰略關係的因素消失，太子劉義符順利即位為宋少帝，劉宋政治未發生劇烈變動，但宋少帝政治歷練不足，又無其父宋武帝般的軍事才能，魏明元帝見機不可失，適時調整國家戰略，如下圖：

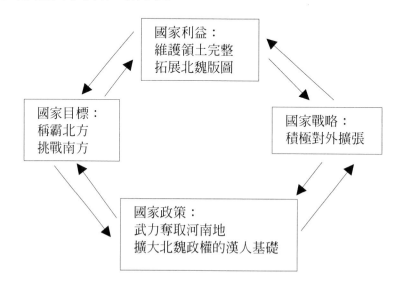

圖八：魏明元帝後期北魏對劉宋的國家戰略圖

　　鈕先鍾認為國家戰略體系並非上下層次的關係，也非靜止不動的狀態，從國家利益、國家目標、國家政策到國家戰略，都是循環不已的狀態，其中任何一個部分因外在戰略環境發生改變時，都會影響其他部分的變化，此即反饋（Feedback）之概念。〔註 165〕北魏國家戰略的改變，首先在國家政策部分發生變化。「結盟後秦、對抗大夏、不與東晉為敵」乃既定之國家政策，但是隨著國際局勢變化，國家政策必須作相對應調整。其中後秦已為劉裕所滅，「結盟後秦」政策的因素消失；而「不與東晉為敵」，指的是不與自東晉末即執掌政權到創建劉宋王朝的宋武帝劉裕為敵，在其崩逝後，北魏是否維持與劉宋一貫的和平政策面臨考驗。宋少帝年輕稚嫩，國政大權又落入宋武帝朝老臣手中，劉宋的政治局勢已然發生重大變化。北魏為因應劉宋新的統治者及政治局勢，揚棄以往不與劉宋為敵的政策，改採侵略的攻擊行動，是否能為北魏帶來更多的人口、土地、經濟等利益，即成為魏明元帝思考的方向。

〔註165〕參見鈕先鍾，《大戰略漫談》（臺北：華欣文化事業公司，1977 年 5 月），頁
　　　　91～93。本書第一章第二節，頁 41～42。

（一）國家利益：維護領土完整、拓展北魏版圖

　　由於宋武帝崩逝造成魏宋戰略環境發生變化，魏明元帝為因應新的南北局勢，決定改弦易張，以積極性的侵略代之以「不與東晉為敵」的政策，如此改變，引起國家利益、國家目標、國家戰略的連動變化。在國家利益方面，維護生存的威脅已逐漸降低。422 年（魏泰常七年、宋永初三年）北方除北魏外，尚有西秦、大夏、北燕、北涼四個國家，西秦、北燕、北涼地小民貧又僻處一隅，實無法威脅北魏；大夏雖佔關中地區，但赫連勃勃視百姓如草芥，崔浩曾論其必為人所滅，且大夏國力不如北魏乃是事實，能頻頻入寇造成北魏邊境不安，但並未具備滅亡北魏之實力，故北魏確保生存這項利益基本不成問題。

　　「維護領土完整」向來是每個國家重視之利益，古今中外任何一個國家，沒有國家能坐視領土被侵佔，北魏亦然。北魏尚未統一北方，所處地域尚有四個國家，南方還有國力不下於己的劉宋，一旦這些國家入侵，北魏必然奮起抗戰，為「維護領土完整」的國家利益而戰，「維護領土完整」也成為橫貫魏明元帝全朝的國家利益。

　　國家利益會隨著一個國家的進展以及國際局勢的轉變而有所不同，魏道武帝時北魏乃肇建時期，北方各國攻伐激烈，維護生存成為最重要的國家利益。至魏明元帝時，經魏道武帝的對外征討及各國相互的爭戰，不少國家滅亡，能威脅北魏生存的國家日漸減少。生存不受威脅後，北魏的國家發展進入擴張期，「拓展北魏版圖」遂提至國家發展的時程上，而這也成為魏明元帝後期最關注的國家利益。

　　或許是畔城之戰對魏明元帝影響太深，宋武帝在位時，北魏不敢主動挑釁，始終採取和平共存的態度。然而在魏明元帝忌憚的宋武帝逝世後，劉宋不再是不可進攻之對象。北魏和劉宋基本上沿黃河南北對峙，雙方戰略關係其實相當緊張，稍有不慎極可能擦槍走火引發衝突，北魏為了防禦劉宋進攻，在黃河沿岸配置大量兵力，軍事壓力相當重，若能將河南地一變為北魏領土，如此一來不但可伸展北魏的戰略縱深，減輕在黃河岸部署重兵的壓力，還可化被動為主動，以攻擊代替防守，將北魏、劉宋彼此在黃河岸置戍配兵駐守，防止對方攻擊的戰略態勢，轉變為劉宋仍須置重兵防止北魏進攻之防禦者，但北魏已控有河南地，由防禦者轉為掌握戰略優勢的進攻者，藉以減輕北魏在黃河岸的軍事壓力。

　　綜合上述，北魏「維護生存」的國家利益在北方各國相互兼併後已逐漸

明朗，北魏稱霸北方，剩下的四個國家，實力不足以和北魏長期對抗，欲滅北魏恐非易事，故「維護生存」和「拓展北魏版圖」之間，顯然後者重要性高過前者。當威脅生存的力量逐漸消失，主政者關注其他的國家利益實為正常之事，所以魏明元帝以「拓展北魏版圖」取代「維護生存」為其後期的國家利益，但維護生存並非不重要，只是依當時主客觀環境，拓展版圖的重要性大增，然而一旦生存遭威脅，如大夏突然攻至北魏平城附近的核心區，或劉宋興師北伐越過黃河進入北魏中心腹地，當大夏和劉宋的軍事行動已威脅北魏生存時，國家利益就要依照變化作調整，此時「維護生存」將再度成為北魏的國家利益無疑。至於「維護領土完整」的國家利益則和「拓展北魏版圖」相呼應，對於既有疆域要維護其完整，遇敵侵佔須發兵擊退；對拓展版圖後的新佔領區，亦須全力維護，防止原有國家揮軍奪回。是故，魏明元帝時期的北魏國家利益，從前期的「維護生存」、「維護領土完整」，至後期轉為「維護領土完整」與「拓展北魏版圖」的二大核心國家利益，根據以上之論述，可知實有其脈絡可尋。

（二）國家目標：稱霸北方、挑戰南方

魏明元帝前期「獨霸北方」的國家目標，隨著北魏實力的不斷壯大已然實現，北方其他國家的實力離北魏都有一段不小的差距，這些國家僅能割據一隅，無法和北魏抗衡，遑論滅亡北魏。實力較強且盤據關中的大夏，因赫連勃勃的血腥統治，百姓離心離德，內部矛盾叢生，封建化腳步也不如北魏，無論人口、土地，以及軍事力、生產力、經濟力等皆不及北魏，在魏明元帝後期的中國北方，北魏已成超級大國，基本上已達成「獨霸北方」的目標，下一步即是要「稱霸北方」，繼續打擊北方諸國，故魏明元帝後期的國家目標，由「獨霸北方」提升為「稱霸北方」。

前期「獨霸北方」的國家目標，北魏乃北方首強，其他各國實力均遜於北魏，北魏和任何一國作戰，若無特殊情況，獲勝機率較大。然而有一種情況雖未發生或發生機率低，但北魏不可不防，倘若其他國家組成同盟聯合進攻北魏，對北魏而言當為最壞情況，與多國同時作戰並非如一對一交戰同樣簡單，戰略情勢更為複雜，北魏勢必無法從容應付。以北魏為中心的地理位置分析，北燕居東北、大夏居西北、後秦居西南，若三國聯盟分從東北、西北、西南三個方向進攻北魏，北魏三面受敵，一旦防禦不當，北魏恐有覆亡之虞。雖然大夏和後秦矛盾太深、心結難解，秦夏間的仇恨不下於魏夏間的

世仇，且在北魏刻意和後秦保持良好關係情形下，魏秦關係尚佳，大夏和後秦同盟的機率甚低，幾乎不可能。客觀情況雖是如此，但為政者為維護國家生存，必須考量最壞情況，所謂政治上沒有永遠的敵人亦無永遠之朋友，彼此都是以實際利益為導向。以魏秦為例，二國關係如此良好，但在劉裕北伐後秦時，北魏卻持中立態度，未遣軍援秦亦未襲擊晉軍助秦。是故，大夏和後秦是否會為了某些利益達成同盟，再聯合北燕進攻北魏，實不得而知。上述情況實須魏明元帝審慎考慮，也因此他在繼承魏道武帝皇位後，仍將其國家利益中的「維護生存」保留，即著眼於北魏雖是北方最強國家，僅能獨霸尚未至稱霸地步，國家生存仍有不可預知的威脅存在。

魏明元帝後期以「稱霸北方」為國家目標，預備以軍事武力削弱其他國家的力量，而隨著國際局勢的變化，至 422 年（魏泰常七年、宋永初三年）時尚有西秦、大夏、北燕、北涼等四個政權，北涼、西秦疆域並未與北魏接壤，故魏明元帝將目標鎖定大夏、北燕。其實早在 422 年之前，北魏和北燕、大夏已有多次交戰紀錄，〔註166〕大夏更一直是北魏備戰、警戒目標，故魏明元帝延續前期做法，持續對大夏、北燕施加軍事壓迫，令北魏能「稱霸北方」。事實上，以客觀情勢分析，北魏實力已能「稱霸北方」，西秦、大夏、北燕、北涼四國聯軍恐都不及北魏，北涼、西秦分居甘肅南部、西南部，二國地小國弱，自顧尚且不暇，實無法遣軍至北魏作戰。北魏約在今河北、山西一帶，從甘肅南部至河北、山西等地是一段不算短的距離，依西秦、北涼國力而言，其軍隊都不具備遠程作戰能力，即便派出軍隊前往，數目不可能太多，無法對北魏構成威脅，且魏軍以逸待勞，勝負當可預見。至於大夏，一直是北魏的戰略目標，故北魏對大夏軍隊的部署與調度必定嚴密監控，情報偵蒐應相當確實，一旦夏軍在二國邊境間有蠢動跡象，北魏朝廷必然迅速因應，所以

〔註166〕414 年（魏神瑞元年、晉義熙十年）二月，魏夏衝突：「赫連屈孑（勃勃）入寇河東蒲子，殺掠吏民，（北魏）三城護軍張昌等要擊走之。」《魏書》卷 3〈太宗紀〉，頁 54。416 年（魏泰常元年、晉義熙十二年）十月，魏燕衝突：「徒何部落庫傉官斌先降（北魏），後復叛歸馮跋。驍騎將軍延普渡濡水討擊，大破之，斬斌及馮跋幽州刺史、漁陽公庫傉官昌，征北將軍、關內侯庫傉官提等首，生擒庫傉官女生，縛送京師。幽州平。」《魏書》卷 3〈太宗紀〉，頁 56～57。418 年（魏泰常三年、晉義熙十四年）五月，魏明元帝「遣征東將軍長孫道生、給事黃門侍郎奚觀率精騎二萬襲馮跋，又命驍騎將軍延普自幽州北趨遼西為聲勢，帝自突門嶺待之。道生至龍城，徙其民萬餘家而還。」《魏書》卷 3〈太宗紀〉，頁 58～59。

大夏若有進攻北魏企圖，其軍隊動向可能早被被北魏掌握，因此夏軍以奇襲方式不太可能，若與魏軍正面對決，又非魏軍對手，可見北魏掌握對大夏主動性與積極性的戰略優勢。最後是北燕，僻居北魏東北，其國土僅和北魏連接，和大夏沒有直接接觸機會，更何況在大夏以西的西秦、北涼。況且北燕受北魏威脅日甚，自保已有問題，遑論出兵進攻。北燕的西、南方俱為北魏，東為高麗及渤海，特殊的地理環境等同被北魏包圍，使其與其他國家的聯繫管道困難，更不可能維持關係，所以北燕要和其他國家組成聯軍幾乎不可能。據以上分析，西秦、大夏、北燕、北涼實無法合縱對抗北魏，若最壞情況發生，四國成功達成同盟合攻北魏，北魏必須能分別擊退，始能達到「稱霸北方」的國家目標，所以四國同盟容或有萬分之一可能，魏明元帝就必須防範於未然，因此必須繼續削弱北方諸國的實力，使北魏實力大於四國相加總和，如此一來，即使四國聯軍北魏亦無所畏懼，北魏便能達到「稱霸北方」的國家目標。

南北朝時期的魏宋南北對峙，南方國力最盛甚至贏過北方是在宋武帝在位的劉宋初年，此後漸走下坡，北魏卻日漸提升，至宋文帝時魏強宋弱、北強南弱格局底定。劉宋初年與北魏沿黃河對峙，同時佔有青齊之地，加上宋武帝具優秀軍事才華與精湛的戰略素養，劉宋又是統一國家，戰略環境佳。至於北魏所處的北方則尚未統一，雖然北方各國此時已無法威脅北魏生存，但北魏尚須應付他們不時的侵擾，多少影響國家的安定，加上還有北方大敵柔然，兩相對照，劉宋的內外環境的確優於北魏。若照此情況發展下去，極有可能形成宋強魏弱格局，南北對峙歷史恐將改寫。然而，魏明元帝的心理因素與宋武帝的生理因素，卻注定魏強宋弱的對峙態勢。

宋武帝的生理因素指的是他的猝逝，人的壽命不是自己所能控制，人能控制的是自己的行為，在政治上勵精圖治做個明君，這些是宋武帝能自我控制，但享壽長短無法操之在己。宋武帝建立劉宋王朝不過短短三年即崩逝，他的去世為魏宋關係帶來關鍵性改變。至於魏明元帝的心理因素，則是他的企圖心與積極進取的精神，宋武帝逝世，魏明元帝認為超越劉宋的時機到了，以往憚於宋武帝的軍威，北魏一直嚴守黃河岸，未有跨越黃河採主動攻勢的戰略思維，現北方局勢大致已定，已無國家可和北魏抗衡，北魏「稱霸北方」已成定局，只是時間早晚問題。而今，促使北魏暫採守勢的宋武帝因素已消失，正好藉此機會挑戰南方，因此將「挑戰南方」列為國家目標，可說是因

緣際會與時勢所趨。

所謂時勢所趨，指北方胡人政權一旦發展壯大到統一北方，以及漢化、封建化到一定程度時，南下吞併漢人政權一統南北就成爲其目標與使命，如前秦苻堅即爲一明顯之例。其實不只是胡人政權，一旦北方統一後，這個統一勢力必然會積極南征以求統一，如東漢末之曹操。正確的說，不論是何種政權，南方、北方？胡人、漢人？只要他的勢力不斷發展，最終的目的都是建立統一王朝，像三國的蜀漢，勢力最小，卻也有消滅曹魏混一南北之心。所以當北魏勢力已「稱霸北方」的情形繼續發展下去，待統一北方已指日可待時，屆時就會有南下之心，所以北魏南下爭雄僅是時間早晚而已。至於因緣際會，則是宋武帝的突然去世，爲北魏挑戰南方提供戰略契機，使北魏南侵時程提早。宋武帝在世，北魏的南侵行動可能不會有太大勝果，甚至損兵折將，損失的比得到的多，而這也是魏明元帝不願對劉宋展開軍事行動的原因。

雖云宋武帝猝逝的生理因素讓北魏有侵略南方的機會，但眞正關鍵乃魏明元帝強烈的態度，亦即其心理因素，若魏明元帝過於消極或顧慮太多，不敢善用此良機，北魏仍舊重兵列屯黃河岸採守勢作戰，他就不會以「挑戰南方」爲國家目標。幸魏明元帝正確的戰略判斷，決定在北方局勢已可控制情形下興兵南伐，所以魏明元帝等於是「稱霸北方」、「挑戰南方」雙重國家目標並行之。

（三）國家政策：武力奪取河南地、擴大北魏政權的漢人基礎

目標需賴政策實現，故「稱霸北方、挑戰南方」的國家目標，則需藉「武力奪取河南地、擴大北魏政權的漢人基礎」之國家政策來實現，「武力奪取河南地」顯然是爲實現「挑戰南方」的國家目標；而「擴大北魏政權的漢人基礎」則涵蓋「稱霸北方」與「挑戰南方」二者。

先論「武力奪取河南地」。或許是畔城之役失利和滑臺淪陷之恥對魏明元帝的刺激太深，宋武帝於 422 年（魏泰常七年、宋永初三年）五月辭世後，經四個月準備，魏軍九月即展開對河南地的進攻行動，雖然北魏內部對攻城或略地的進攻戰略有所爭執，但在魏明元帝急切求戰的心態下，果斷的以君王權威整合內部意見，決定以攻城爲主要作戰方式，希冀一舉拿下河南四鎮，將北魏對劉宋的戰略前緣自黃河推展至淮河，日後雙方爭戰地域不再是河南而是淮北。魏明元帝以非常明確的行動與政策，展現他「挑戰南方」的決心，

而首要目標就在河南四鎮。

　　魏軍進攻河南地的過程先勝後敗，前文已述虎牢之戰魏軍攻勢受挫，相較於碻磝、滑臺、洛陽，虎牢遲遲未能攻下，但魏明元帝並未視奪取河南三鎮為滿足就此罷兵，反而不斷增援，終於攻陷虎牢。〔註 167〕魏明元帝堅持到底的行動，端賴其戰略決心，而戰略決心即是決定國家目標後，就要以國家政策執行之，不能半途而廢。以當時魏宋兩軍在虎牢的攻守態勢而言，魏軍掌握優勢，且由於劉宋朝廷反應遲緩，援軍派遣太慢，加上內部矛盾，名將檀道濟遭忌，無法率領太多軍隊支援，以致減低了劉宋朝廷增援的力道。另外，魏明元帝積極開闢東戰場，魏軍在青齊地區進展順利，大大增強魏明元帝信心，所以魏明元帝並非不視戰略環境，堅持不計代價攻陷虎牢，而是他視劉宋朝廷的反應和魏軍在東戰場的進展，以此決定虎牢的攻勢是否繼續。如果劉宋朝廷增援迅速，檀道濟又能率領大軍而來，而宋軍在東戰場也能抵禦魏軍的進攻，當上述所言之戰略態勢皆不利北魏時，相信魏明元帝會重新思考，虎牢是否有攻佔必要，以「武力奪取河南地」的政策也會有調整空間。國家政策並非一成不變，而是要視外在環境變化隨時做最有利之調整。另一方面，「挑戰南方」雖為國家目標，但施行的方式很多，運用不同的政策也可以達成，不一定非進攻河南地不可，例如：魏軍在東戰場進攻順利，便可乘勝追擊，進攻青齊地區或濱海之地等，如此亦可達成「挑戰南方」之國家目標。總而言之，國家目標屬大範圍的標的，須藉國家政策之執行來完成，但政策是彈性且隨時可變化，當政策窒礙難行時，即須適時調整，只要能達成目標即是成功的政策。

　　次論「擴大北魏政權的漢人基礎」。由於漢文化博大精深，自古即影響周遭的少數民族，因此即使在漢文化圈以外，都會受到漢文化影響，何況是拓跋氏早已進入漢文化圈，自然無法自絕於這股文化洪流之外，尤其從春秋戰國以來，北方游牧民族雖不斷與漢民族衝突，卻也在衝突中被漢化，如西漢時之匈奴，至東漢時分裂成南匈奴、北匈奴，南匈奴親漢，漢化程度頗深。又如五胡十六國政權，許多政權雖為少數民族所建，但各項典章制度、皇帝威儀都是取材自漢王朝，更晉用許多漢人士大夫協助治國。氐人苻堅以漢人王猛為相，建立一統北方的前秦王朝，但他不聽王猛勿討東晉的勸告執意南伐，遂有淝水之敗導致前秦瓦解。至於北魏，在部落聯盟時已接觸漢文化，

〔註167〕虎牢之戰經過，參見本書第二章第三節，頁 77～79、83～85。

更因漢化過深引起保守派的政變。

　　拓跋沙漠汗乃部落聯盟君長拓跋力微長子，因拓跋部與曹魏的和親政策，曾出爲質子在洛陽住了六年，遂感染華風逐漸漢化，歸國後則常往來拓跋部與西晉間。277 年（拓跋力微五十八年、晉咸寧三年）出使西晉回國卻遭諸部大人殺害，《魏書‧序記》載：〔註 168〕

　　始祖（拓跋力微）聞帝（拓跋沙漠汗）歸，大悅，使諸部大人詣陰館迎之。酒酣，帝仰視飛鳥，謂諸大人曰：「我爲汝曹取之。」援彈飛丸，應弦而落。時國俗無彈，衆咸大驚，乃相謂曰：「太子風彩被服，同於南夏，兼奇術絕世，若繼國統，變易舊俗，吾等必不得志，不若在國諸子，習本淳樸。」咸以爲然，且離間素行，乃謀危害，並先馳還。……於是諸大人乃馳詣塞南，矯害帝。

由此可證拓跋氏在部落聯盟時期已有一定程度的漢化，且漢化力量不可小覷，正逐漸擴大，所以才會引起保守派緊張，否則漢化程度低、力量小，自然不會讓保守派害怕，也就不會引起拓跋沙漠汗被殺的事件。此外，拓跋力微孫拓跋猗盧任部落聯盟君長時，受西晉代公、代王封號，〔註 169〕證明雙方關係密切，故彼此交流必定頻繁，如此更會加速拓跋氏漢化的進行。

　　魏道武帝創建北魏王朝，仍延續部落聯盟吸收漢文化養分的作法，甚至更進一步，延攬許多漢人文士協助各項國家建設與典章制度的制訂，如崔玄伯、燕鳳、許謙、張袞等漢人紛紛效力北魏政府，上述諸人《魏書》均有列傳，〔註 170〕足證漢人對少數民族北魏王朝的奠基具有重大貢獻。崔玄伯之子崔浩，歷仕魏初三帝，文韜武略出衆，在劉裕北伐後秦、魏軍進攻河南四鎮時，均向魏明元帝詳細分析戰略形勢並提出戰略評估；另外像評論劉裕、赫連勃勃等人未來之發展，也提出十分中肯的看法，提供魏明元帝對大夏、劉宋戰略關係的重要參考。其實任何一位北魏君王，重視漢人士大夫勢所必然，拓跋氏以一少數民族入主北方中國，在這塊土地上，漢人居絕大多數，卻淪爲被統治者，一旦漢人謀亂，居人數劣勢的拓跋氏恐被推翻，故拓跋氏爲維持統治，籠絡漢人士大夫，並以之爲參與北魏政府的政治象徵，藉以安

〔註 168〕《魏書》卷 1〈序記〉，頁 4～5。

〔註 169〕參見《魏書》卷 1〈序記〉，頁 7、9。

〔註 170〕參見《魏書》卷 24〈崔玄伯傳〉，頁 620～623。同書同卷〈燕鳳傳〉，頁 609～610。同書同卷〈許謙傳〉，頁 610～611。同書同卷〈張袞傳〉，頁 612～614。

撫大多數的漢人百姓，降低漢人的反抗，並增加他們對北魏政權的認同感。再者，拓跋氏自部落聯盟起浸淫漢文化已有悠久歷史，非常明白漢人士大夫在治理國家上的不可或缺性，待進入北魏王朝，逐漸漢化、封建化過程中，更需要漢人士大夫在國家規範、典章制度等方面的輔弼，這些都是文化水準遠不如漢文化的北魏統治階層──代人貴族無法替代的。

魏明元帝體認少數民族的北魏政權，爲穩固統治，必須爭取基層的漢人百姓和漢人名門世族。對基層的漢人百姓，要爭取他們對北魏政權的支持，避免因胡漢差異問題滋生亂事；對漢人士大夫，則借重他們的文化素養進入政府服務，避免他們煽動基層百姓爲亂。爲達上述目的，遂以「擴大北魏政權的漢人基礎」爲國家政策並全力推行之。不過，在北方和南方，如何擴大北魏政權的漢人基礎，作法還是有些許不同。

北魏從獨霸北方到稱霸北方，雖然國力不斷提升，疆域也持續擴大，但是身爲少數民族，無法享有人數優勢，故北魏的統治並非全然穩固。因此要「擴大北魏政權的漢人基礎」，除了在北方地域繼續重用漢人士大夫外，還要吸收南方的漢人世族。北方的名門高族在五胡亂華時大都遷往南方避難，東晉復興後南渡者更多，由於北方戰亂頻繁，南方東晉相對穩定，漢人大族奔逃至東晉者更是絡繹不絕。這些漢人在正常情況下不可能回到北方，但是東晉末，因權臣劉裕的崛起，爲掌握朝政大權，與東晉司馬氏展開權力鬥爭，許多中央、地方的文武官員以及司馬宗室，被劉裕排擠剝奪政治權力，有些擔憂被殺害，紛紛北逃，而北魏也利用東晉內部矛盾，大量接收這些歸降漢人，如下表所示：

表一：魏明元帝時期南方漢人歸附表

時　　　間	經　　　過	出　　　處
414 年 魏神瑞元年 晉義熙十年	六月，司馬德宗（晉安帝）冠軍將軍、太山太守劉研弟，輔國將軍、領東平太守陽平趙鸞，廣威將軍、平昌太守羅卓，斗城屠各帥張文興等，率流民七千餘家內屬。	《魏書》卷 3〈太宗紀〉，54。
415 年 魏神瑞二年 晉義熙十一年	（二月）司馬德宗琅邪太守劉朗，率二千餘家內屬。	《魏書》卷 3〈太宗紀〉，55。

417年 魏泰常二年 晉義熙十三年	（二月）司馬德宗滎陽守將傅洪，遣使詣叔孫建，請以虎牢降，求軍赴接；德宗譙王司馬文思遣使王良詣闕上書，請軍討劉裕。 （五月）司馬德宗齊郡太守王懿來降。	《魏書》卷 3〈太宗紀〉，57。
	九月癸酉，司馬德宗平西將軍、荊州刺史司馬休之，息譙王文思，章武王子司馬國璠、司馬道賜，輔國將軍溫楷，竟陵內史魯軌，荊州治中韓延之、殷約，平西參軍桓謐、桓璲及桓溫孫道子，勃海刁雍，陳郡袁式等數百人來降。	《魏書》卷 3〈太宗紀〉，57～58。
419年 魏泰常四年 晉元熙元年	（三月）司馬德文（晉恭帝）寧朔將軍、平陽太守、匈奴護軍薛辯及司馬楚之、司馬順明、司馬道恭，並遣使請降。	《魏書》卷 3〈太宗紀〉，59。
	六月，司馬德文建威將軍、河西太守、馮翊羌酋党道子遣使內屬。	
422年 魏泰常七年 宋永初三年	（十二月）司馬愛之、秀之先聚黨濟東，皆率眾來降。	《魏書》卷 3〈太宗紀〉，62。

上述表列僅是南方漢人降魏之一部分，相信史籍未載者更多，尤其地方官吏或朝廷中下層官員，因重要性不大，故史籍通常不會記載。魏明元帝幾乎全數吸收這些北降漢人，其目的有二，其一：他們幾乎都在東晉或劉宋政府任官，熟稔行政事務，對北魏官僚體系的運作很有幫助。其二：藉此向北魏治下的北方漢人做宣傳，證明北魏政權獲得司馬氏及南方漢人大族的認同，以往都是南方漢人政權鼓吹北伐收復舊山河，現在卻有其統治階層北降，正足以彰顯北魏政權的漢人基礎不斷擴大。

　　在南方，要擴大北魏政權的漢人基礎，光靠上述南方各級漢人官員的降附，成效有限，雖然有宣傳效益，但實際上這些人大多為統治階層，社會基礎不夠，他們往往與基層百姓及土地脫節，唯有獲得大量的土地與基層漢人百姓，才是北魏得以擴大漢人基礎的關鍵。基於此，魏明元帝發動侵佔河南地的軍事行動，即著眼於擴大領土並獲得更多漢人百姓。但是，獲得土地與漢人百姓，和如何有效治理並爭取漢人向心是差異甚大的二件事。佔領土地很簡單，憑強大武力即可做到，然而，得地而不能守仍無濟於事，北魏要能永續領有河南地，需分二個層面探討，一是軍事武力的堅守，北魏佔有河南地後，可以想見劉宋必然會有收復河南地之心，故北魏須在河南置重兵鎮守，但當時北魏與劉宋實力相當，劉宋要奪回河南地恐非易事。二是對河南地的

管理方式，若北魏政府仍沿用以往掠奪方式，強制遷徙漢民家戶至北方，魏軍將士不是搶奪百姓財產，就是將百姓沒為奴隸，待魏軍一退，遭魏軍劫掠過的河南地必然滿目瘡痍，這種只求暫時利益的破壞舉動，必然遭致南方漢人的反感。而被強迫遷移至北方的漢民，因離鄉背井加上不適北方氣候等因素，對北魏當然更加痛恨。所幸魏明元帝為了爭取漢人向心，以永續經營的概念管理河南地，派得力官員治理，而于栗磾也能體察魏明元帝之心，治理洛陽時「甚得百姓之心。」〔註171〕使北魏政權的漢人基礎擴大於無形。

（四）國家戰略：積極對外擴張

　　魏明元帝後期的北魏政權，對內統治地位逐漸穩固，而對外的國際局勢，北方各國無人敢纓其鋒，當時的東亞地區，只有柔然和劉宋具備威脅北魏的軍事力量，一北一南成為北魏當面之敵。而北魏此時的國家發展階段，也到了須積極對外擴張的時候。一個國家的創建初期，必然風雨飄搖，能否維繫生存，有許多不可知或無法預期的因素，故維持國家的生存成為第一要務，但是當統治基礎穩固後，接下來的階段即是擴大國家規模，增加土地與人口。人口可以靠提倡生育來增加，但是成長幅度太慢，且不對外發展，土地也不可能增加，因此增加土地與人口最快的方式，就是向外擴張。北魏發展到西元四世紀20年代初時，基本國家根基已定，開始進入對外發展階段，魏明元帝亦有此體認，故「積極對外擴張」成為此時的國家戰略。

　　何謂「積極對外擴張」？其涵意為何，須先予以辨明。此前北魏並非沒有對外擴張，但是目的不同，主要是為了生存而擴張。如魏道武帝向後燕擴張並與其決戰，乃不得不然，北魏欲在北方穩固發展，即須佔有後燕所在的河北地區，同時後燕已警覺到北魏的壯大，已開始準備進攻北魏，魏燕衝突勢不可免。北魏雖於參合陂一役殲滅後燕主力，但其政治實體仍在，所以魏道武帝一連串對後燕的打擊，是為徹底消滅後燕，否則一旦後燕復興，必會滅亡北魏。又例如劉裕發動滅南燕、後秦之戰時，前者正處於魏道武帝、魏明元帝皇位繼承階段，北魏作壁上觀原因，除內部發生清河王拓跋紹弒逆導致政局動盪外，前後二位北魏君王未具積極對外擴張概念亦是原因之一，否則魏軍東出和劉裕爭奪南燕，或是瓜分南燕，將可為北魏增加不少人口和土地，北魏有可能在魏明元帝時即佔有青齊之地或其中一部份。北魏若真有此

〔註171〕《魏書》卷31〈于栗磾傳〉，頁736。

作為，即屬積極對外擴張態度，但是魏軍東出結果，恐為晉軍所敗，或因此得罪劉裕，屆時劉裕把北魏視為戰略目標揮軍北伐，北魏恐將先後秦而亡。魏明元帝甫繼位，國政尚未熟稔，實不宜對外開釁，且劉裕所率北府兵團驍勇善戰，一旦與劉裕衝突，兩軍交戰，魏軍是否有必勝把握，實未可知，若魏軍敗績，劉裕續攻北魏，則國家生存將遭受威脅。另外，魏明元帝透過政變而繼位，當務之急在穩定自身的統治，故沒有與劉裕爭奪南燕想法，其目的乃為維護生存而暫時未採積極性的對外擴張。

至於劉裕滅後秦之戰，北魏保持中立，之所以在滑臺和畔城爆發衝突，乃是晉軍進犯北魏領域，魏明元帝不容領土遭侵佔，故為維護領土完整而遣軍出擊，屬被動式的因應。若魏明元帝有積極擴張想法，可能趁機進襲後秦佔領土地，或對晉軍發動襲擊甚至進攻東晉，但魏明元帝皆未有如此作為，主要考量乃不願主動得罪劉裕影響北魏生存，亦是受限於劉裕勢強的國際環境，以及北魏的國家發展尚未具備積極對外擴張的條件與能力。

魏明元帝後期北魏國家發展趨於穩定，對外擴張的各項條件逐漸成熟，置於魏明元帝眼前的有三個「積極對外擴張」的選項，分別是柔然、北方諸國、劉宋。柔然從部落聯盟開始即為拓跋部北方大敵，雙方不時交戰，進入北魏後，魏道武帝和魏明元帝也不時征討，但是柔然游牧民族飄忽不定的習性，始終無法完全將其消滅，雖擄獲為數眾多的人口和牲畜，但對國力提升無多大助益，且其土地多屬沙漠，對經濟生產亦無幫助，北魏不願浪費人力、物力佔領其土地，故對抗柔然是長時期的戰爭，非一朝一夕或任何一位北魏君王可完成，因此擴張柔然的利益，不符合北魏國家成長需求。至於符合者，則有北方諸國和劉宋，消滅北方諸國可再度完成前秦以來的北方統一，使北魏聲威達至頂峰；而攻佔劉宋土地，能拓展疆域，且南方土地經濟價值高，漢人百姓又可增加生產力，正是北魏發展所需，然而先向何者擴張，即需魏明元帝詳細考量與抉擇。

宋武帝的崩逝令魏明元帝在北方諸國和劉宋的擴張間做出決定。首先在北方諸國方面，北燕、大夏、西秦、北涼等國實力皆不如北魏，其中北燕居北魏東北方，但實力不強，若魏明元帝欲擴張北方，可先滅北燕再與大夏決戰關中，一旦消滅大夏，西秦、北涼已不足懼，一統北方指日可待。至於劉宋，由於宋武帝去世使南方情勢出現缺口，少了宋武帝的劉宋，雖然軍事實力還在，但欠缺優秀領導者的宋軍，能否發揮百分之百戰力不無疑問。且魏

明元帝對滑臺失陷記憶猶新，極欲湔雪前恥，若不趁劉宋新君宋少帝稚嫩之際興師南伐，一旦他政治歷練成熟並掌握軍政大權後，屆時向劉宋擴張將更為困難，所以在劉宋政權轉移時刻向南擴張，應能掌握更大勝算。綜合上述，北魏對北方諸國佔有軍事優勢，因此魏明元帝對北方情勢並不擔心，現在可對其擴張，亦可日後徐圖。但是北魏對劉宋並未具有絕對的軍事優勢，若不趁此良機先圖劉宋更待何時，於是魏明元帝在北方諸國和劉宋間選擇擴張劉宋，決定進攻河南地。

就當時魏宋國勢而言，南北對峙並不明顯，因北方諸國林立，真正形成一對一的南北對峙格局，要等到 439 年（魏太延五年、宋元嘉十六年）魏太武帝統一北方。〔註172〕至於南方卻是統一格局，加上宋武帝頻頻北討，滅南燕及後秦二國，拓地青齊與關中地區，劉宋正處於開國之際的鼎盛期。魏明元帝對此情形相當瞭解，相信他出兵前已做過戰略評估，所以他一開始即將河南地戰爭定位為區域戰爭，明確地以攻佔河南地為戰略目標，且當時北魏尚未具備滅亡劉宋能力，故應避免大舉南伐成為全面性的戰爭，一旦成為全面戰爭，戰爭成本非當時北魏國力所能承擔，消滅南方政權一統南北的國家戰略，並不適合北魏當時的國內外情勢，簡言之時程過早，須待後世北魏君王實施更為恰當。所以魏明元帝的國家戰略雖是「積極對外擴張」，但此擴張並非盲目的擴張，而是有一定限度，需考量本身國力能否支撐，因此魏明元帝設定以佔領河南四鎮，強化戰略縱深為目標，將河南地之役侷限在一定程度的有限戰爭，如此才不致超出北魏的負荷。戰爭結果北魏雖佔領河南地，但是並未揮軍南下繼續擴張，則是基於上述原因的考量。

在「積極對外擴張」的國家戰略指導下，魏軍南出的結果，一開始屢獲勝仗，但是在虎牢遭遇堅強抵抗，此乃魏明元帝始料未及。為解決魏軍在河南地的進攻困境，魏明元帝決定開闢東戰場，另遣魏軍進攻青州、兗州，〔註173〕此為「積極對外擴張」的具體表現。虎牢若久攻不下，恐折損魏軍士氣，原訂之戰略目標亦無法達成，不如持續擴張開闢第二戰場，分擔河南地魏軍的軍事壓力，掩護魏軍對虎牢的進攻。由此可見，魏明元帝對劉宋擴張的地域，尚有東部的第二目標，換言之，佔領河南地是首要戰略目標，因其戰略

〔註172〕魏太武帝滅北涼後統一北方，參見《魏書》卷4上〈世祖紀上〉，頁89～90。
〔註173〕魏明元帝開闢東戰場，進攻青州、兗州的經過，參見本書第二章第三節，頁80～82、86～87。

地位重要，一旦河南地入魏後，下一步應是發動對青齊之地的進攻，只是圍攻虎牢遭遇瓶頸，不得不提前展開進攻青、兗各州的軍事行動，當然，這僅是推論之言，不過，若觀察魏明元帝奪下河南地後，下一步對劉宋的擴張即鎖定青齊地區，就可證明上述假設，可惜河南地入魏後次年，魏明元帝即崩逝，遂無從證明之。總而言之，魏明元帝對劉宋的積極擴張，雖戰術上的失誤，延緩魏軍佔領河南地時間，但目的終究達成，並佔領青、兗、徐等州大批土地，「積極對外擴張」的國家戰略獲得一定成果。此外，崔浩在攻城與略地間戰術上的見解，證明其戰略眼光正確，若魏明元帝早用崔浩之言，或許能降低魏軍折損，並促使河南地提早入魏，然由此亦可彰顯崔浩的戰略素養及其對北魏的貢獻。

第三章　攻勢與守勢兼具——魏太武帝前期與劉宋之戰略關係（423～439）

　　魏太武帝與宋文帝的對抗，可謂北魏前期與劉宋最激烈的對抗，二位南北君王在位約略相當，魏太武帝即位於 423 年（魏泰常八年、宋景平元年）十一月、崩於 452 年（魏正平元年、宋元嘉二十九年）十月；宋文帝則即位於 424（魏始光元年、宋元嘉元年）八月、崩於 453 年正月（魏興安二年、宋元嘉三十年）。二人甫即位隨即面對國內外複雜的情勢，當時北魏尚未統一北方，需面對柔然及其他政權的威脅，故魏太武帝即位初期的國家利益，在繼續稱霸北方，對抗柔然與北方諸國，興師南伐與劉宋衝突並非魏太武帝的首要目標。而宋文帝亦有同樣思維，他即位後面臨和宋少帝一樣的政治困境，朝政大權旁落徐羨之、傅亮、謝晦三位輔政大臣，故宋文帝當務之急在取回皇權，遂展開與輔政大臣間的政治鬥爭，無暇對北魏開釁。在魏、宋二國君王均有同樣戰略思維下，423 年（魏泰常八年、宋景平元年）至 430 年（魏神䴥三年、宋元嘉七年）度過一段平穩期，除不可避免的邊境衝突外，未見區域戰爭或爆發大規模戰爭，然而隨著宋文帝誅殺三位輔政大臣，權力鞏固，劉宋政治局勢趨於穩定後，他開始進行政治改革，待劉宋政治、社會、經濟等各方面步入正軌後，宋文帝研判對北魏作戰時機已成熟，決定北伐收復河南地，遂於 430 年爆發魏宋第二次戰爭，亦是宋文帝和魏太武帝的第一次戰爭，二國再度進入緊張的戰爭狀態，此後直至二位君王崩逝止，雙方大小戰爭不斷，故魏太武帝和宋文帝在位期間，可謂北魏與劉宋對抗最激烈之時期。

　　魏太武帝於 439 年（魏太延五年、宋元嘉十六年）滅北涼完成北方統一，

北魏與劉宋正式進入一對一的南北對峙態勢。此前在北方尚未統一情況下，魏太武帝面對劉宋的各項軍事行動不免有所顧忌，待統一北方後，與劉宋的戰略關係隨即呈現不同的樣貌，國家戰略亦有不同面貌，因此筆者認為，魏太武帝與劉宋的戰略關係，可以 439 年（魏太延五年、宋元嘉十六年）為界畫分二階段，分成北方統一前、後二階段探討魏太武帝與劉宋的戰略關係，並解析其國家戰略之差異。

第一節　魏宋河南大戰

　　宋文帝於 430 年（魏神䴥三年、宋元嘉七年）發動北伐進攻河南地，乃其繼位七年後首次對北魏的軍事行動，若扣除前三年輔政大臣掌權期間，宋文帝真正執政僅有三年餘，何以宋文帝如此急切對北魏採取強硬的軍事作為？應是其父兄對比落差太大。宋武帝北伐戰果輝煌，滅南燕、亡後秦，乃南方漢人政權佔領少數民族政權領土的一大成就，但宋少帝並未能延續宋武帝功績，反而敗於北魏，河南地淪陷，這對宋文帝而言是一項恥辱，因此收復河南地，延續宋武帝的輝煌，即成為他執政後的首務，故進攻河南地實有跡可循。宋文帝 430 年的北伐，也為其與魏太武帝長達近三十年的對抗，揭開序幕。

一、戰略環境分析

　　423 年（魏泰常八年、宋景平元年）十一月，魏明元帝崩，太子拓跋燾繼位，是為魏太武帝。北魏雖是當時北方首強，但是戰略環境異常險峻，北有柔然、南有劉宋，尚須面對北燕、大夏、北涼等北方諸國，故魏太武帝暫無餘力南侵，其戰略目標在防範柔然及消滅北方諸國。至於劉宋，南方雖統一並無其他割據政權與劉宋抗衡，但朝政大權旁落輔政大臣，宋文帝欲北伐收復河南地，須先從輔政大臣手中收回皇權。據上可知，魏太武帝、宋文帝面對的內外情勢各自不同，以下遂就北魏、劉宋面臨之戰略環境分別分析之。

（一）魏太武帝北討柔然
　　雄才大略的魏太武帝甫繼位即思考整體戰略規畫，其戰略思維體現在視外在威脅大小決定用兵先後。時值柔然入侵，令魏太武帝甚為憤怒，決定先以柔然為戰略目標渡漠打擊。柔然车汗紇升蓋可汗大檀，趁北魏新喪國主，

魏太武帝初即位之際，於 424 年（魏始光元年、宋元嘉元年）八月南侵，「蠕蠕率六萬騎入雲中，殺掠吏民，攻陷盛樂宮。」〔註1〕北魏北方國防出現嚴重缺口，魏太武帝決定御駕親征率軍趕至雲中，「大檀騎圍世祖（魏太武帝）五十餘重，騎逼馬首，相次如堵焉。士卒大懼，世祖顏色自若，眾情乃安。」〔註2〕平陽王長孫翰「擊蠕蠕別帥，破之，殺數千人，獲馬萬餘匹。」〔註3〕魏軍遂大破柔然，殺其部帥於陟斤，大檀始懼而遁走。魏太武帝雖擊退柔然的入侵，但並未因此而滿足，繼續乘勝追擊。九月，「大簡輿徒，治兵於東郊，部分諸軍五萬騎，將北討。」積極做好北伐作戰準備。十二月，魏太武帝「遣平陽王長孫翰等討蠕蠕。車駕次柞山，蠕蠕北遁，諸軍追之，大獲而還。」〔註4〕這二次對柔然作戰雖然取得勝利，但並未予以重創，魏太武帝明白柔然勢必復來，遂決定大事北討。

　　425 年（魏始光二年、宋元嘉二年）十月，魏太武帝大舉討伐柔然，是役北魏大軍東西五道並進：〔註5〕

> 平陽王長孫翰等從黑漠，汝陰公長孫道生從白黑兩漠間，車駕（指魏太武帝）從中道，東平公娥清次西從栗園，宜城王奚斤、將軍安原等西道從爾寒山。

大檀見魏軍勢大不願正面衝突，遂率部眾退走，「（北魏）諸軍至漠南，舍輜重，輕騎齎十五日糧，絕漠討之，大檀部落駭驚北走。」〔註6〕由於柔然實力並未受損，故北魏勝果不如預期。柔然面對魏軍此次大舉進討後，清楚明白北魏實力，可同時以五路大軍出擊，且魏軍鐵騎作戰能力並不遜於柔然，為避免和北魏武力正面對決，遂改採候忽無常的掠邊戰術，若魏軍出塞追擊，柔然立退；魏軍還，柔然復來，此種飄忽不定的戰略，對北魏北方邊防造成很大困擾。欲使北方邊防安寧的根本之道，在深入虜庭，殲滅柔然的有生力量，才是徹底解決柔然威脅的辦法，這也是魏太武帝對柔然問題的戰略思維，於是才有 429 年（魏神䴥二年、宋元嘉六年）四月，北魏和柔然爆發最大規模、最慘烈的戰爭。當時多數朝臣均反對北伐柔然，保太后亦表反對，所持

〔註1〕　《魏書》卷 4 上〈世祖紀上〉，頁 69。
〔註2〕　《魏書》卷 103〈蠕蠕傳〉，頁 2292。
〔註3〕　《魏書》卷 4 上〈世祖紀上〉，頁 70。
〔註4〕　《魏書》卷 4 上〈世祖紀上〉，頁 70。
〔註5〕　《魏書》卷 103〈蠕蠕傳〉，頁 2292。
〔註6〕　《魏書》卷 103〈蠕蠕傳〉，頁 2292。

理由如《魏書‧崔浩傳》載：〔註7〕

> 今吳賊南寇而舍之北伐。行師千里，其誰不知。若蠕蠕遠遁，前無
> 所獲，後有南賊之患，危之道也。

劉宋因國力漸復，於是遣使要求北魏歸還河南地，否則兵戎相見，北魏朝臣擔心腹背受敵的結果，將導致北魏陷入困境，故多反對北伐柔然，但崔浩認為：〔註8〕

> 今年不摧蠕蠕，則無以禦南賊。自國家并西國以來，南人恐懼，揚
> 聲動眾以衛淮北。彼北我南，彼勞我息，其勢然矣。比破蠕蠕，往
> 還之間，故不見其至也。

魏太武帝對崔浩看法深表贊同，認為劉宋自顧不暇，實不足為慮，遂決定先伐柔然，其云：〔註9〕

> 龜鼈小豎（指劉宋），自救不暇，何能為也。就使能來，若不先滅蠕
> 蠕，便是坐待寇至，腹背受敵，非上策也，吾行決矣。

魏太武帝以北平王長孫嵩、廣陵公樓伏連留守平城，軍事部署以長孫翰出西道向大娥山、自出東道向黑山，二路魏軍同會於虜庭。此次北魏、柔然大戰，柔然損失慘重，據《魏書‧蠕蠕傳》載：〔註10〕

> 五月，次于沙漠南，舍輜重輕襲之，至栗水，大檀眾西奔。弟匹黎
> 先典東落，將赴大檀，遇（長孫）翰軍，翰縱騎擊之，殺其大人數
> 百。大檀聞之震怖，將其族黨，焚燒廬舍，絕跡西走，莫知所至。
> 於是國落四散，竄伏山谷，畜產布野，無人收視。世祖（魏太武帝）
> 緣栗水西行，過漢將竇憲故壘。六月，車駕次於兔園水，去平城三
> 千七百里。分軍搜討，東至瀚海，西接張掖水，北渡燕然山，東西
> 五千餘里，南北三千里。高車諸部殺大檀種類，前後歸降三十餘萬，
> 俘獲首虜及戎馬百餘萬匹。

此乃北魏歷代對柔然用兵以來，空前未有之大勝利，雖然柔然未滅，但是遭此沈重打擊後勢力大衰，無力威脅北魏，且大檀不久後發疾而死，其子吳提立，號敕連可汗，與北魏改採和平政策，遣使朝貢，魏太武帝以「吳提尙西

〔註7〕 《魏書》卷35〈崔浩傳〉，頁817。
〔註8〕 《魏書》卷35〈崔浩傳〉，頁817。
〔註9〕 《魏書》卷103〈蠕蠕傳〉，頁2293。
〔註10〕 《魏書》卷103〈蠕蠕傳〉，頁2293。

海公主。」〔註11〕北魏北境暫時獲得安寧。

（二）魏太武帝伐大夏

　　大夏位處北魏西境，乃赫連勃勃所建，都統萬（今陝西橫山），佔有關中地區，與北魏乃世仇，雙方征戰不斷。赫連勃勃晚年，欲廢太子赫連璝，引起諸子爭位，赫連璝引兵自衛，諸子各引兵相攻，赫連璝被殺，最終由三子赫連昌勝出，赫連勃勃遂立為太子，但大夏因此內亂而勢衰。425 年（魏始光二年、宋元嘉二年）八月，赫連勃勃卒，魏太武帝把握此戰略契機，426 年（魏始光三年、宋元嘉三年）九月首次對大夏用兵，遣司空奚斤、宋兵將軍周幾領軍西征。魏軍長驅直入，先後攻佔弘農、蒲坂、長安。十月，魏太武帝親率輕騎直逼統萬，「至其城下，徙萬餘家而還。」〔註12〕北魏首次伐夏即取得輝煌戰績。427 年（魏始光四年、宋元嘉四年）正月，赫連昌遣其弟赫連定率軍二萬欲奪回長安，與魏將奚斤相持於長安周圍，魏太武帝聞之，隨即籌畫二次伐夏。五月，魏太武帝率十萬魏軍，自君子津（今內蒙清水河西）渡黃河後，直搗統萬。統萬攻防戰中，赫連昌堅守不出，魏太武帝「退軍城北，示昌以弱。」〔註13〕赫連昌中計「引眾出城，步騎三萬。」〔註14〕兩軍交戰，魏軍大勝，「昌軍大潰，不及入城，奔於上邽，遂克其城。」〔註15〕魏太武帝攻克夏都統萬並留軍鎮守後，隨即班師返平城。司空奚斤不願班師，反要求准其繼續率軍消滅赫連昌，魏太武帝嘉其赤心，遣娥清、丘堆等魏將助之。

　　428 年（魏神䴥元年、宋元嘉五年）二月，魏軍攻上邽，赫連昌轉進平涼，魏軍續攻平涼，赫連昌出城應戰，遭北魏監軍御史安頡生擒，送至平城。赫連昌被俘後，其弟赫連定收拾殘部退保平涼，並繼承王位。按常理，大夏僅剩此殘餘勢力，滅之應無太大困難，惜魏軍輕敵，誤中夏軍埋伏，大將奚斤、娥清遭擒，士卒傷亡近萬，赫連定乘勝追擊，奪回安定、長安，幸安頡固守蒲坂，阻止夏軍攻勢。魏太武帝因關中情勢丕變大怒，積極籌畫第三次伐夏行動，但北方柔然蠢動，遂先揮軍北向，即前述 429 年（魏神䴥二年、宋元嘉六年）四月北魏大舉北討柔然之役，柔然遭受重創後，魏太武帝預備於 430

〔註11〕《魏書》卷 103〈蠕蠕傳〉，頁 2294。
〔註12〕《魏書》卷 4 上〈世祖紀上〉，頁 71。
〔註13〕《魏書》卷 95〈赫連昌傳〉，頁 2058。
〔註14〕《魏書》卷 95〈赫連昌傳〉，頁 2058。
〔註15〕《魏書》卷 95〈赫連昌傳〉，頁 2059。

年（魏神䴥三年、宋元嘉七年）伐夏，但此時劉宋也集結大軍，準備北伐收復河南地，北魏戰略環境遂面臨西、南二線同時作戰的劣勢。

（三）宋文帝誅權臣收回權力

劉宋失河南地後，輔政大臣徐羨之、傅亮、謝晦上表請罪，宋少帝竟寬宏大量不予論罪，而宋少帝在大敗於北魏後，仍未力圖振作，終日嬉戲無度，言行舉止破壞綱常禮教，毫無明君之相。三位輔政大臣掌握朝政大權，見宋少帝失德，遂密謀廢立。宋武帝共有七男，〔註16〕宋少帝居長，其次為時任南豫州刺史的廬陵王劉義真，按長幼之序應立劉義真，但他「與陳郡謝靈運、琅邪顏延之、慧琳道人並周旋異常，云得志之日，以靈運、延之為宰相，慧琳為西豫州都督。」〔註17〕徐羨之、傅亮、謝晦等人懼廬陵王劉義真即位後，重用潛邸之人，三人恐失權位，遂利用宋少帝與廬陵王劉義真兄弟原有之矛盾，誣廬陵王劉義真任南豫州刺史時辱罵官員之劣跡，奏請宋少帝治罪，宋少帝「乃廢義真為庶人，徙新安郡。」〔註18〕三人目的達成後，接著思考到廢立之關鍵需有軍隊支持，乃爭取領軍在外的南兗州刺史檀道濟、江州刺史王弘支持，「鎮北將軍、南兗州刺史檀道濟先朝舊將，威服殿省，且有兵眾，召使入朝，告之以謀。」〔註19〕檀道濟雖奉命入朝但不贊成廢立，不過意見得不到採納，只好採消極妥協態度。

徐羨之、傅亮、謝晦見時機成熟，遂於 424（魏始光元年、宋景平二年）五月乙酉，廢宋少帝為營陽王，迎宋武帝三子宜都王劉義隆入繼大統，是為宋文帝。六月，遷營陽王於吳郡（今江蘇蘇州），徐羨之等人為永絕後患，遣人至吳郡、新安郡二地，殺宋少帝、廬陵王劉義真兄弟。宋文帝雖即位，處境仍與宋少帝一般，大權旁落三位輔政大臣之手，宋文帝只得韜光養晦等待時機。

426 年（魏始光三年、宋元嘉三年）正月，宋文帝即位已三年，權力逐漸集中，徐羨之等人也日漸鬆懈，宋文帝認為時機成熟，決定開始奪權。他觀察朝廷內外情勢後，訂下拉攏檀道濟、王弘，內誅徐羨之、傅亮，外討謝晦的策略。宋文帝認為徐羨之、傅亮、謝晦三人為廢立主謀，罪無可逭，但檀道濟、王弘迫於情勢不得已而附和，其中王弘乃宋文帝親信王曇首之兄；謝

〔註16〕《宋書》卷 61〈廬陵孝獻王義真傳〉，頁 1633。
〔註17〕《宋書》卷 61〈廬陵孝獻王義真傳〉，頁 1635～1636。
〔註18〕《宋書》卷 61〈廬陵孝獻王義真傳〉，頁 1637。
〔註19〕《宋書》卷 43〈徐羨之傳〉，頁 1331。

晦時爲荊州刺史領兵在外，需檀道濟率軍征討，故檀道濟、王弘暫且略過不問，宋文帝甚至召檀道濟至建康撫慰一番。其實宋文帝自即位後一直對檀道濟頗爲禮遇並經常賞賜，「上（宋文帝）即位，（檀道濟）進號征北將軍，加散騎常侍，給鼓吹一部。進封武陵郡公，食邑四千戶。」〔註20〕宋文帝這些舉動意在籠絡檀道濟，他深知檀道濟在劉宋軍界的威望，其向背足以左右奪權行動的成敗，若其支持輔政大臣，宋文帝恐功敗垂成；反之，宋文帝能得檀道濟效忠，實已勝券在握，而之後的發展也由檀道濟支持宋文帝使其成功得到證明。宋文帝於正月丙寅開始行動，首先捕殺徐羨之、傅亮二人，「司徒、錄尚書事、揚州刺史徐羨之，尚書令、護軍將軍、左光祿大夫傅亮，有罪伏誅。」〔註21〕接著遣中領軍到彥之、征北將軍檀道濟討荊州刺史謝晦，二月己卯，「擒（謝）晦於延頭，送京師伏誅。」〔註22〕

　　宋文帝取回皇權乾綱獨斷後，開始實施一系列充實國力、有利民生的各項政策，如推行「土斷」清理戶籍，抑制地方豪強，大力整頓吏治、體恤民情等，經過四年的休養生息國力上升，宋少帝敗於北魏失河南地的元氣也已恢復，宋文帝自認「今民和年豐，方隅無事，宜時經理，以固疆場。」〔註23〕既然內政已明遂將眼光轉外，準備北伐收復河南地。

　　劉宋面臨的戰略環境無異優於北魏，宋文帝誅三位輔政臣大後皇權集中，不僅政治清明，且經過多年修養生息，國庫充實、民生樂利。反觀北魏，連年征戰損耗不貲，兩次伐夏戰爭損兵折將，另 429 年（魏神䴥二年、宋元嘉六年）對柔然大規模的戰爭，魏軍雖勝但疲累不堪，極需休養生息，宋文帝此時北伐，的確把握極佳的戰略契機。

二、戰略規畫與作戰經過

　　宋文帝在 430 年（魏神䴥三年、宋元嘉七年）大舉北伐前二年，已開始對河南地區進行騷擾，遣將作試探性的進攻，頗有測試北魏守備能力意味，《魏書‧世祖紀》載 428 年（魏神䴥元年、宋元嘉五年）：〔註24〕

　　　冬十月……劉義隆（宋文帝）淮北鎮將王仲德遣步騎二千餘入寇濟

〔註20〕《宋書》卷 43〈檀道濟傳〉，頁 1343。
〔註21〕《宋書》卷 5〈文帝紀〉，頁 74。
〔註22〕《宋書》卷 5〈文帝紀〉，頁 74。
〔註23〕《宋書》卷 95〈索虜傳〉，頁 2331。
〔註24〕《魏書》卷 4 上〈世祖紀上〉，頁 74。

陽、陳留。是月，車駕還宮。閏月辛巳，義隆又遣將王玄謨、兗州
刺史竺靈秀步騎二千人寇滎陽，將襲虎牢。豫州遣軍逆擊走之。

劉宋這二次小型進攻，因兵力不足，戰略目的又是襲擊式的騷擾，對北魏並
未構成威脅，由地方守將遣軍即可將宋軍擊退。

　　上述宋軍對北魏城戍的攻擊行動，皆屬小型邊疆衝突，北魏真正與劉宋
爆發大規模軍事衝突，發生於430年（魏神䴥三年、宋元嘉七年），戰爭起因
並非魏太武帝主動進攻，挑起戰端的卻是宋文帝。

（一）宋文帝的北伐部署

　　宋文帝即位七年後，見國內局勢日漸安定，乃決定　雪前恥，準備大舉
北伐收復河南地，他於430年三月下詔北伐，其詔曰：〔註25〕

> 河南，中國多故，湮沒非所，遺黎荼炭，每用矜懷。……可簡甲卒
> 五萬，給右將軍到彥之，統安北將軍王仲德、兗州刺史竺靈秀舟師
> 入河，驍騎將軍段宏精騎八千，直指虎牢，豫州刺史劉德武勁勇一
> 萬，以相掎角，後將軍長沙王義欣可權假節，率見力三萬，監征討
> 諸軍事。便速備辦，月內悉發。

宋文帝的北伐詔書揭露二點，首先是他對劉宋軍民實施精神動員。宋武帝創建
劉宋後，兵馬倥傯征戰四方，未及建設即崩逝，其後繼者宋少帝即位後，嬉戲
無度，毫無人君之像，更遭北魏入侵喪失河南地。自宋文帝即位，劉宋政治穩
定漸入小康之境，這也提供宋文帝資本，他欲恢復宋武帝時代光榮，收復河南
地，故先詔告全國軍民，並以此為號召進行精神動員，賦予發動北伐的神聖天
命，冀望上下一心光復河南地。劉宋政府的精神動員不僅由宋文帝對國內百姓
發佈詔書而已，對淪陷區河南地百姓亦實施精神動員，由坐鎮彭城（今江蘇銅
山）的北伐軍統帥長沙王劉義欣，發表告司、兗二州臣民書：〔註26〕

> 夫王者之兵，以義德相濟。……昔我高祖武皇帝（宋武帝）誕膺明
> 命，爰造區夏，內夷篡逆，外寧寇亂，……於是華域肅清。……中
> 葉諒闇，委政冢宰，黠虜乘釁，侵侮上國。遂令司、兗良民，復蹈
> 非所，周、鄭遺黎，重隔王化。聖皇踐阼，重光開朗，明哲柔遠，
> 以隆中興。……莫府忝任，稟承廟算，……弔民伐罪，積後己之情，
> 師以順動，何征而不克，況乎遵養奢昧，綏復境土而已哉。……聖

〔註25〕《宋書》卷95〈索虜傳〉，頁2331。
〔註26〕《宋書》卷95〈索虜傳〉，頁2332～2333。

> 上（宋文帝）明發愛恤，以道懷二州士民，若能審決安危，翻然革
>
> 面，率其支黨，歸投軍門者，當表言天臺，隨才敘用。

長沙王劉義欣訴求劉宋政權的正當性，並期望以胡漢不兩立的民族情感，鼓動河南地漢人百姓迎王師，成爲宋軍助力。

其次，詔書揭露的兵力部署，可明顯窺見宋文帝的戰略目的：宣示主權的有限戰爭。五胡亂華導致晉室南遷，晉元帝於江左中興晉室，建立東晉政權。東晉君臣無時不以恢復北方河山爲職志，北伐史實斑斑可考。劉宋創建者劉裕，自東晉末即開始北伐，滅南燕、後秦，收復關中之地。按理宋文帝的北伐，應承其父遺緒，先收復關中這漢族政權的精神象徵，惜宋文帝未有此戰略思考，其戰略規畫自我設限，僅在收回河南地而已。從其兵力部署觀之，右將軍到彥之統安北將軍王仲德、兗州刺史竺靈秀共領軍五萬，其中有很大部分是水軍；驍騎將軍段宏率八千騎兵逕攻虎牢；豫州刺史劉德武領一萬兵馬配合段宏對虎牢的進攻，而北伐軍統帥長沙王劉義欣則將兵三萬爲諸路後援。宋文帝若有神州一統的戰略意圖，當傾全國之師并力北伐，以此不足十萬的兵力結構，顯示宋文帝打的不是統一戰爭，其戰略目的僅是匡復北境而已。

另外，宋文帝在進行軍事行動前，曾派殿中將軍田奇出使北魏，向魏太武帝宣示河南主權：「河南舊是宋土，中爲彼所侵，今當修復舊境，不關河北。」〔註27〕而長沙王劉義欣在告司、兗二州臣民書中亦有「綏復境土而已哉。」詞句，足見宋文帝已將此次北伐，定位在收復河南地的有限戰爭與區域戰爭，而非全面性的統一戰爭。

（二）宋文帝組織反魏聯盟

宋文帝明白光是憑劉宋本身力量，沒有必勝把握，爭取盟國組織聯盟可增加實力，遂針對北魏對立政權中的大夏、柔然、北燕爭取支持，希望能聯合各國力量對抗北魏，其中以大夏最積極，夏主赫連定甚至與宋文帝達成協議：「約合兵滅魏，遙分河北，自恆山以東屬宋，以西屬夏。」〔註28〕當時魏太武帝正準備發動第三次伐夏戰爭，赫連定見北魏勢強，亦想外結盟邦自固，大夏與劉宋因有共同之敵北魏，遂一拍即合結成同盟。至於與柔然、北燕的結盟，《魏書·崔浩傳》載：「義隆（宋文帝）與赫連定同惡相招，連結馮跋，

〔註27〕《宋書》卷95〈索虜傳〉，頁2331～2332。
〔註28〕《資治通鑑》卷121〈宋紀三〉，文帝元嘉七年，頁3820。

牽引蠕蠕，規肆逆心，虛相唱和。」〔註29〕柔然情形如前所述，魏太武帝甫於前一年（429年、魏神䴥二年、宋元嘉六年）對柔然發動大規模戰爭，取得空前勝利，柔然遭此重大打擊，國力大減。劉宋的北伐，正可吸引北魏目光，柔然可獲得喘息與休養機會，故與劉宋結盟有利無害。至於北燕，國小力弱，長期以來受到北魏威脅，只因北魏將目標放在柔然、大夏、劉宋等強國上，北燕才得以苟延殘喘。429年（魏神䴥二年、宋元嘉六年）北燕發生宮廷政變，時北燕主馮跋病重，宮內情勢詭譎：〔註30〕

> （馮）跋有疾。其長子永先死，立次子翼爲世子，攝國事，勒兵以備非常。……跋弟文通，勒兵而入。跋驚怖而死，文通襲位。翼勒兵出戰，不利，遂死。跋有男百餘人，悉爲文通所殺。……乃與劉義隆交通。

馮弘，字文通，本名犯魏獻文帝拓跋弘廟諱。〔註31〕馮弘發動政變繼爲北燕主後，積極與劉宋聯絡，北燕最希望北魏與劉宋爆發戰爭，其因在於劉宋的北伐，可將魏軍牽制在南方戰場，令北魏無暇他顧，北燕可獲安全生存空間，加上北魏自魏明元帝始，即屢屢遣兵攻北燕，「太宗（魏明元帝）詔征東大將軍長孫道生率眾二萬討之，（馮）跋嬰城固守。」〔註32〕北燕對北魏並無好感，同時亦想復仇，爲追求國家生存，遂決定與劉宋結盟。

至於河南地的主權認知，北魏與劉宋二國政府均自認擁有河南地主權。宋文帝曾遣使田奇至北魏宣示河南地主權，此舉實有些許挑釁意味，因河南地當時由北魏統治，魏太武帝因此大怒：「我生頭髮未燥，便聞河南是我家地，此豈可得河南，必進軍。」〔註33〕魏太武帝堅定立場嚴正聲明河南地主權，除嚴厲駁斥河南地屬劉宋的疆土外，更表達誓死捍衛，故有「必進軍」之語，可見魏太武帝已明白顯示衝突底線，一旦劉宋進軍河南地區，北魏爲捍衛疆土必全力反擊。而劉宋方面，宋文帝亦無減低衝突的意願，戰爭遂不可免。魏太武帝對河南地的嚴正聲明，某種程度亦是對北魏軍民實施精神動員，把劉宋定位爲侵略者，北魏乃被迫防禦，如此在面對宋軍進攻時，才能師出有名，將魏軍冠以仁義之師並回擊宋軍，魏太武帝試圖在名份大義上勝過對方。

〔註29〕《魏書》卷35〈崔浩傳〉，頁821。
〔註30〕《魏書》卷97〈海夷馮跋傳〉，頁2126～2127。
〔註31〕參見《魏書》卷97〈海夷馮文通傳〉，頁2127。
〔註32〕《魏書》卷97〈海夷馮跋傳〉，頁2126。
〔註33〕《宋書》卷95〈索虜傳〉，頁2332。

（三）北魏內部攻守戰略的歧見

430 年（魏神䴥三年、宋元嘉七年）三月，宋文帝下詔北伐，劉宋大軍開始集結時，北魏早已獲悉宋軍兵馬調動頻繁之情報，此情報乃由南方邊將偵伺得知上報北魏朝廷：〔註34〕

> 俄而南藩諸將表劉義隆大嚴，欲犯河南。請兵三萬，先其未發逆擊之，因誅河北流民在界上者，絕其鄉導，足以挫其銳氣，使不敢深入。詔公卿議之，咸言宜許。

北魏南方邊將及大部分朝臣對劉宋即將發動戰爭的信號，均有志一同認為應先發制人，趁其軍事行動未開始時先行攻擊，令宋軍無法進入魏境。此為阻敵於境外的戰略思維，以進攻代替防守，屬積極的防禦戰略，北魏掌控戰場主動權，而非消極的被動防守。若魏軍僅是加強戰備等候宋軍進攻，則戰場主動權將由劉宋掌控。游牧民族好勇尚武，大部分魏將及朝臣有這般戰略思考實可理解，但是崔浩卻持不同意見，他從氣候和後勤的觀點出發，其云：〔註35〕

> 南土下濕，夏月蒸暑，水潦方多，草木深邃，疾疫必起，非行師之時。且彼先嚴有備，必堅城固守。屯軍攻之，則糧食不給；分兵肆討，則無以應敵。未見其利。就使能來，待其勞倦，秋涼馬肥，因敵取食，徐往擊之，萬全之計，勝必可克。

崔浩論點深得魏太武帝贊同，他亦不認同先下手為強的戰略，遂決定先撤軍暫避其鋒。由於魏軍以騎兵為主，不適合在夏季於河南地區作戰，而這正是劉宋水軍最適合在水域遍佈的河南地區作戰的季節，故魏太武帝聽從崔浩詳細分析氣候和後勤不利魏軍因素後，提出他的戰爭指導：「今權當斂戍相避，須冬行地淨，河冰合，自更取之。」〔註36〕決定自河南洛陽、虎牢、滑臺、碻磝四鎮撤軍，於黃河北岸佈防，遂「詔河南諸軍收眾北渡以驕之。」〔註37〕北魏自河南地區撤防，宋軍前鋒統帥到彥之不費吹灰之力收復河南諸城戍，《宋書・杜驥傳》：「索虜撤河南戍悉歸河北，彥之使（杜）驥守洛陽。」〔註38〕南北政權因相互對立故各自貶抑對方，表現在史書撰寫上，劉宋稱北魏為「索虜」，北魏則稱劉宋為「島夷」。

〔註34〕 《魏書》卷 35〈崔浩傳〉，頁 819。
〔註35〕 《魏書》卷 35〈崔浩傳〉，頁 819。
〔註36〕 《宋書》卷 95〈索虜傳〉，頁 2332。
〔註37〕 《魏書》卷 97〈島夷劉義隆傳〉，頁 2136。
〔註38〕 《宋書》卷 65〈杜驥傳〉，頁 1721。

　　魏太武帝的「斂戍相避以退為進」戰略，主要有三項考量，其一：河南各城戍魏軍兵力不足，防守不易。其二：夏季正是水軍最能發揮戰力之時，而水軍為劉宋優勢，故暫且避敵之長，待冬季河面結冰，劉宋水軍便無用武之地，屆時揚己之長，發揮魏軍騎兵優勢反攻。其三：先行撤軍示弱啟劉宋輕敵之心。由於此次魏宋衝突乃魏太武帝與宋文帝即位後首次戰爭，宋文帝此前未有與北魏交戰經驗，在他信心滿滿大舉北伐之下，宋軍竟能進佔河南地。魏太武帝據此以養宋軍驕兵心態，令宋軍誤認魏軍乃懼其聲威而退，屆時趁宋軍鬆懈再大舉反攻。由此可見，魏太武帝訂定「斂戍相避以退為進」戰略，非一時之退卻，乃衡量內外情勢審慎考量後之決定。

　　魏太武帝對劉宋的北侵，暫採退讓守勢，不與之正面交鋒，但對於西方的大夏，則準備採積極攻勢。前文有述宋文帝與赫連定共議夾擊北魏，魏太武帝面對宋夏聯軍，欲採「避宋擊夏」戰略，擬先解決大夏，再全力對付劉宋，但廷議時卻遭朝臣反對，群臣曰：「（劉）義隆猶在河中，舍之西行，前寇未可必克，而義隆乘虛，則失東州矣。」〔註39〕朝臣普遍不贊同魏太武帝的「避宋擊夏」，但崔浩卻提出不同見解，他認為宋夏聯盟僅是表象：〔註40〕

> 義隆望（赫連）定進，定待義隆前，皆莫敢先入。以臣觀之，有似連雞，不得俱飛，無能為害也。臣始謂義隆軍來當屯住河中，兩道北上，東道向冀州，西道衝鄴。如此，則陛下當自致討，不得徐行。今則不然，東西列兵，徑二千里，一處不過數千，形分勢弱。以此觀之，停兒情見，止望固河自守，免死為幸，無北渡意也。赫連定殘根易摧，擬之必仆。克定之後，東出潼關，席卷而前，則威震南極，江淮以北無立草矣。

魏太武帝欲先兵行大夏，朝臣擔心宋軍渡河從後偷襲，但崔浩認為「宋夏同盟」脆弱不堪，並無互信基礎，彼此皆期待對方先出兵，再利用北魏空虛之際攫取利益。崔浩依宋軍部署判斷，將兵力分散於東西二千里的戰線上，屬守勢防衛的消極部署，戰略心態保守，宋軍僅想收復河南地，未有進一步渡河進攻企圖，故北魏暫無南方之憂，而大夏已弱如殘燈苟延殘喘，故應先討平大夏，待滅大夏後已進入冬季，河面皆已結冰，屆時兵鋒南向，河南地將可如願收回。崔浩的戰略分析與魏太武帝的論點不謀而合，魏太武帝遂決定

〔註39〕《魏書》卷35〈崔浩傳〉，頁821。
〔註40〕《魏書》卷35〈崔浩傳〉，頁821。

先對大夏用兵，「避宋擊夏」的戰略就此定案。

　　魏太武帝派冠軍將軍安頡、壽光侯叔孫建、汝陰公長孫道生領軍加強黃河北岸防務，若宋軍渡河，可伺機反擊。「詔大鴻臚卿杜超假節、都督冀定相三州諸軍事、行征南大將軍、太宰，進爵為王，鎮鄴，為諸軍節度。」〔註41〕杜超乃魏太武帝母密太后杜氏之兄，「世祖（魏太武帝）思念舅氏，以超為陽平公，尚南安長公主，拜駙馬都尉，位大鴻臚卿。車駕數幸其第，賞賜巨萬。」〔註42〕可見杜超因魏太武帝母舅關係備受寵信，遂以其鎮守鄴城節制諸軍固守黃河岸，易言之，杜超為北魏防守黃河、抵禦宋軍入侵的總指揮。魏太武帝須有其信任之人堅守黃河沿岸，杜超確為合適人選，如此魏太武帝始能放心率大軍西征大夏。

　　到彥之所率劉宋水軍，因天旱關係泗水低淺，船隻無法正常行駛，「日裁行十里。」〔註43〕從430年（魏神䴥三年、宋元嘉七年）三月宋文帝下詔北伐、四月大軍開拔，耗時三個多月，直至八月才進入黃河。到彥之進入河南地後，見魏軍主動北撤大喜，遂分兵據守各城戍，「彥之留朱脩之守滑臺，尹沖守虎牢，杜驥守金墉。」〔註44〕宋軍未費一兵一卒收回司州、兗州，劉宋朝廷上下欣喜過望，此時王仲德提出警告：「胡虜雖仁義不足，而凶狡有餘，今斂戈北歸，并力完聚，若河冰冬合，豈不能為三軍之憂。」〔註45〕王懿字仲德，太原祁人，「晉太元末，徙居彭城。」〔註46〕因與司馬懿同名，故在東晉時以字行。王仲德乃宋武帝舊部，隨其南征北討，「武帝伐廣固，仲德為前鋒，大小二十餘戰，每戰輒剋。」〔註47〕果敢有智略，軍事素養精湛，對魏軍戰略戰術有真切認知，他力主加強河南地的防禦，構築河南四鎮的防禦工事，集中兵力固守，惜到彥之未接受王仲德意見，反而將宋軍散置在東西二千里的戰線上，每處守備兵力不過數千人，如此長蛇陣的守備方式，容易遭魏軍突破。

（四）魏太武帝征大夏

　　魏太武帝於430年（魏神䴥三年、宋元嘉七年）九月御駕親征大夏，「行幸

〔註41〕《魏書》卷4上〈世祖紀上〉，頁76。
〔註42〕《魏書》卷83上〈外戚上・杜超傳〉，頁1815。
〔註43〕〔唐〕李延壽撰，《南史》（中華書局點校本）卷25〈到彥之傳〉，頁675。
〔註44〕《南史》卷25〈到彥之傳〉，頁675。
〔註45〕《宋書》卷46〈王懿傳〉，頁1392。
〔註46〕《宋書》卷46〈王懿傳〉，頁1391。
〔註47〕《宋書》卷46〈王懿傳〉，頁1391。

統萬，遂征平涼。」〔註48〕魏太武帝在進攻平涼前，先遣前大夏國主赫連昌勸降，赫連昌乃赫連定之兄，428 年（魏神䴥元年、宋元嘉五年）北魏二次伐大夏時遭生擒，之後投降北魏。〔註49〕大夏平涼守將上谷公赫連社于拒絕赫連昌的招降，魏軍遂大舉攻城，與此同時，魏太武帝另遣安西將軍古弼攻打安定。時赫連定正率軍進攻北魏鄜城（今陝西洛川東南），聽聞平涼危殆，緊急率軍馳援。魏太武帝棋高一著，料準赫連定必來救援，遂派兵半途埋伏。赫連定果然率軍經過魏軍埋伏處，魏軍驟然發動襲擊，赫連定猝不及防，夏軍大敗，遭魏軍圍困於鶉觚原（今陝西長武西北），夏軍糧草不繼，且飲水被魏軍阻斷，此情況若持續下去，必定全軍覆沒，赫連定不得已突圍，卻遭魏將丘眷擊斬萬人，赫連定僅以身免，一路上收集殘部西保上邽。大夏經此一役已名存實亡，〔註50〕各地夏軍毫無鬥志，魏軍陸續攻克安定、平涼、長安等城戍，北魏盡有關中之地。

（五）北魏的反攻

430 年（魏神䴥三年、宋元嘉七年）十月下旬北方已進入冬季，待命多時的魏軍見時機成熟，開始發動反擊戰。魏軍進攻的第一個箭頭，指向河南四鎮最西面的金墉，冠軍將軍安頡率魏軍從委粟津（今河南范縣東）渡過黃河發動猛烈攻勢，劉宋守將杜驥毫無作戰準備，不僅糧草儲量不足、防禦設施亦毀壞未修。劉宋北伐軍將領欠缺警覺性，對北魏戰略認知不足，忠實反映在杜驥對金墉的防守上，其前鋒主帥到彥之亦是如此。他曾派姚聳夫北渡黃河，試圖突破北魏的黃河防線，卻被安頡擊潰，《魏書・世祖紀》：「到彥之遣將渡河攻冶坂，冠軍將軍安頡督諸軍擊破之，斬首五千餘級，投水死者甚眾。」〔註51〕到彥之所遣之將，同書〈安頡傳〉明載為姚聳夫，「彥之遣將姚縱（聳）夫渡河攻冶坂，（安）頡督諸軍擊之。」〔註52〕姚聳夫無法突破北魏固若金湯的黃河防線，反遭安頡擊退，損兵折將。到彥之所率宋軍前鋒，甫與魏軍接戰即敗，凸顯河南四鎮之收復，乃建立在北魏自動撤退且毫無設防之基礎上，一旦魏軍發揮戰力正面迎敵，宋軍勢必

〔註48〕《魏書》卷 4 上〈世祖紀上〉，頁 76。
〔註49〕參見本書第三章第一節，頁 129。
〔註50〕赫連定一年後領殘部西擊西秦、北涼，欲割據河西地區，卻遭吐谷渾慕璝所擒送往平城，伏誅，大夏亡。參見《魏書》卷 95〈赫連定傳〉，頁 2059。
〔註51〕《魏書》卷 4 上〈世祖紀上〉，頁 76。
〔註52〕《魏書》卷 30〈安頡傳〉，頁 716。姚聳夫，《魏書》作姚縱夫，《宋書》、《資治通鑑》皆作姚聳夫，參見《宋書》卷 65〈杜驥傳〉，頁 1721；《資治通鑑》卷 121〈宋紀三〉，文帝元嘉七年，頁 3821。今從《宋書》、《資治通鑑》。

陷入苦戰。姚聳夫之敗陣，不啻帶給到彥之教訓，此時他應有所警覺，對魏軍旺盛之攻擊力及強烈收回河南地之企圖心應有所體認，魏軍不日將渡河發動反攻，惜他未有此領悟，未積極加強黃河南岸防務，以致貽誤戰機。

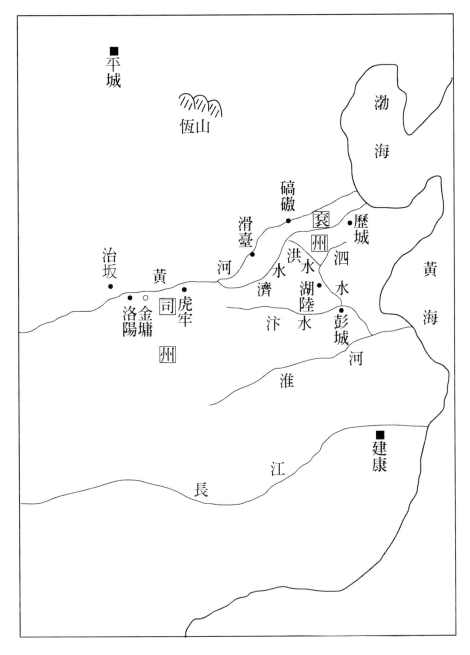

圖九：河南大戰相關形勢圖

姚聳夫敗退後率殘部至金墉，準備與守將杜驥合守金墉，但杜驥但面對魏軍安頡部的猛烈攻勢，毫無堅守打算，不久便自金墉撤守逃回建康，更將棄守之責誣過姚聳夫，杜驥言於宋文帝曰：「『本欲以死固守，姚聳夫及城便走，人情沮敗，不可復禁。』上大怒，使建威將軍鄭順之殺聳夫於壽陽。」〔註53〕宋文帝不辨眞僞，怒斬姚聳夫，而姚聳夫實乃當時劉宋一員猛將。宋文帝不識將領性格操守，與後來斬檀道濟如出一轍，識人不明成爲宋文帝北伐失利原因之一。

金墉失守後，洛陽接著亦遭魏軍攻佔，安頡乘勝與陸俟續攻虎牢，克之，《魏書‧島夷劉義隆傳》載：〔註54〕

> （安頡）攻金墉，義隆建武將軍杜驥出奔，遂乘勝進攻虎牢，陷之，斬其司州刺史尹沖。叔孫建大破竺靈秀，追至湖陸。

魏軍安頡部連敗宋軍奪回金墉、洛陽、虎牢諸城戍；叔孫建部則在湖陸大敗宋軍竺靈秀部，其英勇表現獲魏太武帝封賞，《魏書‧叔孫建傳》：〔註55〕

> 劉義隆兗州刺史竺靈秀棄須昌，南奔湖陸，（叔孫）建追擊，大破之，斬首五千餘級，遂至鄒魯。還屯范城。世祖（魏太武帝）以建威名南震，爲義隆所憚，除平原鎮大將，封丹陽王，加征南大將軍、都督冀青徐濟四州諸軍事。

劉宋北伐軍節節敗退，青州西面僅剩滑臺尙有宋軍駐守，魏、宋二軍遂聚焦滑臺，開始進行滑臺攻防戰。北魏大軍集結於七女津，欲由此渡黃河進攻滑臺，到彥之爲阻魏軍渡河，遣王蟠龍率軍破壞魏軍渡船，卻被魏將杜超所殺。《魏書‧世祖紀》：「時河北諸軍會于七女津，彥之恐軍南度，遣將王蟠龍泝流欲盜官船，征南大將軍杜超等擊破斬之。」〔註56〕至此，到彥之無心戀戰，不顧滑臺尙有朱脩之部堅守，竟下令撤軍，殿中將軍垣護之大表反對，史載：〔註57〕

> 彥之將回師，護之爲書諫曰：「外聞節下欲回師反旆，竊所不同。……宜使竺靈秀速進滑臺助朱脩之固守，節下大軍進擬河北，則牢、洛遊魂，自然奔退。且昔人有連年攻戰，失眾乏糧者，猶張膽爭前，莫肯輕退。況今青州豐穰，濟漕流通，士馬飽逸，威力無損。若空

〔註53〕《宋書》卷65〈杜驥傳〉，頁1721。
〔註54〕《魏書》卷97〈島夷劉義隆傳〉，頁2136。
〔註55〕《魏書》卷29〈叔孫建傳〉，頁704～705。
〔註56〕《魏書》卷4上〈世祖紀上〉，頁77。
〔註57〕《宋書》卷50〈垣護之傳〉，頁1449。

棄滑臺，坐喪成業，豈是朝廷受任之旨。」彥之不納，散敗而歸。
垣護之認為固守滑臺至為重要，如欲中止金墉、洛陽、虎牢等河南城戍如骨
牌效應陷魏，滑臺乃最後一張骨牌，一旦魏軍攻佔滑臺，河南地將再度為魏
境，劉宋北伐成果至此全數化為烏有，故全力堅守滑臺為目前戰略急務。垣
護之更提出遣竺靈秀增援朱脩之以力保滑臺不失，惜到彥之不從，堅持撤軍，
且嫌水路撤軍速度緩慢欲改步行，竟下令焚燒舟師，王仲德諫曰：〔註58〕

> 洛陽既陷，則虎牢不能獨全，勢使然也。今賊去我千里，滑臺猶有
> 強兵，若便舍舟奔走，士卒必散。且當入濟至馬耳谷口，更詳所宜。

到彥之雖然暫時聽從王仲德建議沿濟水南撤，但行至歷城（今山東濟南）時，
面對魏軍追擊之壓力，及宋軍將士多染瘟疫，仍下令焚船步行南撤，十一月
中撤至北伐軍大本營彭城。

　　劉宋北伐軍前鋒主帥到彥之撤軍後，青、兗各州郡縣多望風歸降魏軍，劉
宋河南地得而復失。宋文帝對到彥之畏戰怯懦甚為不滿，迅速罷其官職。由於
滑臺尚有宋軍固守待援，進行滑臺保衛戰刻不容緩，宋文帝開始組織滑臺救援
行動。431 年（魏神䴥四年、宋元嘉八年）正月，宋文帝令檀道濟、王仲德等
將率軍馳援滑臺。檀道濟乃宋武帝舊部，隨其南征北討，有膽有識，作戰經驗
豐富，頗具將才。北魏知其通曉兵事，不敢大意，遂調整作戰任務，由安頡負
責進攻滑臺；另由叔孫建、長孫道生領軍攔截劉宋援軍，「劉義隆將檀道濟、王
仲德從清水救滑臺，丹陽王叔孫建、汝陰公長孫道生拒之。」〔註59〕二軍遭遇
後，劉宋援軍旗開得勝，先陣斬北魏濟州刺史悉煩庫結，之後續向滑臺進攻，
與各地魏軍大小三十餘戰，劉宋援軍勝多敗少，遂推進至歷城，滑臺已近在咫
尺。叔孫建知檀道濟勇猛，若讓其所率援軍抵達滑臺，對戰局影響頗鉅，為了
阻止檀道濟前進，叔孫建採奇襲之計，派軍繞至劉宋援軍背面，燒其糧秣輜重，
《魏書・叔孫建傳》載：「（叔孫）建分軍挾戰，縱輕騎邀其前後，焚燒穀草，
以絕其糧道。道濟兵飢，叛者相繼。」〔註60〕叔孫建斷糧戰術執行成功，劉宋
援軍因糧草盡毀無法前進，叔孫建成功地將檀道濟困在歷城，使其無法推進至
滑臺救援。

　　劉宋滑臺守將朱脩之和東郡太守申謨，糧盡待援，卻久候不到援軍，在

〔註58〕　《宋書》卷 46〈王懿傳〉，頁 1393。
〔註59〕　《魏書》卷 4 上〈世祖紀上〉，頁 78。
〔註60〕　《魏書》卷 29〈叔孫建傳〉，頁 705。

魏軍安頡部猛烈進攻下，堅守數月的滑臺終告陷落，「二月辛酉，安頡、司馬楚之平滑臺，擒義隆將朱脩之、李元德及東郡太守申謨。」〔註61〕檀道濟見滑臺陷魏，加上自身糧草已盡，遂引兵南歸，但魏軍並未積極追擊，檀道濟得以全軍而退。與此同時，劉宋青州刺史蕭思話聞檀道濟引兵還，意欲棄城南走，濟南太守蕭承之諫阻，蕭思話仍不聽，「義隆青州刺史蕭思話亦棄鎮奔于平昌，其東陽積粟爲百姓所焚。」〔註62〕劉宋北伐軍收復之河南地，至此全部回歸北魏，宋文帝收復河南地之戰略目標以失敗告終。

第二節　魏宋河南大戰之戰爭檢討

　　魏宋河南大戰以魏勝宋敗結束，雙方回復到戰前狀態，河南地仍爲北魏領土。觀乎此戰，乃宋文帝第一次北伐，故其至表重視；同時亦是魏宋第二次戰爭，而第一次戰爭正是劉宋敗於北魏，導致河南地淪陷，因此劉宋君臣莫不對此次戰爭寄予厚望，期盼能重創魏軍收復河南地，惜事與願違，劉宋再度戰敗。北魏、劉宋的勝、敗各有其原因，現將戰爭檢討分北魏、劉宋兩部分詳予解析，以明魏勝宋敗因由。

一、劉宋敗戰之檢討

　　劉宋國力最強當在宋武帝、宋文帝時，故宋文帝此次爲收復河南地而北伐，並非沒有勝利之機會，然最終以敗戰收場，究其原因可歸納爲四部分：

（一）自我設限戰略格局不足

　　宋文帝高舉收復河南地的大旗，以恢復宋武帝時代光榮爲號召，其首次出兵北伐，面對的戰略環境實優於北魏，然最終卻遭挫敗，因素頗多，王夫之對劉宋北伐失敗原因曾論之曰：〔註63〕

　　　　元嘉之北伐也，（宋）文帝誅權姦，修內治，息民六年而用之，不可謂無其具，拓跋氏伐赫連，伐蠕蠕，擊高車，兵疲於西北，備弛於東南，不可謂無其時，然而得地不守，瓦解蝟縮，兵殲甲棄，並淮

〔註61〕《魏書》卷4上〈世祖紀上〉，頁78。

〔註62〕《魏書》卷97〈島夷劉義隆傳〉，頁2137。

〔註63〕王夫之，《讀通鑑論》（臺北：里仁書局，1985年2月）卷15〈文帝〉，頁490
　　　　～491。

右之地而失之，何也，將非其人也。

誠如王夫之所言，宋文帝掌握的戰略時機不可謂不佳，在「誅權姦，修內治，息民六年」後，劉宋政治清明，國勢蒸蒸日上；北魏則連續對外用兵，「伐赫連，伐蠕蠕，擊高車，兵疲於西北，備弛於東南」，正處於兵疲馬困，需休養生息之時，且北魏朝廷將戰略眼光投射於西北，對南方較無警備，故對北魏、劉宋二國而言，劉宋掌握戰略時機與戰略環境優勢。詎料戰爭結果卻是劉宋敗戰，此與其初始設定之戰略目標有直接之關係。宋文帝以收回河南地為戰略目標，更遣使告知北魏，此舉無異將本身戰略目標底線告知敵人，之後劉宋朝廷上下的戰略規畫均朝此戰略目標進行，一旦無法收復河南地，戰略目標便無法達成，達成率為零。宋文帝應擴大戰略目標之設定，以進行統一戰爭、收復北方河山為戰略目標，就歷史趨勢而言，大凡各朝代初期國勢較盛，其因在開國未久，上下具積極進取之心，且開國皇帝多為英雄豪傑之士，劉宋亦然，故宋文帝應舉起光復河山大旗號召，舉國動員進行統一戰爭，即便宋文帝評估當時劉宋國力無法戰勝北魏，也應對外宣稱以此為戰略目標，團結全國軍民，不過實際上是以收復河南地為真正目標。若順利收復河南地，更可趁勢跨越黃河攻進北魏腹地，甚至滅了北魏亦不無可能。如此，就算沒有完成統一戰爭，收復河南地也算達成一半戰略目標，但是宋文帝收復河南地之真正目的，則是百分之百實現。

（二）宋文帝未能知己知彼

宋文帝遣使告知北魏其北伐乃為收復河南地，誠為一大失策，北魏既已知劉宋戰略目標，其戰略規畫與軍事部署，必然以保衛河南地為中心。二軍對陣，能迷惑敵軍當為首務，能欺敵即欺敵，勿讓敵人知悉真正目的，如宋文帝揭露戰略目標者，實屬罕見。當北魏已知劉宋戰略目標，劉宋的軍事行動便容易被北魏掌握，《孫子兵法》云：「知彼知己，百戰不殆；不知彼而知己，一勝一負；不知彼，不知己，每戰必殆。」〔註64〕北魏屬於知彼知己，「知彼」在於已知劉宋之戰略目標，僅以收復河南地為滿足，實屬區域戰爭範疇，並非傾全國之力的統一戰爭，故劉宋北伐軍無擴大戰場之意圖，不會北渡黃河進攻北魏。另外，「宋夏聯軍」亦是表象，劉宋與大夏均希望北魏與對方交戰，好趁機坐收漁利。北魏對上述敵情知之甚詳，故能做出正確戰略判斷，先敗大夏、再退劉宋。至

〔註64〕孫武著、吳仁傑注譯，《孫子讀本》，〈謀攻篇〉，頁23。

於「知己」則是魏太武帝瞭解當時北魏所處戰略環境，赫連定率領的大夏殘部，只要再予以打擊即可全數殲滅。另一方面，為防止宋軍進佔河南地後，繼續渡河北進，只要在黃河北岸，慎選優秀將領佈防，便能達成阻宋軍於河南地之目的。魏太武帝對魏軍將領的軍事素養、作戰能力非常瞭解，故將黃河北岸防務託付安頡、叔孫建、長孫道生、杜超等優秀將領，魏太武帝信任他們的指揮能力必能完成任務，如此魏太武帝方能放心征討大夏，而戰局發展果如魏太武帝所料，前述諸將不負魏太武帝所託，不僅令宋軍無法越黃河北岸一步，眾將更依循魏太武帝的戰略指導，秋冬之際發動反攻，擊潰宋軍。綜上所述，魏太武帝能「知彼知己」克敵致勝，故大敗劉宋乃合乎情理之事。

宋文帝的戰略眼光則遠遜魏太武帝，不但未能「知彼」，連「知己」亦遠遠不如。首先在「知彼」部分，《孫子兵法》有謂：「能使敵人自至者，利之也。」[註65] 能使敵人自動進入至我預先設立的戰場，乃用小利引誘之結果，劉宋北伐軍一路長驅直入佔領河南地，見魏軍自動撤退理應有所警惕，按常理，一個國家不可能自動放棄領土，且又是戰略重地的河南地區，故劉宋應審慎思考北魏後續是否有反擊之戰略戰術，惜劉宋從中央君臣至前線北伐軍將帥均未有此體認，皆陶醉在收復河南地的輝煌勝利中，並未加強河南地之防禦，即便富軍事長才王仲德等人提出慎防魏軍反攻的警告，卻未受到應有之重視，可見身為劉宋北伐最高決策者的宋文帝，戰略眼光不足，不知魏太武帝先行撤軍之真正意圖；或是雖然瞭解北魏可能於秋冬之際利用騎兵優勢反攻，卻未令前鋒主帥到彥之加強河南防務，凸顯宋文帝「知彼」的欠缺，遂遭北魏以河南地為餌，誘宋軍進入河南地，最終遭魏軍擊潰。

至於宋文帝「知己」的不足，則表現在對將領之認識上，宋文帝未能完全瞭解其任命之將領，是否擁有足夠之戰略素養與指揮長才。以前鋒主帥到彥之而言，需負責北伐軍所有攻擊行動，及佔領河南地後之治理與佈防，並將前線態勢隨時回報北伐主帥長沙王劉義欣與劉宋朝廷，以便適時調整戰略與部署，足見前鋒之重要性不言可喻，但到彥之缺乏洞觀全局的戰略眼光，膽識不足，戰局吃緊之際遽自率軍撤退，棄滑臺於不顧，終使北伐軍一敗塗地，若云劉宋北伐之敗繫於前鋒主帥，不可謂太過。

到彥之字道豫，彭城武原人，乃宋文帝元從腹心，本為其荊州南蠻府校尉，宋文帝入繼大統後，到彥之備受寵信，「上（指宋文帝）於彥之恩厚，

〔註65〕孫武著、吳仁傑注譯，《孫子讀本》，〈虛實篇〉，頁38～39。

將加開府，欲先令立功。（元嘉）七年（430、魏神䴥三年），遣彥之制督王仲德、竺靈秀、尹沖、段宏、趙伯符、竺靈眞、庾俊之、朱脩之等北侵，自淮入泗。」〔註66〕可見宋文帝以到彥之爲北伐軍前鋒主帥，乃欲進一步封賜於他，並非看重其軍事才能，而是希望透過北伐累積他的聲望與功績，始可名正言順加官進爵。事實上，到彥之並未有顯赫之戰功，相反地，《南史·到彥之傳》載其兩次敗戰事蹟，其一：「義熙元年（405、魏天賜二年），補鎮軍行參軍。六年（410、魏永興二年），盧循逼都，彥之與檀道濟掩循輜重，與循黨荀林戰敗，免官。」〔註67〕盧循趁劉裕率晉軍征討南燕，晉都建康空虛之際，於410年二月率眾襲建康，到彥之欲破壞盧循輜重解建康之危，卻遭盧循將荀林擊敗，並因此免官。之後東晉朝廷雖再度起用到彥之「爲太尉中兵參軍。」〔註68〕但一直未受重用，直至隨劉義隆出鎮荊州，進入其潛邸成爲親信後，官運遂逐漸亨通，但敗戰記錄卻是不容抹煞之事實。其二：「元嘉三年（426、魏始光三年）討（謝）晦，進彥之鎮軍，於彭城洲戰不利，……會檀道濟至，晦乃敗走。江陵平。」〔註69〕宋文帝即位三年後皇位鞏固，準備剪除三位輔政大臣，其中謝晦爲荊州刺史控有地方武力，宋文帝命到彥之、檀道濟領軍征討謝晦，誠如引文所述，到彥之與謝晦荊州軍接戰不利，賴檀道濟率軍趕至擊敗謝晦，平定荊州。據上所載，到彥之並未具特別優秀之指揮作戰能力，相反地，卻常逢敗績，這些紀錄宋文帝竟未愼重考慮，更命其爲前鋒主帥，可見宋文帝「知己」部分實爲欠缺。

　　或許宋文帝瞭解到彥之非將才，但爲了成就其軍功，遣王仲德、竺靈秀、朱脩之、尹沖等戰將協助，且劉宋開國未久，正是國力強盛之時，這二項優勢應能彌補到彥之軍事素養之不足，他必能完成克竟河南地之功。若宋文帝果眞有此想法堪稱大膽，也太過自信，畢竟「兵者，國之大事也。死生之地，存亡之道，不可不察也。」〔註70〕兩軍交戰變化莫測，稍有不愼即可能導致亡國。宋文帝戰略思考確屬不週，以一中庸之將任前鋒主帥，並寄望以國家資源和良將輔佐能成其功，但到彥之的懦弱卻出乎意料，見魏軍大舉反擊，竟懼戰先退，宋文帝未能「知己」瞭解到彥之，已是無庸置疑。

〔註66〕《南史》卷25〈到彥之傳〉，頁675。
〔註67〕《南史》卷25〈到彥之傳〉，頁674。
〔註68〕《南史》卷25〈到彥之傳〉，頁674。
〔註69〕《南史》卷25〈到彥之傳〉，頁675。
〔註70〕孫武著、吳仁傑注譯，《孫子讀本》〈計篇〉，頁3。

宋文帝以到彥之爲前鋒主帥乃一大失策，其實際作戰經驗不豐，見洛陽、虎牢不守，便欲撤軍，解決危機能力遠不如王仲德、檀道濟，此二人均爲跟隨宋武帝南征北討之良將，作戰經驗豐富，乃劉宋開國功臣，惜宋文帝忌憚此二人不願重用。王仲德在到彥之收復魏軍不戰而退的河南四鎮後，就曾對當面敵情向到彥之提出警告，他認爲北魏撤軍乃戰略性撤軍，避開夏季與劉宋佔優勢的水軍作戰，並非懼宋軍北伐，待進入秋冬時節河水冰合後，魏軍恐將發揮騎兵優勢大舉反擊，故勸到彥之加強防禦工事，早做提防，惜到彥之置若罔聞，而其後發展果如王仲德所料。

到彥之自河南地敗退，宋文帝急命檀道濟增援滑臺，檀道濟遂率援軍與魏軍正面交鋒，「（檀道濟）進至濟上，連戰二十餘日，前後數十交，虜眾盛，遂陷滑臺，道濟於歷城全軍而返。」〔註71〕檀道濟與魏軍三十餘場交戰大多獲勝，雖於歷城缺糧而退，卻發揮奇謀智計，率軍安然返歸，史載：〔註72〕

> 道濟時與魏軍三十餘戰多捷，軍至歷城，以資運竭乃還。時人降魏者具說糧食已罄，於是士卒憂懼，莫有固志。道濟夜唱籌量沙，以所餘少米散其上。及旦，魏軍謂資糧有餘，故不復追，以降者妄，斬以徇。時道濟兵寡弱，軍中大懼。道濟乃命軍士悉甲，身白服乘輿，徐出外圍。魏軍懼有伏，不敢逼，乃歸。道濟雖不剋定河南，全軍而反，雄名大振。魏甚憚之，圖之以禳鬼。

由「籌量沙」及「詐設伏兵」二計觀之，足證檀道濟深具智謀乃一將才，在敵眾我寡的劣勢下仍能保存實力後撤，惜宋文帝擔心其掌握兵權，恐導致威權過盛無法控制，一直不願重用，更於436年（魏太延二年、宋元嘉十三年）三月殺之，《宋書·檀道濟傳》載：〔註73〕

> 道濟立功前朝，威名甚重，左右腹心，並經百戰，諸子又有才氣，朝廷疑畏之。太祖（宋文帝）寢疾累年，屢經危殆，彭城王義康慮宮車晏駕，道濟不可復制。（元嘉）十二年，上疾篤，會索虜爲邊寇，召道濟入朝。既至，上間。十三年春，將遣道濟還鎮，已下船矣，會上疾動，召入祖道，收付廷尉。……並於廷尉伏誅。

宋文帝誅殺檀道濟牽連甚廣，併其諸子及部屬全數誅殺，檀道濟麾下將士均

〔註71〕《宋書》卷43〈檀道濟傳〉，頁1343。
〔註72〕《南史》卷15〈檀道濟傳〉，頁446。
〔註73〕《宋書》卷43〈檀道濟傳〉，頁1343～1344。

是跟隨其征戰各地之猛將，作戰經驗豐富，宋文帝雖將檀道濟勢力連根拔起，避免發生驕兵悍將難以控制之情事，但也使劉宋失去一批優秀將領，對劉宋的總體戰力不免有所損傷。

王仲德、檀道濟二人公忠體國，皆爲可獨當一面之將領，宋文帝若以王仲德或檀道濟爲前鋒主帥，雖不一定能抗拒魏軍之反擊戰，但以二人之韜略與膽識，當不至於損兵折將，讓劉宋蒙受重大的兵員與物質損失。其實不只王仲德、檀道濟二人，北伐軍仍有不少將領優於到彥之，如前述洛陽、虎牢接連失守，到彥之預備撤退棄滑臺於不顧時，殿中將軍垣護之勸諫到彥之而提出的戰守之策，其戰略素養之精湛，較只知撤退的到彥之，差距不可以道理計。

宋文帝北伐失敗的主因之一即是對將帥認識不清，該承擔重任的未予重用，軍事才能不足者卻爲前鋒主帥，一言以蔽之，宋文帝「識人不明、將非其人」，導致其首次對北魏作戰失敗。但是並非宋文帝任命之主帥皆所用非人，擔任北伐總指揮的長沙王劉義欣，表現非常傑出，「後將軍長沙王義欣出鎮彭城，總統羣帥。」〔註74〕長沙王劉義欣乃宋武帝弟長沙王劉道憐長子，爲宋文帝從兄，劉道憐卒後劉義欣襲爵，因係宗室故受宋文帝重用，「歷中領軍，征虜將軍、青州刺史、魏郡太守，將軍如故，戍石頭。元嘉元年（424、始光元年），進號後將軍，加散騎常侍。三年，以本號爲南兗州刺史。」〔註75〕宋文帝委以北伐重任，而長沙王劉義欣也不負所託，坐鎮彭城穩住前線敗退情勢，「（到）彥之退敗，青、齊搔擾，將佐慮寇大至，勸義欣委鎮還都，義欣堅志不動。」〔註76〕長沙王劉義欣深知彭城在南北戰爭中重要之戰略地位，「彭城水陸之要，江南用兵，莫不因之威陵諸夏。」〔註77〕一旦彭城爲魏軍所佔，魏軍極有可能渡淮河長驅南下，則劉宋危矣，故長沙王劉義欣不聽其左右將佐之言棄守彭城，也因他有此堅定戰略認知，未隨到彥之撤退，使宋軍前鋒的敗逃至彭城而停止，穩住淮河情勢，同時也使宋文帝北伐失敗的損失未持續擴大。若長沙王劉義欣亦自彭城撤軍，宋軍兵敗如山倒的頹勢恐無法遏止，一旦魏軍掌握戰機乘勝直指建康，劉宋將有亡國之虞，由此可證長沙王劉義欣的固守彭城，相較於到彥之的怯戰敗逃，二位主帥對劉宋之貢獻不言可喻。

〔註74〕《宋書》卷95〈索虜傳〉，頁2332。
〔註75〕《宋書》卷51〈宗室・長沙王義欣傳〉，頁1464。
〔註76〕《宋書》卷51〈宗室・長沙王義欣傳〉，頁1464。
〔註77〕《魏書》卷50〈尉元傳〉，頁1113。

由於長沙王劉義欣的優秀表現，戰後宋文帝仍續與重用，委以豫州刺史出鎮壽陽，肩負抵禦北魏的重責大任，而他也戮力從公將該地建設為盛藩強鎮，《宋書·長沙王義欣傳》載：〔註78〕

> 遷使持節、監豫司雍并四州諸軍事、豫州刺史，將軍如故。給鼓吹一部。鎮壽陽。……于時土境荒毀，人民彫散，城郭頹敗，盜賊公行。義欣綱維補緝，隨宜經理，劫盜所經，立討誅之制。境內畏服，道不拾遺，城府庫藏，並皆完實，遂為盛藩強鎮。

宗室之中能有如此軍事、政治幹才實屬難得，宋文帝對其頗為恩寵優遇，「（元嘉）十年（433、魏延和二年），進號鎮軍將軍，進監為都督。十一年夏，入朝，太祖（宋文帝）厚加恩禮。」但可惜年紀輕輕即過世，「十六年（439、魏太延五年），薨，時年三十六。追贈散騎常侍、征西將軍、開府儀同三司，持節、都督、刺史如故。諡曰成王。」〔註79〕以長沙王劉義欣在劉宋政治、軍事等各方面表現觀之，若宋文帝在選擇北伐軍前鋒主帥時，選擇長沙王劉義欣而非到彥之，到彥之可為前鋒之一部並歸長沙王劉義欣節制，而北伐軍主帥則另擇一年高德劭之宗室擔任。或許長沙王劉義欣無法完全阻擋魏軍之反擊，但依其堅守彭城不願撤軍之膽識，宋軍不致敗逃如此倉皇，即便須從前線撤退，至少也會井然有序，但歷史不容假設，宋文帝既決定以到彥之為前鋒主帥，自得承擔「知己」不足之後果。

（三）「反魏聯盟」失敗

劉宋透過外交上的努力，聯絡柔然、北燕、大夏等國組織「反魏聯盟」，若聯盟成功，北燕、劉宋、大夏、柔然位居北魏東南西北四個方位，四國同時出兵，等於四道利刃切入北魏境內，北魏同時面對四個方向作戰，極有可能分崩離析，故劉宋組織「反魏聯盟」，實不失為戰略上策。但後來證明「反魏聯盟」失敗，失敗之因在於劉宋未體察國際局勢的變化。首先是柔然，甫於 429 年（魏神䴥二年、宋元嘉六年）遭北魏重創，魏太武帝於四月率軍親征柔然，「五月丁未，次于沙漠，舍輜重，輕騎兼馬，至栗水，蠕蠕震怖，焚燒廬舍，絕跡西走。」〔註80〕柔然遭此打擊後勢衰，需休養生息，暫時無力南侵。其次是北燕，因其侷促一隅國弱兵寡，未遭北魏所滅已是慶幸，遑論

〔註78〕《宋書》卷51〈宗室·長沙王義欣傳〉，頁1465。

〔註79〕《宋書》卷51〈宗室·長沙王義欣傳〉，頁1465。

〔註80〕《魏書》卷4上〈世祖紀上〉，頁75。

主動出兵攻打北魏。最後是大夏，乃最有可能和劉宋聯軍者，但北魏兩度征討大夏，其領土已喪失泰半苟延殘喘，之後雖奪回關中地區，但無助大局。宋文帝進軍河南地時，魏太武帝正率軍三度征討大夏，大夏面臨國破家亡困境，極思劉宋能從南方牽制魏軍，以便獲得喘息空間，故宋夏聯軍較柔然、北燕而言，聯盟的可能性最高。

北魏若同時面對大夏與劉宋進攻，兵力二分結果，勢將面臨內線作戰態勢，〔註81〕對北魏而言壓力頗重，但是宋夏聯軍並未成功，失敗之因誠如前文崔浩所述，宋夏二國，「有似連雞，不得俱飛，無能為害也。」〔註82〕劉宋與大夏均希望對方先出兵好坐收漁利，對耗結果失卻戰略先機。及至魏太武帝伐大夏，宋文帝又無北渡黃河意圖，僅以收復河南地為滿足，其自我侷限之戰略思維遭北魏窺破，魏軍遂得各個擊破，滅夏破宋，並收復河南地。若宋文帝能有積極之企圖心，渡河北伐，魏軍首尾恐無法相顧，或可解大夏之圍。一旦北魏在大夏戰場無法迅速將其消滅甚至陷入泥沼，而宋軍又攻入魏境，戰事擴大結果，河南地之歸屬以及戰局之改變，都在未定之天。

（四）後勤補給困難

長沙王劉義欣的鎮軍中兵參軍、領汝陰太守王玄謨，曾對劉宋北伐失利原因提出其看法，《宋書·王玄謨傳》：〔註83〕

> 時虜攻陷滑臺，執朱脩之以歸。玄謨上疏曰：「王途始開，隨復淪塞，非惟天時，抑亦人事。虎牢、滑臺，豈惟將之不良，抑亦本之不固。本之不固，皆由民憚遠役。臣請以西陽之魯陽，襄陽之南鄉，發甲卒，分為兩道，直趣淆、澠，征士無遠徭之思，吏士有屢休之歌。
> 若欲以東國之眾，經營牢、洛，道途既遠，獨克實難。」

王玄謨在劉宋朝廷屬主張北伐的主戰派，「玄謨每陳北侵之策。」〔註84〕他認為北伐失敗原因有二：一為將非其人；另一為後勤補給不易。將非其人已如前述，而河南地自陷北魏後，劉宋未積極經營北部邊疆地區，以致北伐收復河南地後，卻因後勤補給困難，導致各城戍缺糧無法固守，如杜驥守洛陽，「洛

〔註81〕大夏、劉宋若同時進攻北魏，北魏等於同時與兩方之敵作戰，情況猶如法國戰略家約米尼（Antoine Henri Jomini）提出之「內線作戰」。關於內線作戰之解釋，本書前文已有述及，參見本書第二章第三節，頁70。
〔註82〕《魏書》卷35〈崔浩傳〉，頁821。
〔註83〕《宋書》卷76〈王玄謨傳〉，頁1973。
〔註84〕《宋書》卷76〈王玄謨傳〉，頁1973。

陽城不治既久，又無糧食，及彥之敗退，（杜）驥欲棄城走。」〔註85〕朱脩之
守滑臺，「魏軍仍進滑臺。時河冰將合，糧食又罄。」〔註86〕可見糧食缺乏的
確造成宋軍防守上的困難，甚至影響劉宋援軍的救援行動，「檀道濟救滑臺，
糧盡而歸。」〔註87〕按王玄謨之想法，應沿北方與北魏接壤地區，就近征發
兵士加以訓練，並廣積食糧做好作戰準備，而非依賴南方地區對北伐的軍事
支援與糧食供應，如此一來，可減輕劉宋中心地帶支援前線的負擔。

　　王玄謨點出劉宋北伐根本未固之關鍵，在於宋文帝動員中央及各地方軍
隊，並籌集糧食後開赴北方對北魏作戰，此非長久之計，所以才會有「本之
不固，皆由民憚遠役。」之論。漫長補給線使後勤補充不易，而糧食不繼會
降低前線宋軍作戰能力，這也是宋文帝未積極經營北方各州郡，未認真考慮
軍隊組成與糧食問題，在一切均由後方供應的情形下即大膽北伐，終因補給
線過長遂產生糧食不足問題，因此王玄謨建議宋文帝應強化北方各州郡的戰
備能力，以當地軍隊與糧食供應北伐所需，不足部分再由南方支援，如此才
可解決後勤困難問題。

二、北魏戰勝之檢討

　　魏太武帝首次與宋文帝交鋒即大獲全勝，勝利之因在於魏太武帝的戰略
指導正確和知人善任，以及情報戰的成功，現分別就此三部分析論之。

（一）戰略指導正確

　　魏軍能擊潰劉宋北伐軍，獲勝原因首推魏太武帝正確之戰略指導，此誠
為北魏勝利之關鍵。魏太武帝在魏宋河南大戰共有三個關鍵點的戰略判斷至
為重要，分述如下。

　　第一：當劉宋軍隊調動頻繁，物資、糧草逐漸匯集時，北魏方面早已偵知，
更有北魏朝臣主張先發制人，發兵逆擊挫宋軍銳氣，但崔浩反對，幸魏太武帝
贊同崔浩意見，若主動出擊，時當夏季，魏軍騎兵優勢無法發揮，而劉宋正是
水軍發揮戰力極佳之時，兼之魏軍又有後勤補給問題，一旦與宋軍陷入河南地
攻防戰，對魏軍較為不利，故魏太武帝否定先發制人，改採後發制人之策。

　　第二：主動撤守河南四鎮，所謂「將欲取之，必先予之。」鬆懈敵人再

〔註85〕《宋書》卷 65〈杜驥傳〉，頁 1721。
〔註86〕《南史》卷 25〈到彥之傳〉，頁 675。
〔註87〕《宋書》卷 46〈王懿傳〉，頁 1393。

予攻擊，此為後發制人。劉宋北伐軍不費吹灰之力獲得河南四鎮，劉宋朝廷上下對此戰果興奮不已，卻忘記居安應思危。王仲德提出應密切注意冬季時節魏軍反撲的諫言，到彥之卻置之腦後。其實也因劉宋已達收復河南地之戰略目標，再無積極北伐意圖，故北魏僅以少量兵力沿黃河佈防，對防禦無渡河企圖之宋軍已綽綽有餘。由此可見，北魏主動撤守鬆懈劉宋之目標已達成。

第三：魏太武帝面對宋夏聯軍時，曾擔憂「西伐則南助，南征則西動。」宋夏二國互為犄角形成相互聯防，但是魏太武帝同意崔浩的判斷，他依據宋軍的佈防斷定其無渡河北伐意圖，北魏南疆無危險之虞。故魏太武帝大膽採取「避宋擊夏」戰略，以少量兵力牽制宋軍於黃河南岸，先率大軍西滅大夏，待滅大夏後時序也已近冬季，再回師利用河水冰合契機，發揮騎兵優勢擊退宋軍，一舉奪回河南四鎮。

（二）魏太武帝知人善任

相較於宋文帝「知己」之不足，魏太武帝對其文武官員有深入之認識，首先是領導魏軍作戰的四位主要將領：杜超、安頡、叔孫建、長孫道生。

率領魏軍反擊宋軍的主帥陽平王杜超，其背景已如前述，乃魏太武帝母舅、南安長公主之婿，以外戚勛貴坐鎮鄴城指揮。北魏反擊戰開始後，魏軍安頡部進攻金墉、洛陽等地，杜超令各路魏軍集結於七女津，準備於此處渡河進攻滑臺，到彥之恐魏軍南渡，遣王蟠龍率軍破壞魏軍渡船，遭「杜超等將擊破斬之。」〔註88〕杜超殲滅宋軍王蟠龍部襲擊渡船行動，對後續戰事影響極大。若王蟠龍順利破壞魏軍渡船，魏軍勢必無法渡過黃河，魏軍安頡部無法獲得來自進攻滑臺魏軍的聲援，等同孤軍作戰，倘若宋軍見杜超等魏軍困在黃河北岸，便加強對魏軍安頡部的攻擊，安頡能否順利攻下金墉、洛陽不無疑問，戰局恐有所改觀。換言之，因杜超消滅王蟠龍使魏軍渡河行動得以確保，也因魏軍順利渡河進攻滑臺，使魏軍反擊戰攻向金墉、滑臺的二個箭頭能相互聲援作戰，巨大的聲勢對宋軍形成壓力，間接導致宋軍一路敗退。由此可見杜超並非一般庸碌之皇親國戚，軍事上仍有一定才幹，在魏太武帝對劉宋的首次戰爭中做出積極貢獻。

安頡，史稱其「辯慧多策略，……為內侍長，令察舉百僚。糾刺姦慝，無所回避。」〔註89〕除此之外，安「頡為將，善綏士眾。」〔註90〕可見安頡

〔註88〕《魏書》卷4上〈世祖紀上〉，頁77。
〔註89〕《魏書》卷30〈安頡傳〉，頁715。

在北魏朝廷，不論是任監察之職或是爲將率軍，均能稱職，而魏太武帝知其能，故命他參與此次對劉宋的戰爭。安頡亦不失所望，在對宋軍的反擊戰中表現出色，《魏書·安頡傳》載：〔註91〕

> （安頡）攻洛陽，拔之，擒義隆將二十餘人，斬首五千級。進攻虎牢，虎牢潰，義隆司州刺史尹沖墜城死。又與琅邪王司馬楚之平滑臺，擒義隆將朱脩之、李元德及東郡太守申謨，俘獲萬餘人。乃振旅還京師。

安頡先攻金墉，再攻洛陽、虎牢，接著增援滑臺，這三個河南地城戍的攻防，都有安頡參與其中，稱安頡爲北魏收復河南地功勞最大之將領，並不爲過。

叔孫建乃歷事三朝的元老重臣，「叔孫建，代人也。父骨，爲昭成母王太后所養，與皇子同列。建少以智勇著稱。太祖（魏道武帝）之幸賀蘭部，建常從左右。」〔註92〕魏道武帝在賀蘭部及其他地方顚沛流離時，叔孫建早已隨侍左右，之後見證魏道武帝開創北魏過程，成爲開國功臣之一。魏道武帝未建北魏政權時，勢力不穩，必須應付各方勢力的挑戰與攻擊，叔孫建能在魏道武帝左右，可見他必有非凡的軍事才能，始能保護魏道武帝應付各方之攻擊。「太宗（魏明元帝）即位，念（叔孫）建前功，乃以建爲正直將軍，相州刺史。飢胡劉虎等聚黨反叛，公孫表等爲虎所敗。太宗假建前號安平公，督表等以討虎，斬首萬餘級。餘眾奔走，投沁而死，水爲不流，虜其眾十萬餘口。」〔註93〕叔孫建在魏明元帝時繼續發揮他卓越的作戰能力，平劉虎之亂。之後「遷廣阿鎮將，羣盜斂跡，威名甚震。」〔註94〕可見叔孫建在北魏軍界享有崇高聲望，史書對其贊語爲：〔註95〕

> 建沉敏多智，東西征伐，常爲謀主。治軍清整，號令嚴明。又雅尚人倫，禮賢愛士。在平原十餘年，綏懷內外，甚得邊稱，魏初名將尠有及之。南方憚其威略。

魏太武帝即位後，對叔孫建這位三朝名將，自然續與重用，在魏宋河南大戰中擔任重要角色。戰功彪炳的叔孫建，先在湖陸大敗宋軍竺靈秀部，殲敵五

〔註90〕《魏書》卷30〈安頡傳〉，頁716。
〔註91〕《魏書》卷30〈安頡傳〉，頁716。
〔註92〕《魏書》卷29〈叔孫建傳〉，頁702。
〔註93〕《魏書》卷29〈叔孫建傳〉，頁703。
〔註94〕《魏書》卷29〈叔孫建傳〉，頁704。
〔註95〕《魏書》卷29〈叔孫建傳〉，頁705。

千餘人，接著以奇襲戰術，燒毀檀道濟援軍之糧草，成功阻止檀道濟往前推進，最後因糧盡不得不退兵。叔孫建阻卻檀道濟援軍對戰局有關鍵性影響，若檀道濟能繼續往前增援，以檀道濟優秀軍事指揮能力，所率劉宋援軍戰力不差，恐與魏軍有一番惡戰，或許檀道濟仍無法改變河南地遭北魏收復事實，但有可能拯救更多宋軍撤回劉宋境內，同時魏軍也會蒙受更多犧牲，一來一往間，宋軍有生力量獲得更多保存，魏軍卻遭受更大損耗。由此可見，叔孫建擊敗檀道濟援軍對北魏勝果的維持有極佳之貢獻。

　　北魏開國功臣長孫嵩從子長孫道生，《魏書・長孫道生傳》載：「忠厚廉謹，太祖愛其慎重，使掌幾密，與賀毗等四人內侍左右，出入詔命。太宗即位，除南統將軍、冀州刺史。」〔註96〕魏太武帝即位後，「進爵汝陰公，遷廷尉卿。從征蠕蠕，與尉眷等率眾出白黑兩漠間，大捷而還。世祖（魏太武帝）征赫連昌，道生與司徒長孫翰、宗正娥青為前驅，遂平其國。」〔註97〕魏太武帝在魏宋衝突初期，採「斂戍相避以退為進」戰略，自己率軍征討大夏，令長孫道生等諸將率魏軍在黃河北岸組成防禦陣線，抗拒宋軍北侵。長孫道生順利完成魏太武帝交付的任務後，接著與叔孫建合擊檀道濟率領之劉宋援軍，成功將其擊退，並自後追擊擴大戰果，「遂誘義隆將檀道濟，邀其前後，追至歷城而還。」〔註98〕長孫道生不僅為良將，更勤儉自持律己甚嚴：〔註99〕

　　　道生廉約，身為三司，而衣不華飾，食不兼味。一熊皮鄣泥，數十
　　　年不易，時人比之晏嬰。第宅卑陋，出鎮後，其子弟頗更修繕，起
　　　堂廡。道生還，歎曰：「昔霍去病以匈奴未滅，無用家為，今強寇尚
　　　遊魂漠北，吾豈可安坐華美也！」乃切責子弟，令毀宅。其恭慎如
　　　此。世祖世，所在著績，每建大議，多合時機。為將有權略，善待
　　　士眾。（魏太武）帝命歌工歷頌羣臣，曰：「智如崔浩，廉如道生。」

據引文可知，魏太武帝將長孫道生與崔浩並列，崔浩為魏太武帝最看重之漢臣智謀，而長孫道生之廉潔則為北魏朝臣之首。此外，長孫道生國家觀念強烈，以柔然尚在北境時刻威脅北魏，遂有「吾豈可安坐華美也！」之語，這種精神令人感佩，相較於劉宋到彥之見魏軍勢大即撤軍，二人對國家之忠誠

〔註96〕《魏書》卷25〈長孫道生傳〉，頁645。
〔註97〕《魏書》卷25〈長孫道生傳〉，頁645。
〔註98〕《魏書》卷25〈長孫道生傳〉，頁646。
〔註99〕《魏書》卷25〈長孫道生傳〉，頁646。

度實有天壤之別。

　　綜合上述，杜超、安頡、叔孫建、長孫道生四人，均為北魏名將且有過人之處，而魏太武帝都能將他們放在適合位置上，魏太武帝「知人善任、將用其人」與宋文帝「識人不明、將非其人」相較，前者「知己」功夫遠勝後者，如崔浩不適合領軍作戰，若令其率軍反擊宋軍，極可能遭致敗績，故魏太武帝運用崔浩，以其為智囊供作參謀為主。而宋文帝對到彥之則認識不足，怯懦畏戰卻以其任前鋒主帥，故二位君王對自身將相的瞭解與否，也成為雙方勝敗關鍵之一。

　　其次是漢臣崔浩，魏太武帝和崔浩君臣之間的默契與信任，是另一可稱述之處。北魏乃少數民族拓跋氏所建，北方漢人淪為被統治者，故漢臣的政治權力遠遜代人。崔浩雖為漢臣，但頗受魏太武帝信賴，從阻止魏太武帝在劉宋發兵前先出兵逆擊；至爾後判斷出宋軍無渡河意圖；再到「避宋擊夏」戰略，都有崔浩建言在其中。特別的是，他的建言和北魏朝廷代人重臣的意見大多相反，而魏太武帝未聽多數代人重臣之言，卻採崔浩建議，實屬難得，可見魏太武帝有識人之明。他曾讚賞崔浩「才略之美，當今無比。朕行止必問，成敗決焉，若合符契，初無失矣。」〔註100〕由此可知崔浩在魏太武帝心中之地位。崔浩以漢人觀點出發，分析劉宋諸般戰略態勢，由於游牧民族的戰略觀點與思考邏輯畢竟與漢人稍有差異，代人重臣以游牧民族思維判斷劉宋敵情，誤判的機率大，而崔浩的漢人思維，更能精準判斷宋軍的軍事行動，即便未百分百正確，至少誤判機率較代人重臣少，知己知彼方能百戰百勝，崔浩適時彌補了北魏欠缺漢人觀點的空間，使北魏朝廷在進行參謀作業時能各方意見具陳，供魏太武帝做戰略判斷，事實證明，崔浩各項判斷均正確無疑，《魏書‧崔浩傳》載：〔註101〕

> 後冠軍將軍安頡軍還，獻南俘，因說南賊之言云，義隆敕其諸將，
> 若北國兵動，先其未至，徑前入河，若其不動，住彭城勿進。如浩
> 所量。世祖謂公卿曰：「卿輩前謂我用浩計為謬，驚怖固諫。常勝之
> 家，始皆自謂踰人遠矣，至於歸終，乃不能及。」

崔浩的洞燭機先，的確為北魏的軍事作戰指出正確方向，但是這也需魏太武帝能信任他，否則崔浩以一介漢臣，竟與眾多代人重臣意見相左，若非魏太

〔註100〕《魏書》卷35〈崔浩傳〉，頁821。
〔註101〕《魏書》卷35〈崔浩傳〉，頁821。

武帝力挺之，其意見恐無法受到重視。魏太武帝不因崔浩爲漢臣即否定其議，也不因代人重臣具多數意見而採納，只問誰的見解符合當前局勢並對北魏有利，魏太武帝的知人善任於此又得一明證。

（三）情報戰的成功

敵方情報對戰爭指導者之戰略判斷乃重要參考依據，故交戰雙方均重視情報蒐集，然而從戰爭過程證明，劉宋情報工作確實不如北魏，尤其在邊防將領對敵方情報的偵伺上。北魏邊將對情報蒐集頗爲翔實，故上報北魏朝廷後，魏太武帝能根據前線情報做出正確判斷，並迅速採取因應措施，如 430 年（魏神麚三年、宋元嘉七年）三月，「（魏太武）帝聞劉義隆將寇邊，乃詔冀、定、相三州造船三千艘，簡幽州以南戍兵集于河上以備之。」〔註102〕宋文帝即將北伐訊息，早已被北魏邊將探知。由於劉宋水軍佔有優勢，故宋文帝的北伐，一定會動用水軍作戰，雖然水軍並非北魏作戰優勢，但也需做好備戰準備。魏太武帝造艦三千艘之目的有二，其一：建造戰艦以便與劉宋水軍於水面上作戰。其二：做爲魏軍渡河載具，載送魏軍增援河南地作戰，或是戰局不利需撤退時，能載運魏軍北渡減少犧牲。預先擬妥撤軍的因應措施是必須的，因戰場變化難以預料，無人可保證面對宋軍的進攻，魏軍能取得勝利或敗退，故先預設撤退方式，以免屆時因敗逃導致軍心紊亂，使魏軍遭受更大損失。以魏太武帝與宋文帝對照，宋文帝顯然並未具有一旦戰敗如何撤軍的戰略思維，其結果則是劉宋北伐軍在到彥之領導下，撤退的毫無章法，魏軍又從後追擊，宋軍膽顫心驚下，士氣瓦解渙散，犧牲慘重，若以宋文帝爲首的劉宋朝廷，能預先擬妥撤退路線並交付到彥之以備不時之需，相信能減少宋軍之犧牲。

北魏南方邊將蒐集劉宋情報非常積極，而且窮盡各種方式，以時任徐州刺史的叔孫建爲例，他將蒐集之情報回報魏太武帝：〔註103〕

> 建表曰：「臣前遣沙門僧護詣彭城。僧護還稱，賊發軍向北，前鋒
> 將徐卓之已至彭城，大將軍到彥之軍在泗口，發馬戒嚴，必有舉
> 斧之志。臣聞爲國之道，存不忘亡。宜繕甲兵，增益屯戍，先爲
> 之備，以待其來。若不豫設，卒難擒殄。且吳越之眾，便於舟檝，
> 今至北土，舍其所長。逆順既殊，勞逸不等，平寇定功，在於此

〔註102〕《魏書》卷4上〈世祖紀上〉，頁75。
〔註103〕《魏書》卷29〈叔孫建傳〉，頁704。

日。……」

從叔孫建表奏魏太武帝之情報可窺知二點，其一：叔孫建利用比丘為情報員堪稱高明，佛教僧侶雖引人注意，但不容易使人對其防備，比丘在彭城四處勘查地形觀察宋軍調動，若遇宋軍兵士或劉宋百姓質疑，可藉口化緣釋疑，只是不知叔孫建是令情報員出家為比丘以為掩護，或是吸收原比丘為情報員，但不論如何，叔孫建成功偵蒐劉宋北伐情報，使北魏朝廷完全掌握劉宋軍事動態。其二：叔孫建認為劉宋軍隊不斷往彭城集中，水軍也雲集泗水口，故推斷劉宋「必有舉斧之志。」建議魏太武帝「先為之備，以待其來。」並請命領軍抗擊宋軍。魏太武帝對叔孫建的情報與建議頗為贊同，「優詔答之，賜以衣馬。」〔註104〕叔孫建提供情報之價值，在於使北魏朝廷能知悉劉宋軍事動作，以便及早因應，不致因宋軍突然進攻河南地，會使北魏守軍猝不及防，導致倉皇敗退之情形發生。魏太武帝訂定「歛戍相避以退為進」戰略，也是根據叔孫建偵蒐所得情報，對河南地的攻防預作規畫，之後魏軍自河南地撤軍，乃戰術性轉進，並待秋冬反擊，非遭宋軍擊敗而後撤。事實證明，魏太武帝戰略規畫非常成功，反擊戰大敗宋軍收回河南地，凸顯北魏情報戰之成功。

劉宋的情報蒐集實不如北魏，南北史籍中未見劉宋在 430 年（魏神䴥三年、宋元嘉七年）北伐前後有偵察北魏情報情形，可見劉宋對北魏兵馬調動及軍事動態掌握不夠，而情報與資訊掌握的不足，使宋文帝無法有足夠之情資做正確的戰略判斷。就劉宋北方邊將而言，其蒐集情報功夫和北魏邊將有不小差距，而劉宋朝廷也未要求邊將做好情蒐工作，亦即劉宋從中央到地方，對情報的蒐集欠缺積極性，此由劉宋朝廷不知魏軍自河南地撤軍實為戰術性撤退，其真正目的乃待秋冬大舉反擊一事可知。

若劉宋情蒐工作確實，不僅可派遣間諜以各種方式潛入魏境偵察敵情，如前述北魏叔孫建所遣之間諜以比丘身份掩護，或是由邊將觀察魏軍自河南地撤軍後，卻在黃河北岸加強佈防的情形上報劉宋朝廷，但是這二項動作均未達成，以致宋文帝對前線戰局瞭解不夠，無法進一步判斷北魏對河南地的態度，誤認北魏輕棄河南地乃到彥之北伐成果，殊不知魏太武帝對河南地實屬魏土之態度堅定，積極部署反擊戰，若宋文帝有充分情報，便能判斷北魏將有反擊行動，命令到彥之及河南地各城戍守將加強戒備，而非任由到彥之

〔註104〕《魏書》卷29〈叔孫建傳〉，頁704。

鬆懈河南地防務。即便到彥之仍未有強化防務之心，但其餘城戍守將在宋文帝的指令下，勢必積極備戰防止魏軍反撲，如此一來，戰局會呈現何種走向甚難預料，或許北魏仍會奪回河南地，但因宋軍有備，增加魏軍攻城困難，使魏軍在往後的魏宋衝突中不致輕視宋軍，也使劉宋民心士氣不致渙散，且畏懼魏軍聲威。然而，因劉宋上下對北魏反擊戰的無知，使宋文帝北伐功敗垂成，北伐軍也在到彥之帶領下大敗南逃，劉宋民心士氣大受打擊，也使魏軍漸啓輕宋軍之心。

　　魏太武帝和宋文帝二位南北雄主的第一次交鋒，在宋文帝轟轟烈烈的北伐中開始，卻也在宋軍的敗逃中結束，魏勝宋敗之原因已如前述分析。北魏雖勝，卻未有進一步追擊的行動，這是因為魏太武帝尚未完成北方統一，且柔然雖經北魏諸帝多次征討但勢力仍強，在北方政治局勢未穩定前，他不會將戰略目標對準劉宋，故在收復河南地後，未乘勝追擊攻入劉宋境內擴大戰果。至於劉宋，顯然並未具備收復黃河流域失地的能力，宋文帝認為，劉宋國力正處於上升時期，應能奪回被北魏佔領的河南地區。一旦收復河南地，除了可做為恢復宋武帝時代強盛武力之精神號召外，也有利於開創他的元嘉時代，但真正的戰略思考，乃是加強日後劉宋面對北魏侵犯時之防禦縱深，不過北伐的失敗，使宋文帝佔有河南地的夢想成為泡影。不僅如此，北伐失敗對劉宋國力造成一定程度影響。《南史・到彥之傳》載：「初遣彥之，資實甚盛，及還，凡百蕩盡，府藏為空。」〔註105〕由「府藏為空」一語可見劉宋因北伐而損耗之物資相當大。另外，431 年（魏神䴥四年、宋元嘉八年）三月戊申宋文帝下詔曰：「自頃軍役殷興，國用增廣，資儲不給，百度尚繁。宜存簡約，以應事實。內外可通共詳思，務令節儉。」〔註106〕魏宋戰事甫於二月結束，次月宋文帝即發佈務令節儉詔書，由詔書內容證明河南之役對劉宋財政造成極大損傷，故宋文帝戰後首務，乃儘速恢復劉宋國力。

　　其實不止兵仗、軍用物資損耗殆盡連帶影響財政，更嚴重的是優秀將領的犧牲，造成宋文帝君臣的心理震撼。朱脩之、尹沖二位良將，分守滑臺、虎牢力抗魏軍進攻，終因糧盡援絕，滑臺遭魏軍攻陷，朱脩之被俘，「留脩之戍滑臺，為虜（魏軍）所困，數月糧盡，將士熏鼠食之，遂陷於虜。」〔註

〔註105〕《南史》卷 25〈到彥之傳〉，頁 675。
〔註106〕《宋書》卷 5〈文帝紀〉，頁 80。
〔註107〕《宋書》卷 76〈朱脩之傳〉，頁 1969。

107〕至於尹沖則更慷慨壯烈，魏軍攻入虎牢後，尹沖抗節不降投塹死，宋文帝對尹沖的悲壯最為感念，曾與江夏王劉義恭書曰：「尹沖誠節志概，繼蹤古烈，以為傷惋，不能已已。」〔註 108〕朱脩之成為俘虜，尹沖壯烈犧牲，僅是極小之二例，更多劉宋將士被魏軍所俘或遭殺害，這對首次與北魏作戰的宋文帝而言，造成極大精神傷害，故他特別作詩悼念並褒獎他們對國家之忠貞。〔註 109〕

　　宋文帝一心想繼承其父宋武帝步伐經略中原，第一步即是收復河南地，並以此為前進中原基地，不料首次出師北伐即大敗收場，並對劉宋精神、物質造成重大傷害。此次劉宋的失敗，代表南北政權力量對比開始發生變化，北魏和劉宋自建立以來，尚未與對方發生大規模戰爭，魏明元帝趁宋武帝崩逝時的南侵，僅是區域戰爭的範疇。而魏太武帝和宋文帝分別繼位後，正逢二國國力處上升時期。劉宋方面：由於開國未久，宋文帝又承宋武帝餘蔭，故國力正盛。北魏方面：積極開疆拓土，但是戰略目標鎖定在柔然和北方其他政權，暫時無意與劉宋衝突。是故雙方原無大型戰爭機會，無法得知二國實力之比，但宋文帝的北伐促成南北二大政權的首次較量。魏勝宋敗的結果，標誌北魏軍事力量實強於劉宋，並自此直至劉宋滅亡，雙方力量對比都是北方強於南方，這種北強南弱的形勢愈來愈明顯，北魏不斷往南進軍擴充領土，劉宋頻頻喪城失地，而雙方邊境線也形成逐漸往南移動趨勢。

第三節　魏太武帝前期北魏對劉宋的國家戰略解析

　　魏太武帝的國家戰略解析可分前後兩階段，今以北魏統一北方的 439 年（魏太延五年、宋元嘉十六年）為界，自其 423 年（魏泰常八年、宋景平元年）即位至 439 年為前期；後期則自 439 年至 452 年（魏正平二年、宋元嘉二十九年）崩逝止。前期的國家戰略體系，圖示如下：

〔註 108〕《宋書》卷 95〈索虜傳〉，頁 2333。
〔註 109〕宋文帝對北伐犧牲的劉宋將士，親自作詩曰：逆虜亂疆場，邊將嬰寇仇。堅城劾貞節，攻戰無暫休。覆濟不可拾，離機難復收。勢謝歸塗單，於焉見幽囚。烈烈制邑守，舍命蹈前修。忠臣表年暮，貞柯見嚴秋。楚莊投袂起，終然報強讎。去病辭高館，辛獲舒國憂。戎事諒未珍，民患焉得瘳。撫劍懷感激，志氣若雲浮。願想淩扶搖，弭旆拂中州。爪牙申威靈，帷幄騁良籌。華裔混殊風，率土決王猷。惆悵懼遷逝，北顧涕交流。《宋書》卷 95〈索虜傳〉，頁 2333～2334。

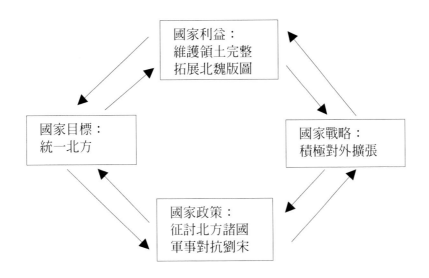

圖十：魏太武帝前期北魏對劉宋的國家戰略圖

　　從國家利益、國家目標、國家政策到國家戰略，可以發現魏明元帝、魏太武帝父子二人的國家戰略思維有很大的相同部分，〔註110〕可見魏太武帝相當程度延續魏明元帝的國家戰略，何以如此？有二大原因。原因之一，魏太武帝繼位後的戰略環境與國際局勢未有太大變化，北魏依然稱霸北方，同時尚有北燕、大夏、北涼、西秦等政權存在；南方依然是劉宋統一局面，所以魏太武帝和魏明元帝後期面對的戰略態勢大同小異，只不過北魏更強，和其他國家相比，北魏更具統一北方之像。另外，在魏明元帝「積極對外擴張」的國家戰略中，是以「稱霸北方、挑戰南方」為國家目標，可見北方諸國和劉宋都是他擴張的對象。前文已述，因宋武帝崩逝的突然因素，促使魏明元帝決定進軍劉宋奪取河南地，最後結果如魏明元帝所願，河南地成為北魏領土，但是不到一年時間魏明元帝即崩逝，來不及計畫對北方諸國軍事行動，如果他未如此早逝，在已擁有河南地掌握對劉宋的戰略優勢下，極有可能開始進行統一北方的軍事行動。因此，魏太武帝繼位後開始進行統一北方的軍事行動，乃一定程度繼承魏明元帝的遺志：次第消滅北方各政權。為何魏太武帝會對魏明元帝的國家戰略構想如此瞭解，知道他未來的戰略規畫，這就是原因之二，要從魏明元帝培養接班人，以魏太武帝拓跋燾為「太子監國」

〔註110〕參見本書圖八：魏明元帝後期北魏對劉宋的國家戰略圖，頁110。

談起。

　　魏明元帝於 422 年（魏泰常七年、宋永初三年）五月，立長子拓跋燾爲皇太子，《魏書・太宗紀》載曰：「夏四月甲戌，封皇子燾爲泰平王，燾字佛釐，拜相國，加大將軍。……五月，詔皇太子臨朝聽政。」〔註 111〕同書〈世祖紀〉亦載：「泰常七年四月，封泰平王。五月，爲監國，太宗（魏明元帝）有疾，命（魏太武）帝總攝百揆。」〔註 112〕如上所述，魏明元帝不僅立拓跋燾爲太子，〔註 113〕更以其監國、臨朝聽政、總百揆，等於在生前逐步轉移政治權力予拓跋燾，何以如此？因魏明元帝歷經清河王拓跋紹弒逆，經一番波折平亂後始即皇帝位，他親身經歷皇位繼承之際的政治動盪，故不願重蹈覆轍，想在生前確立皇位繼承人，並將皇權逐步釋放，轉移至拓跋燾手中，藉以鞏固其政治地位。

　　拓跋燾生於 408 年（魏天賜五年、晉義熙四年），〔註 114〕被立爲皇太子協助魏明元帝攝政已有十五歲，年齡雖輕卻有出色表現，決斷朝政中規中矩，頗獲魏明元帝欣賞，《魏書・崔浩傳》載：「太宗避居西宮，時隱而窺之，聽其決斷，大悅。……群臣時奏所疑，太宗曰：『此非我所知，當決之汝曹國主也。』」〔註 115〕據此可知拓跋燾在魏明元帝協助下，太子時期已接觸政務，並

〔註 111〕《魏書》卷 3〈太宗紀〉，頁 61～62。
〔註 112〕《魏書》卷 4 上〈世祖紀上〉，頁 69。
〔註 113〕《魏書》〈太宗紀〉和〈世祖紀〉記載魏明元帝以拓跋燾爲皇太子並臨朝聽政之事略有疏漏，應參酌其他史料始能窺其全貌，如《北史》和《資治通鑑》就表達的很清楚。據《北史・魏本紀》載：「（泰常）七年……初，（魏明元）帝服寒食散，頻年發動，不堪萬機。五月，立太平王燾爲太子，臨朝聽政。」《北史》卷 1〈魏本紀・太宗紀一〉，頁 34。至於《資治通鑑》則載：「立太平王燾爲皇太子，使之居正殿臨朝，爲國副主。」《資治通鑑》卷 119〈宋紀一〉，武帝永初三年，頁 3746。《北史》和《資治通鑑》都清楚記載拓跋燾被立爲皇太子，之後馬上臨朝，說明魏明元帝立太子和監國是同時舉行，因爲監國自古即爲太子專屬權力與義務。以此來看《魏書・世祖紀》的記載就可明白，雖拓跋燾未出現皇太子稱號，卻出現魏明元帝命拓跋燾「監國」，接著更「總百揆」。監國、皇儲、儲君、東宮等稱呼都是和皇太子劃上等號，《魏書・世祖紀》僅書「監國」未言「爲太子」之事，這是行文的忽略，但是也說明當時北魏是將「監國」與「爲太子」同等看待。換言之，監國是太子專屬職守，命誰「監國」就等同立誰爲太子，所以史傳行文時載監國即可，因爲監國者即取得皇太子身份。另外，「監國」之後馬上「總百揆」，說明拓跋燾成爲皇太子後立刻臨朝聽政，這和《北史》和《資治通鑑》記載相同，立拓跋燾爲太子和監國這兩件事的儀式乃同時進行。
〔註 114〕參見《魏書》卷 4 上〈世祖紀上〉，頁 69。
〔註 115〕《魏書》卷 35〈崔浩傳〉，頁 813。

擁有一定權力，當「群臣時奏所疑」時，魏明元帝甚至要大臣去請示拓跋燾，由其決策，可見拓跋燾分擔了魏明元帝的權力與政務，既然是核心的決策人物，魏明元帝又是自己父親，拓跋燾對魏明元帝的戰略思想定有相當瞭解。尤其拓跋燾攝政後，北魏攻佔河南地的戰爭正如火如荼進行中，魏明元帝更親往前線督軍，後勤補給及軍隊的增派，都需要在平城的拓跋燾統籌。由此看來，拓跋燾早在太子時期即已協助魏明元帝推動與執行國家政務，對魏明元帝的國家戰略必然知之甚詳，對其戰略思維也瞭然於胸，所以即位為魏太武帝後，前期的國家戰略大體沿襲魏明元帝後期的國家戰略架構，實有其脈絡可循，只不過外在環境仍有些許改變，故魏太武帝做了部分修正，諸如「統一北方」的國家目標；還有「征討北方諸國、軍事對抗劉宋」，但對劉宋不主動求戰的國家政策等，現將魏太武帝前期的國家戰略解析如後。

一、國家利益：維護領土完整、拓展北魏版圖

　　「維護領土完整、拓展北魏版圖」至魏太武帝時仍為北魏根本的國家利益，和魏明元帝後期時殊無二致。魏太武帝在國家利益部分未做調整，其主要內涵在於守成與創業。創業部分，北魏的國家發展趨勢，正屬於擴充成長階段，故魏太武帝承接魏明元帝的北魏後，必須積極對外拓展版圖，壯大北魏勢力，因此不論是進攻北方諸國佔領其土地，或進攻劉宋搶佔領土，都可擴充北魏疆域，符合拓展版圖的國家利益。但是要對北方諸國或劉宋何者先用兵，就要評估國際環境和戰略情勢，訂定先統一北方或進攻劉宋的國家目標。守成部分，魏太武帝乃北魏第三位君王，經其父祖兩代近四十年的經營與開拓，北魏已從創建時的風雨飄搖逐漸壯大為北方最強國家，進而稱霸北方，疆域從 386 年（魏登國元年、晉太元十一年）魏道武帝即位的牛川（今內蒙歸綏東）開始，至 423 年（魏泰常八年、宋景平元年）魏明元帝收河南地，北魏疆域橫跨今內蒙、山西、河北、山東、河南等地，勢力並進入黃河流域與劉宋逐漸形成南北對峙格局，身為後代子孫的魏太武帝，當然有義務與責任，維護父祖辛苦開拓的成果，不容寸土遭掠奪，一旦他國進佔北魏領土，魏太武帝必定全力反擊，因此捍衛領土維護其完整，亦成為魏太武帝基本的國家利益。

二、國家目標：統一北方

　　由國家利益決定國家目標，因此在「拓展北魏版圖」的國家利益要求下，

勢必要對外用兵始能增加版圖，此時國家目標面臨用兵北方或南方的選擇。在決定國家目標前，需仔細觀察當時北方諸國及劉宋戰略環境與政治局勢，進攻何者獲勝機率高，有利於北魏佔領其土地，據此訂定用兵北方或南方的國家目標。先論北方諸國，首先是大夏，其主赫連勃勃晚年因廢太子問題引起內亂，諸子為爭位而引兵互攻，雖最後由三子赫連昌勝出成為太子，但大夏也因內亂而勢衰，赫連勃勃於 425 年（魏始光二年、宋元嘉二年）八月卒後，國勢更加衰落，戰略環境利於北魏。此外，大夏與北魏從部落聯盟時的宿怨，更強化魏太武帝對大夏用兵的決心。

其次是北燕，乃唯一漢人所建國家。409 年（魏永興元年、晉義熙五年）北燕主高雲遭其寵臣離班殺害，馮跋平定變亂後自立為北燕主。北燕政權雖承襲自後燕，但後燕經北魏多次打擊日漸衰落，南燕建立又使慕容氏力量二分，後燕遂更衰頹，國力江河日下，能否生存都有疑問，與慕容垂強盛時代相比實有天壤之別。之後果然被馮跋所滅，〔註116〕因此馮跋繼承的是虛弱不堪的後燕，以致北燕先天不良；加上內部政爭不斷，如馮跋病重，其弟馮弘殺馮跋諸子後繼位，「跋有男百餘人，悉為文通所殺。」〔註117〕可見後天又失調。另外，北燕國土狹小、人口不多，軍力自然不強。北燕自建國以來國力貧弱，疆域又只和北魏銜接，面對北魏此一強權，對外發展受限，又無法和其他政權合縱聯盟，北燕等於遭北魏包圍，而北燕所處的劣勢正是北魏的優勢，故據上分析，北魏和北燕作戰，勝利機率頗高。

最後是北涼，自五胡十六國以來在今甘肅一代建立的諸涼政權，經過興亡兼併後，至魏太武帝時僅餘沮渠蒙遜所建的北涼。由於北涼國域所在地區的經濟、氣候、土地等條件不佳，使北涼欠缺成為強國條件，因此不僅北涼，

〔註116〕《魏書》卷 97〈海夷馮跋傳〉，頁 2126，載曰：「後慕容熙僭號，以（馮）跋為殿中左監，稍遷衛中郎將。後坐事逃亡。既而熙政殘虐，民不堪命，跋乃與從兄萬泥等二十三人結謀，跋與二弟乘車，使婦人御，潛入龍城，匿於孫護之室以誅熙。乃立夕陽公高雲為主，以跋為侍中、征北大將軍、開府儀同三司，封武邑公，事皆決跋兄弟。」後燕主慕容熙暴政虐民，馮跋兄弟等人發動政變襲殺慕容熙，立慕容寶之子慕容雲為北燕主。慕容雲為高句麗王族，慕容寶收為養子，賜姓慕容。慕容雲繼位後，回復原姓高氏，高雲雖為北燕主，但大權皆操之於馮跋兄弟。其實自慕容熙死後，後燕慕容氏血脈斷絕，高雲之燕政權與後燕無血緣關係，史稱北燕。參見《資治通鑑》卷 114〈晉紀三十六〉，安帝義熙三年，頁 3601。據上論述可知，後燕實際上為馮跋兄弟所滅。

〔註117〕《魏書》卷 97〈海夷馮跋傳〉，頁 2127。

包括其餘諸涼政權，一直是其他政權攻擊的對象。而北涼因和北魏距離較遠，較難引起北魏的注意，從北涼是北魏最後一個消滅的北方國家即可證明。由於北涼僻處偏遠，北魏前二位君王投射於北涼的眼光有限，但隨著魏太武帝積極對外擴張的國家戰略，爲配合「拓展北魏版圖」的國家利益，需抉擇用兵南方或北方，故必須探討北方諸國和劉宋的情勢，北涼情勢自然被北魏關注，然而依立國甘肅地區的諸涼政權都無法抵禦外來攻擊，均遭其他強權國家攻滅的歷史趨勢觀之，北涼恐無法抵擋北魏大軍的進攻。

　　至於劉宋，雖然失去河南地，但徐羨之、傅亮、謝晦三位輔政大臣仍大權在握，宋少帝終日嬉戲玩樂不理國事，輔政三大臣遂決定另立新君，於424年（魏始光元年、宋景平二年）五月先廢宋少帝爲營陽王，之後殺之，立宋武帝三子宜都王劉義隆爲帝，是爲宋文帝。劉宋雖發生權臣專擅，行廢立君王並弒君的巨大政治變動，卻未發生政治動亂，若劉宋內部因此事件動盪不安，將給予北魏可趁之機，趁機興兵伐宋。

　　觀察輔政三大臣廢立之後，劉宋政治秩序沒有太大動盪的原因有二，首先：宋文帝即位後，大權仍旁落徐羨之、傅亮、謝晦三人，但宋文帝與宋少帝不同，他並未縱情享樂，表面上仍尊崇輔政三大臣，一切朝政由三人處理，藉以鬆懈他們的防備，卻於暗中觀察情勢，按兵不動等待時機。426年（魏始光三年、宋元嘉三年）正月，宋文帝經過三年的沈潛逐漸掌握權勢，決定展開行動，終於順利誅除三人奪回應有的皇權，過程中並未引發政治動亂。由上述二事可看出宋文帝的政治智慧，他瞭解權力不在己的現實環境，鑑於宋少帝的前車之鑑，爲避免成爲下一個被廢的君王，所以不與輔政三大臣正面對決，而是等待三年時機成熟始發動誅除三人的行動。如果十八歲的宋文帝年輕氣盛，〔註118〕即位未久即與輔政三大臣衝突，或是不及三年權勢尚未集中即忍耐不住，在輔政三大臣尚未降低戒心時就發動奪權行動，宋文帝可能功敗垂成，劉宋朝廷將在短時間內再度面臨皇位繼承，是否會引發動亂難以預料，由宋少帝被廢後馬上被殺，合理推測宋文帝可能遭此同樣待遇。輔政三大臣操縱廢立擅殺君王，一旦激起劉宋宗室或其他忠於劉宋的將領起兵反抗，或是另推一劉宋宗室爲皇帝，與輔政三大臣所立新君對抗，如此一來，劉宋內部將掀起一場大動亂，宋明帝和晉安王劉子勛爭位的情形恐將提前上

〔註118〕宋文帝生於407年（魏天賜四年、晉義熙三年），424年（魏始光元年、宋景平二年）繼位時已有十八歲。參見《宋書》卷5〈文帝紀〉，頁71～72。

演。所幸宋文帝展現聰穎的政治智慧與政治手腕，政治智慧表現在即位後佯示順從輔政三大臣，降低君臣對立產生的政治風暴，避免因內部紛爭引起北魏的覬覦；政治手腕則是慢慢收回輔政三大臣權力，待自己的權力逐漸集中後，即快速行動捕殺三人，使其無法反抗，若三人權勢尚豐，勢必與宋文帝對抗，如此將引爆內亂，嚴重者將招致北魏入侵，幸宋文帝高超的政治手腕，讓事件迅速落幕，劉宋未有大的政治波動。

其次：輔政三大臣的權力之大，也是廢立君王間未有政治動盪的原因之一。前文已述，輔政三大臣屬意宋武帝三子宜都王劉義隆繼承皇位，然其上尚有二位兄長，宋少帝為宋武帝長子，廬陵王劉義真排行第二，宋少帝將被罷廢姑且不論，按排序應由廬陵王劉義真繼承，現由宜都王劉義隆繼承，如何安排廬陵王劉義真將是一大問題，而且也要防止劉宋宗室或大臣藉此做文章，若反對輔政三大臣者以宋少帝或廬陵王劉義真為號召起兵反，後果無法預料，故輔政三大臣在宋文帝即位後不久，派人殺了宋少帝及廬陵王劉義真。此事件彰顯出輔政三大臣權勢之大，因二人死後，劉宋內部，上從宗室及朝廷百官；下至地方刺史太守、各級將領，人人噤若寒蟬，未見反抗行動，也因三人幾乎掌控所有政治權力，使廢立事件順利落幕，未有政治動亂發生。若三人政治勢力不足即操縱廢立，擅殺廢帝與宗室，必然激起其他勢力的反對，劉宋朝廷恐形成各股政治勢力競逐的場所，甚至激起政變或兵戎相向也未可知。然而因輔政三大臣權勢太大，使其他勢力不敢蠢動，只能暫觀其變或無奈接受，避免了內部政治紛爭的發生。

綜合上述，北方諸國和劉宋的情勢，劉宋並未因輔政三大臣的擅行廢立而發生內亂，宋文帝誅除三人也未引起政治動盪，魏太武帝無法利用劉宋內部動亂的機會發兵劉宋向南拓展版圖，因為進攻內部鞏固的政權較為困難，且會付出更多的犧牲。相形之下，北方諸國大都僻居一隅國勢不強，有些因爭位導致內耗，大夏即是一例，權衡之下先平北方諸國較進攻劉宋有利，故在「拓展北魏版圖」的國家利益下，以消滅北方諸國完成「統一北方」為國家目標，因消滅劉宋尚非此時急迫的國家目標。

三、國家政策：征討北方諸國、軍事對抗劉宋

魏太武帝前期國家政策的二大主軸是「征討北方諸國」與「軍事對抗劉宋」，雖都是以武力對待北方與南方政權，卻有積極、消極及強弱之別。南方

基本上採守勢，在河南地與黃河岸部署重兵，防止劉宋北侵，北魏並不會主動進攻劉宋，不過，如果劉宋主動進攻，北魏爲「維護領土完整」的國家利益，還是會全力反擊。魏太武帝僅想與南方維持均勢的消極戰略思維，在於他將目標放在北方，準備採積極的攻勢作爲，消滅北方諸國完成「統一北方」的國家目標，但是北魏不能同時與南北各政權開戰，尤其劉宋又是統一政權，國力強大，故對南方採取防禦態勢，對北方諸國則是強力進攻。

　　或許是北魏和大夏的仇怨太深，魏太武帝在執行「征討北方諸國」的國家政策時，採先難後易原則，首先討伐實力較強的大夏，其目的乃欲出動北魏大軍消滅大夏，製造魏軍威嚇之氣勢。北方諸國中，大夏實力較北燕、北涼強，連大夏都無法抵擋魏軍的攻勢，何況北燕、北涼，只要先滅大夏，北燕、北涼必定惶惶不安，不知北魏何時會對自己用兵，一旦魏軍開始進攻，即能令二國恐懼及早出降，或因恐懼降低抵抗決心，俾使魏軍減少損耗順利攻下二國。假設魏太武帝採先易後難，先圖北燕、北涼等弱國，雖因彼此國力太過懸殊，攻滅二國應不成問題，但過程中或許會出現二道阻礙，北魏不得不防，其一：北燕僅和北魏接壤，和北涼、大夏國境並無連接，所以北魏進攻北燕，受到來自北涼、大夏的干擾較少，但是北涼的情況就不同，因其與大夏相鄰，且國境線長，魏軍進攻北涼，容易遭大夏從側翼或背後襲擊，就如同劉裕北伐後秦，需擔心北魏此一後顧之憂突然偷襲的道理一樣。其二：一旦魏軍展開對北燕、北涼的軍事行動，大夏必定有所警覺，開始構築防禦工事積極備戰，等到北燕、北涼被滅，大夏藉由這段時間的緩衝，防衛力量必定強化不少，雖北方僅剩大夏此一政權，但在其做好防禦準備下，可以預料北魏將損失不少兵士。綜合言之，北魏爲減少戰爭的傷亡，以最少的損耗完成北方統一，使上述二道阻礙無法出現，先難後易乃較佳之戰略選擇。不過，大夏雄主赫連勃勃在位，其性暴虐且崇尚奢華，〔註119〕採高壓統治致使民不聊生，但軍事上有一定實力，一旦赫連勃勃棄世，將是北魏伐夏的最佳良機。

　　赫連勃勃於 425 年（魏始光二年、宋元嘉二年）八月去世後，魏太武帝便積極籌畫伐夏事宜。426 年（魏始光三年、宋元嘉三年）九月首次對大夏用

〔註119〕「（赫連勃勃）好治宮室。城高十仞，基厚三十步，上廣十步，宮牆五仞，其堅可以礪刀斧。臺榭高大，飛閣相連，皆彫鏤圖畫，被以綺繡，飾以丹青，窮極文采。世祖（魏太武帝）顧謂左右曰：『蕞爾小國，而用民如此，雖欲不亡，其可得乎？』」《魏書》卷 95〈鐵弗劉屈孑傳〉，頁 2057。

兵，次年即攻克夏都統萬城，大夏主赫連昌奔上邽（今甘肅天水）。428 年（魏神䴥元年、宋元嘉五年）魏軍再破上邽俘虜赫連昌，其弟赫連定奔逃至平涼（今甘肅平涼），為免大夏國祚中斷遂繼位為大夏主，然大夏至此實已名存實亡。魏太武帝擔憂大夏死灰復燃，遂於 430 年（魏神䴥三年、宋元嘉七年）親自率軍攻陷平涼。赫連定率殘部逃至吐谷渾，次年遭吐谷渾剿滅，大夏至此完全滅亡。赫連定於 432 年（魏延和元年、宋元嘉九年）被吐谷渾送至平城，魏太武帝下令殺之，北魏首先剗除大夏這個統一障礙。

雖然宋文帝 430 年（魏神䴥三年、宋元嘉七年）的北伐，初期頗有氣勢，迫使魏太武帝不得不暫停統一北方的軍事行動，全力對抗宋軍的入侵。待將劉宋北伐軍全數逐回收復河南地後，劉宋元氣大傷，需一段時間實施戰後復原工作，暫時無力北侵，魏太武帝遂利用這段南方國防無虞的時間，繼續執行征討北方諸國的政策。首先於 436 年（魏太延二年、宋元嘉十三年）大舉進攻北燕，北燕軍隊無法抵擋北魏大軍的攻勢，其主馮弘逃入高麗，北燕亡。接著魏太武帝在 439 年（魏太延五年、宋元嘉十六年）親自率軍遠征北涼，陷姑臧城（今甘肅武威），北涼主沮渠牧犍出降，「牧犍與左右文武面縛請罪。」〔註120〕北方最後一個國家亦被北魏送入歷史，開國五十四年、歷經三位君王的北魏終於完成一統北方的大業。

在「軍事對抗劉宋」的國家政策部分，表現在對宋文帝首次北伐的反擊戰中。由於魏太武帝將國家目標放在「統一北方」，因此在國家政策的施行上，採武力主動討伐北方各國，而對劉宋的軍事對抗，主要以備禦為主。所以當宋文帝準備北伐、劉宋軍隊調動頻繁的情報源源不斷送至北魏朝廷時，代人重臣和將領幾乎全持積極主戰立場，力主先發制人出兵進攻劉宋。然漢臣崔浩未有如此想法，其戰略思維與魏太武帝契合，擬先採守勢觀察宋軍行動，一旦宋軍入寇影響到「維護領土完整」的國家利益時，北魏再全力反擊，這就是「軍事對抗劉宋」備禦思想的發揮，簡言之，即「宋不犯我、我不侵宋」。然而當宋軍佔領河南地後，魏太武帝鑑於氣候及對大夏作戰等因素，決定先不還擊，暫且撤軍以待時機，等到冬季河水冰合利於騎兵作戰，屆時再大舉反擊。之後發展果如魏太武帝所料，魏軍很快將宋軍擊退收復河南地，魏太武帝敢於以退為進讓宋軍輕易佔領河南地，不怕宋軍乘勝追擊繼續進攻北魏其他領土，在於他已經從情報偵察、宋軍的軍隊調度、後勤物資運送、宋文

〔註120〕《魏書》卷 99〈盧水胡沮渠牧犍傳〉，頁 2208。

帝的決心等條件與因素，判斷劉宋此次北伐志在收復河南地，無進一步入侵北魏的意圖。事實證明，魏太武帝的戰略判斷完全正確。所以魏太武帝將河南地對宋軍的反擊戰，交由其他將領執行，自己則率軍繼續進攻大夏。及至宋軍遭擊退收復河南地，魏軍並未乘勝追擊南侵劉宋擴大戰果，關鍵在於魏太武帝對劉宋的軍事對抗是以防禦為主，只要侵犯魏境，必定予以擊退，現宋軍已敗威脅已解，毋須南侵，北魏現時的主戰場在北方，須回到北方諸國的戰事當中。而北魏也順利先後滅了大夏、北燕、北涼統一北方，於 439 年（魏太延五年、宋元嘉十六年）和劉宋形成南北對峙格局，此時屬於防禦性質的「軍事對抗劉宋」政策，因戰略環境已改變，進入必須修改的階段。

四、國家戰略：積極對外擴張

在魏太武帝前期「積極對外擴張」的國家戰略指導下，北魏的對外擴張並非漫無目的，而是有其規畫。當時北魏對外擴張的目標有二：一為北方諸國；另一為劉宋。魏太武帝選擇先北後南，其原因前面已有詳細論述，於此不再贅述，但是對國家戰略的呈現仍有二點特殊意義必須說明，第一點：由此可看出君王意志決定國家戰略的走向，當 430 年（魏神䴥三年、宋元嘉七年）劉宋北伐軍往河南地進發時，北魏朝廷有迎頭痛擊和暫避其鋒兩種戰略主張，主張迎頭痛擊者聲浪較大且多為代人重臣，主張暫避其鋒者為漢臣崔浩聲音較小，最後則是崔浩勝出，決定採暫避其鋒、以退為進、伺機反擊的戰略作為，拍板定案者為魏太武帝。據上可知，封建時代君王擁有絕對權力，官僚體系都是為君王服務，即使絕大部分朝臣主張迎頭痛擊，但魏太武帝一人卻可否定多數意見，中國封建王朝皇帝的至高無上權威於此可見一斑，加上家天下的思想，皇帝即代表國家，是故國家戰略皆繫乎皇帝一人，他的總體戰略就是國家戰略，於此得到驗證。

第二點：魏太武帝前期的國家戰略，基本上延續魏明元帝後期的國家戰略脈絡。魏明元帝對外積極擴張的對象是北方諸國和劉宋，之後因發生宋武帝逝世此一關鍵因素，使魏明元帝把握戰略契機先南侵河南地，攻佔河南地後並未繼續南侵，反而班師，準備籌畫征討北方諸國，不料不久後卻不幸崩逝。至於魏太武帝對外擴張的對象，由於劉宋政治穩定，無可乘之機，故魏太武帝理所當然先平北方諸國，然而當宋軍大舉北伐時，魏太武帝為「維護領土完整」的國家利益，必須予以反擊。雖然魏軍大敗宋軍收回河南地，但

是魏太武帝並未乘勝追擊向劉宋擴大戰果，反而回到北方戰場，過程和魏明元帝如出一轍，亦即二人雖然都對劉宋作戰勝利，但是皆未繼續南進，可見魏太武帝和魏明元帝對外擴張的脈絡相同，證明兩人的國家戰略思想前後相承，都是想先統一北方。

北魏國家發展至魏明元帝後期時，已展現統一北方氣勢，北方諸國人口少、地域小，軍事力、經濟力均遠遜北魏，以魏明元帝爲中心的統治階層，包括漢臣崔浩等，相信都已看出這種趨勢，因此若非魏明元帝在結束河南地戰爭後逝世，預料將會進行統一北方的戰略規畫，而魏太武帝繼承魏明元帝皇位，也延續其國家戰略，次第消滅北方各國，完成北方統一。

由於北魏的積極對外擴張，和劉宋、大夏、北燕、北涼均有軍事衝突，但魏太武帝對這幾個國家的戰略態度均不同。對劉宋不主動挑釁，雖是軍事對抗，卻以守勢防禦爲主。對大夏、北燕、北涼則是主動出擊，魏太武帝爲完成「統一北方」的國家目標，必須以武力征討，但是北魏不可能同時對三國用兵，需有先後順序。前文已述，魏太武帝採先難後易，先對大夏用兵，接著北燕、最後北涼。然而，宋文帝的首次北伐，使劉宋插進大夏之後成爲北魏用兵的對象，故北魏和這幾個國家的戰爭，依序是大夏、劉宋、北燕、北涼，以 431 年（魏神䴥四年、宋元嘉八年）爲界，可將魏太武帝積極對外擴張的國家戰略分爲二階段。

第一階段是 423 年（魏泰常八年、宋景平元年）至 431 年，屬作戰困難、阻礙較大階段，此階段主要作戰對象是大夏和劉宋。426 年（魏始光三年、宋元嘉三年）魏太武帝發動滅夏戰爭，親自率軍逕攻大夏都城統萬（今陝西橫山），不克而還。可見赫連勃勃雖死，其用殘暴手段逼迫工匠築成的統萬城堅固無比，〔註121〕也證實大夏確是北燕、北涼三國中實力最強者。不過，魏太武帝並未因首次用兵大夏失利而改變戰略規畫，仍採先難後易戰略，繼續進攻大夏，魏夏國力畢竟有不小差距，431 年終爲北魏所滅。然而就在 430 年（魏神䴥三年、宋元嘉七年）魏夏戰爭進入關鍵時刻，劉宋突然發動收復河南地戰爭，北魏被迫兩面作戰，魏太武帝遭遇自即位以來的最大危機，幸其危機處理得宜，不僅於 431 年擊退宋軍奪回河南地，亦順利滅亡大夏，爲「統一

〔註121〕「（赫連勃勃）性驕虐，視民如草芥。蒸土以築都城，鐵錐刺入一寸，即殺作人而并築之。所造兵器，匠呈必死，射甲不入即斬弓人，如其入也便斬鎧匠，凡殺工匠數千人。」《魏書》卷 95〈鐵弗劉虎附屈子傳〉，頁 2057。

北方」的國家目標邁進一大步。雖結果合乎魏太武帝預期，但過程驚心動魄，稍一不慎，不但無法擊退宋軍，若宋文帝企圖心強烈，還有可能攻入魏境，若屆時迫不得已，魏太武帝移伐夏之師救河南，而大夏殘部壓力一鬆，恐會反撲北魏威脅西方國防，可見第一階段實為對外擴張的困難時期。

　　第二階段是 431 年（魏神䴥四年、宋元嘉八年）至 439 年（魏太延五年、宋元嘉十六年），作戰順利、阻礙較小，主要作戰對象是北燕和北涼。宋文帝的首次北伐遭北魏徹底擊潰，河南地得而復失後，劉宋進入戰後的休養期。由於來自南方的威脅解除，魏太武帝得以全力對北燕、北涼作戰。雖二國實力無法和北魏匹敵，北魏消滅二國應是意料中事，不過魏太武帝仍不敢大意，為求萬全，並未同時進攻二國，而是先北燕後北涼。434 年（魏延和三年、宋元嘉十一年）北燕感受到魏軍山雨欲來之壓力，遂遣使向北魏乞和，魏太武帝先拒絕，既而許之，卻要北燕送太子至平城為質，北燕主馮弘不遣，魏軍遂對燕境展開攻勢，燕軍節節敗退。436 年（魏太延二年、宋元嘉十三年）北魏大舉進攻北燕，馮弘東逃高麗，北燕亡。

　　北燕被滅後，北涼成為最後一個割據政權，其最終命運似乎早已注定，只是時間早晚罷了。然魏太武帝在對北涼用兵前，竟於 437 年（魏太延三年、宋元嘉十四年）以其妹武威公主嫁北涼主沮渠牧犍，「牧犍尚世祖（魏太武帝）妹武威公主。」〔註122〕此動作頗耐人尋味，按理北涼實力遠不及北魏，北魏可謂超級強權，一旦北魏展開滅涼行動，沮渠牧犍實無招架之力，何以魏太武帝有此聯姻舉動。筆者推論，可能是 431 年（魏神䴥四年、宋元嘉八年）大夏被滅後，當時北涼主沮渠蒙遜已感受到自己將成為魏太武帝的下個戰略目標，北涼亡於北魏恐是必然，為了延緩北涼滅亡，只得放低姿態恭謹事魏，所以才有同年九月，魏太武帝封沮渠蒙遜為涼王之舉，「詔兼太常李順持節拜河西王沮渠蒙遜為假節，加侍中，都督涼州及西域羌戎諸軍事、行征西大將軍、太傅、涼州牧、涼王。」〔註123〕或許沮渠蒙遜的恭順獲得魏太武帝的信任，遂在滅亡大夏後暫停西方戰場的征戰，兵鋒轉向東方的北燕，否則消滅大夏的魏軍，正可乘勝移師伐北涼，一舉滅之。

　　433 年（魏延和二年、宋元嘉十年）沮渠蒙遜卒後，其三子沮渠牧犍繼為北涼主，對北魏態度依然未變，故魏太武帝才會有聯姻之舉，否則雙方在緊

〔註122〕《魏書》卷 99〈盧水胡沮渠牧犍傳〉，頁 2206。
〔註123〕《魏書》卷 4 上〈世祖紀上〉，頁 79。

張的對峙狀態，甚難有聯姻行為，如魏太武帝對大夏、北燕用兵時未有聯姻之舉，卻發生北魏要求北燕遣送人質，而北魏並未要求北涼遣其太子入朝為質子，可證雙方關係並不差，否則魏太武帝不會以其妹遠嫁北涼。然而名義上的臣服無法滿足魏太武帝「統一北方」的國家目標，他的期望是直接統有北涼的人口與土地，北涼政權不能存在，遂於 439 年（魏太延五年、宋元嘉十六年）率軍遠征北涼，「六月甲辰，車駕西討沮渠牧犍。」〔註124〕魏軍很快於九月攻陷涼都姑臧（今甘肅武威），沮渠牧犍出降，立國三十九年的北涼走入歷史，北魏完成北方統一。

魏太武帝前期的國家戰略延續魏明元帝後期的國家戰略架構而來，從其過程及結果觀察，魏太武帝維護了國家利益，在「維護領土完整」方面，以反擊戰擊退宋軍的入侵，收復河南地；在「拓展北魏版圖」方面，大夏、北燕、北涼等國土地皆為魏有，疆域擴張迅速。而「統一北方」的國家目標，也在「征討北方諸國」的國家政策實施下得以完成，至於另一項「軍事對抗劉宋」的國家政策，因魏太武帝運籌「斂戍相避、以退為進」之戰略得宜，使宋文帝的首次北伐鎩羽而歸，如是之故，魏太武帝將「積極對外擴張」的國家戰略發揮的淋漓盡致，更將北魏國勢推向前所未有之頂點，和劉宋形成南北對峙格局，也由於以軍事力量推動各方面都如預期般順利，逐漸養成魏太武帝之雄心壯志，遂有與劉宋爭雄之心，進而成為正統王朝之念，這對他後期國家戰略的形成有非常深遠的影響。

〔註124〕《魏書》卷 4 上〈世祖紀上〉，頁 89。